数字治理
数字时代的治理现代化

张建锋　编著

电子工业出版社
Publishing House of Electronics Industry
北京·BEIJING

内 容 简 介

本书深度解密数字治理之"道""法""术",创新性地提出了数字治理理论、方法、路径,广泛介绍了全球数字治理最佳创新实践,回答了为什么需要数字治理、什么是数字治理,以及如何推动数字治理等社会广泛关注的话题,是一本兼顾理论创新、现实回应、未来指引的大众读物,适合党政领导、从事政府数字化转型的决策者、从事数字治理研究的专家学者,以及政府数字化转型专业公司 CEO 等人群深度阅读。

未经许可,不得以任何方式复制或抄袭本书之部分或全部内容。
版权所有,侵权必究。

图书在版编目(CIP)数据

数字治理:数字时代的治理现代化 / 张建锋编著. —北京:电子工业出版社,2021.2
ISBN 978-7-121-40271-5

Ⅰ. ①数… Ⅱ. ①张… Ⅲ. ①公共管理—数字化—研究 Ⅳ. ①D035-0

中国版本图书馆 CIP 数据核字(2020)第 263975 号

责任编辑:邓茗幻
印　　刷:涿州市般润文化传播有限公司
装　　订:涿州市般润文化传播有限公司
出版发行:电子工业出版社
　　　　　北京市海淀区万寿路 173 信箱　邮编 100036
开　　本:720×1 000　1/16　印张:24.25　字数:394 千字
版　　次:2021 年 2 月第 1 版
印　　次:2023 年 9 月第 4 次印刷
定　　价:99.00 元

凡所购买电子工业出版社图书有缺损问题,请向购买书店调换。若书店售缺,请与本社发行部联系,联系及邮购电话:(010)88254888,88258888。
质量投诉请发邮件至 zlts@phei.com.cn,盗版侵权举报请发邮件至 dbqq@phei.com.cn。
本书咨询联系方式:(010)88254614。

编写组：
主　　编：张建锋
副 主 编：刘 松、孟天广、李树翀
总 策 划：刘 松
总 执 行：张影强

写作组成员：
清华大学数据治理研究中心：孟天广、赵 娟、曲 甜、赵金旭、金炜玲、常多粉、戴思源、张 楠、马广惠
阿里巴巴：刘 松、李树翀、张影强、任 妍、徐 菁、曹珅珅、麻 苈、崔 昊、刘 明

设计创作组：
阿里云设计中心：王甸甸、邢 越

【序言一】
PREFACE I

当今世界正经历一场百年未有之大变局，2020年，爆发突如其来、至今还在肆虐的新冠疫情，更是让世界充满不确定性，危机重重。习近平总书记要求我们于危机中育新机，于变局中开新局。站在2020年岁末回望，中国真正做到了！中国不仅取得了全国抗疫斗争的重大战略成果，更统筹推进了疫情防控和经济社会发展工作，成为全球主要经济体中唯一实现经济正增长的国家。更重要的是，党的十九届五中全会正式提出要"加快构建以国内大循环为主体，国内国际双循环相互促进的新发展格局"。这一重大战略部署迅速得到了国内社会各界的高度认同和积极响应，构建新发展格局的大幕正式开启。

数字治理是"新机""新局"的重要组成部分，甚至是撬动"新机""新局"的支点和抓手。数字治理是指政府、企业、社会组织和公民等多元主体依托信息技术共同参与公共事务，在数字化场域中构建融合多元主体互动合作的开放性、多样化复杂治理体系。它是为治理难题提供技术解决方案、为技术应用提供管理保障的结合，体现了数字技术革命时代的治理转型。

作为一名公共管理学者，我十分关注技术进步与治理体系、治理模式之间的相互促进关系。在我看来，以大数据、云计算、人工智能为代表的数字技术革命，正在推动包括公共管理在内的社会科学研究范式革命，而且正在推动公共治理体系和模式的革命，实质性推动公共管理实践进步。在这一场波澜壮阔的理论和实践进步运动中，中国走在世界前列，浙江走在全国前列。

我长期在浙江工作，见证并跟踪研究了浙江数字经济的迅猛发展及其对社会生活的深刻影响，政府对数字经济、社会发展做出的应对和转型。在我看来，浙江今天的经济社会发展良好势头，来自技术、市场、社会与政府之间的良性互动。早在2003年，时任浙江省委书记的习近平同志提出"八八战略"，全面系统总结浙江发展的八个优势，面向未来提出改革发展的八项举措。这一战略成为引领浙江发展的总纲领，其中包括把建设"数字浙江"作为一项战略性任务、基础性工作。在"八八战略"指引下，浙江大地掀起了数字经济发展浪潮，政府数字化转型走在全国前列。2013年11月，浙江作为全国唯一试点省启动以权力清单为基础的"三张清单一张网"建设，到2014年7月，浙江率先部署"责任清单"工作，"三张清单一张网"扩展为"四张清单一张网"。2016年12月，浙江省委经济工作会议首次提出实行"最多跑一次"改革，这场改革于2017年2月正式实施，取得重大成效，产生重大影响。"最多跑一次"改革是一场以人民为中心的公共管理创新，它较为有效地解决了长期以来全球公共管理理论与实践"以政府为中心"的难题，实际上是改革开放以来浙江持续进行政府改革的产物。这场以数字技术为支撑的改革体现出的显著特征是政府怎样应用新技术而变得更加高效，更加满足人民群众对美好生活的向往，以此进行改良、改革，甚至是自身革命，为全球公共管理理论与实践贡献可能的"中国方案"。2020年3月，时任浙江省省长袁家军提出，打造"整体智治、唯实惟先"的现代政府。2020年9月，袁家军转任浙江省委书记，他在出席省委党校秋季学期开学典礼讲话中要求，"基于数字化的智慧化治理，更好运用云计算、大数据、物联网、人工智能等数字技术，加快形成即时感知、科学决策、主动服务、高效运行、智能监管的新型治理形态、治理模式，推动决策更加科学、治理更加精准、服务更加高效"。2020年12月，袁家军在省管领导干部学习贯彻党的十九届五中全会精神集中轮训班作主题报告时，特别强调构建党建统领的整体智治体系、以数字化改革撬动各领域各方面改革。

在我带领团队研究浙江数字化改革的过程中，阿里巴巴达摩院院长与阿里云的负责人张建锋（花名"行癫"）带领团队在云智能技术体系、产业数字化、科技抗疫等多个领域推出解决实际问题的技术方案，都是我的研究对象。每每见到这位年轻的企业家，我总是为他的情怀、执着、创新能力所倾倒、感染。如果说我近年来致力于全景式研究浙江发展与治理，成为浙江研究的代表性学者之一，那么相比于张建锋及其团队的"原本"，我的工作终不过是"摹本"。我曾经提出"新浙江现象"概念，称经过四十多年改革开放，关于浙江的"江南印象"，除了诗词歌赋、丝绸、茶叶与瓷器，不断增添了数字经济、高新科技、商业文明、社会有效治理、政府自我革命等新的内涵。在我心中，"张建锋们"开展的事业、做出的贡献就是"新浙江现象"的内容。

正如马克思指出，实践走向理论与理论走向理论是同样重要的。我从事"摹本"工作，讲好浙江故事、中国故事，致力于公共管理普遍理论创新，并不是我的全部目标，我的雄心还在于推动中国公共管理实践进步。让我惊喜的是，年轻的企业家也有着理论关怀，在实际推动数字治理的同时，主持写出了《数字治理：数字时代的治理现代化》一书，洋洋洒洒，凡39万言。

在《数字治理：数字时代的治理现代化》一书中，张建锋及团队完整阐述了数字治理的理论内涵、典型特征和创新路径，较为系统地架构了数字治理的理论体系；他创新性地提出了数字治理创新体系，构建了完善的数字治理创新方法论；他较为全面地介绍国内外关于数字治理的最新实践，重点剖析了浙江数字政府和杭州城市大脑建设的发展历程、典型做法及主要成效，等等。毫无疑问，这部著作对于各地构建数字治理创新体系、提升政府治理现代化水平具有重要参考价值。作为一个导读，我愿意特别指出书中的一些创新性观点。

一是强调数字治理是数字与治理的融合。数字技术为治理数字化转型提供了技术支撑，数字化和平台化的思维理念也深刻地推动着社会的数字化进程。同时，数字技术不能解决全部治理难题，需要创新治理理念治理手段，多方共治。

二是数字治理创新体系是一个系统性工程。数字治理既不是一个抽象概念，也不是某个单一的数字化工程，而是一个系统性工程，包括新型数字基础设施、数据资源体系、开放创新体系和协同治理体系，也包括政策法规体系、组织领导体系、标准规范体系、数据治理体系、安全保障体系、建设运营体系。

三是提出了数字政府建设3.0。数字政府3.0是以整体性、生态性、智慧性和包容性"四性"为特征的"数治"阶段。依据政府主导、社会协同、全员参与、开放共享、众智共治原则，构建"数字治理生态"，达到"众治、共治和智治"，实现治理体系和治理能力现代化。

四是提出了数字治理从"智治"迈向"善治"的方向。数字技术的发展推动构建数字治理生态，为人类开辟了一条用"智治"实现"善治"的新路径。

今天，数字治理尽管正在跨越式开展，它终究属于新生事物。张建锋的上述精彩观点，在某种程度上正构成数字治理的研究议程。在这里，我郑重吁请学术界、实务界合力开展数字治理研究，这样的研究不仅具有重要的理论意义，可以推动乃至实现现代社会科学的范式革命，而且具有重要的实践意义，不断提出、完善治理难题的解决方案；它不仅对于具有超大经济和人口规模的中国解决发展不平衡不充分问题具有重要意义，而且具有重要的世界意义，如张建锋所言，数字治理或开辟了一条通过"智治"实现"善治"的新路径，深刻影响未来的全球治理乃至人类命运共同体建设。

杨绛先生为钱钟书《围城》写的后记中有句名言:"围在城里的人想逃出来,城外的人想冲进去,对婚姻也罢,职业也罢,人生的愿望大都如此。"读张建锋的书,我想到这堪称一个反"围城"现象:技术总监关注理论创新,治理研究者跟踪技术进步,两者都没有"逃出来""冲进去",而是"相看两不厌"。经历了艰苦卓绝的2020年,数字治理实践与研究的反"围城"现象,是否给迅即到来的2021年一些美好预示?希望如此!

郁建兴

浙江工商大学校长、浙江大学公共管理学院院长
浙江省政府数字化转型专家委员会理论组长

2020 年 12 月 20 日

数字 DIGITAL
治理 GOVERNANCE

【序言二】
人类正在加速迈进数字时代

PREFACE II

2020年年初，一场突如其来的新冠肺炎疫情肆虐全球，导致世界经济陷入深度衰退。2020年10月，国际货币基金组织预测，由于各国政府采取了一系列积极应对新冠疫情的措施，使2020年世界经济形势比6月份预期略有好转，但全年世界经济依然要收缩4.4%。近期，一些国家疫苗进入三期临床实验，希望的曙光已然出现，但是全球价值链修复和抗疫期间各国采取超常宽松货币政策造成的风险隐患，都需要时间逐步消化。可以说，在相当长的时间内，世界经济将可能保持一种低利率、低通胀、低速增长和高杠杆、高失业、高风险的状态。正是在这样极为不稳定的世界环境中，以大数据、人工智能、量子计算、区块链等为代表的数字技术快速发展，正在引发全球第四次工业革命，社会加速数字化重构，数字经济发展势不可挡。在人们日常生活中，电商、外卖成为生活刚需，数据智能广泛用于生产制造，远程办公、在线教育成为人们工作和生活常态，金融科技和远程医疗普惠包容，直播、众包、C2M、近场电商等新商业模式加速涌现，一切都来得如此迅猛，人类正在加速迈进数字时代。

当前，数字经济产值已占到我国国内生产总值(GDP)的三成，其增速远远超出GDP增速，相关从业人员数量约为两亿人，数字经济在国民经济中的地位举足轻重。数字经济正在成为驱动经济增长、吸纳就业的新引擎。作为"新基建"的重要组成部分和数字经济基础设施的数字基建，可直接拓宽数字经济的广度，挖掘数字经济的深度，延展数字经济的长度，带动传统产业转型升级。近年来，实体经济数字化和数字技术实体化相互促进，推动中小企业提升竞争力、释放居民消费潜力，正在形成我国经济可持续发展的新动能和新优势。

新冠疫情改变了人们的生活方式，也加快了数字经济发展。随着数字经济发展，数据已经成为一种关键性生产要素，数据在以5G、人工智能、工业互联网、物联网为代表的新型基础设施中的核心地位在这次抗击疫情中充分显现。现在"云服务"几乎无处不在，远程办公、在线教育和互联网医疗等新业务也从原来的可选项变成当下的必选项。大数据、人工智能、云计算等数字科技在抗疫中大显身手，从流动人员健康监测到疫情态势分析，再到机器人配送和红外人体温度快速筛检仪等，都快速刷新了人们对数字经济的认识。在数字经济发展过程中，我国也涌现出了一批开路先锋型企业，阿里巴巴就是其中的杰出代表。

本书作者张建锋是阿里巴巴的技术带头人，他领导和创建了阿里巴巴完整的科研体系，并将阿里巴巴带入全球一流科技企业行列。张建锋提出的"中台战略"推动了阿里巴巴技术创新、商业创新、产业创新间的深度融合，引领了国内互联网行业技术发展的变革。他提出的"云智能"发展战略，实现了阿里巴巴中台技术、智能技术与云计算技术的融合创新，将阿里云发展为数字经济创新发展的重要基础设施，支撑了浙江"最多跑一次"改革、杭州城市大脑等一批标志性项目，服务了数百万中小企业的数字化转型及一系列国家信息化重大工程。他创办了阿里巴巴达摩院，带领阿里巴巴进入基础科研的前沿，并快速在人工智能、区块链、量子计算等领域聚集了一批世界级科学家，为浙江省建设科创高地、人才高地做出了重大贡献。

本书围绕数字经济提出的"数字治理"问题展开研究，系统提出了数字治理的"道""法""术"。数字治理之"道"回答了什么是数字治理。本书系统区分了工具论、数据论、平台论、治理论和赛博论几种数字时代下的典型治理理论，提出了数字治理的系统论。数字治理既不是简单地将数字技术作为工具，也不是纯公共管理中的"治理",而是"数字"与"治理"的融合,是关于数据的治理和基于数据的治理,其核心特征是全社会的数据互通、数字化的全面协同与跨部门的流程再造,形成"用数据说话、用数据决策、用数据管理、用数据创新"的治理机制。作为数字时代的全新治理范式,数字治理在治理对象、治理方式、治理场域、治理结构等方面形成了扩展。

数字治理之"法"回答了如何推动数字治理的方法论。本书创新性地提出了"一大新基建、二大载体和九大体系"的数字治理创新体系。数字治理中的新基建包括新型基础设施、传统基础设施的数字化、数字技术的基础设施化和新型基础设施的融合化,是数字治理的"地基";数字治理九大体系中的数据资源体系、开放创新体系和协同治理体系构成了数字治理的"横梁";数字治理九大体系中的政策法规体系、组织领导体系、标准规范体系、数据治理体系、安全保障体系、建设运营体系六大体系构成了数字治理的"立柱";数字治理创新体系支撑的政府宏观运行、市场监管、公共服务、社会治理、生态环保等应用构成了数字治理创新体系的"屋檐"。因此,数字治理的"地基""横梁""立柱""屋檐"构成了完整的数字治理"大厦"。

数字治理之"术"全面介绍数字治理在数字政府、城市大脑中、重点领域的具体实践。浙江省在数字治理上走在全国前列,基于数字化技术形成的"最多跑一次"改革也在全国范围引起了"一网通办"的数字政府建设。浙江省政府的数字化转型是省域和市域推进治理现代化的排头兵,是浙江省在数字时代探索治理创新,且通过数字治理有效实现为政府赋能、为市场增效、为社会赋权的典型代表。浙江省很早就推动政府数字化转型,现在又提出"整体智治"的数字治理愿景,为其他省份探索数字政府建设提供了新标杆。城市大脑是为城市治理打造的一个数字基础设施,是数字治理在城市落地的操作系统。杭州是我国数字治理第一城,从"治堵"到"治城",成为中国智慧城市的引领者。

除了杭州，上海、北京、海口、郑州等城市也都建设了城市大脑，从城市自身的痛点和难点出发，打造不同特色城市治理新亮点。上海"一网统管"打造了超大城市治理"像绣花一样精细"的治理样板；北京以环保为切入点，引入城市大脑建设，通过全面感知、智能识别、流程创新推动通州区在数字生态城市建设方面的突破和创新；海口通过数据融合实现了交通、政务、医疗、文旅、城市治理五大领域、多个智慧应用场景创新，建立了较为完善的智慧城市治理机制，为我国自贸港探索新治理；郑州则通过"人数城"融合建造"思考力"城市，数字治理能力迅速提升，郑州城市治理指数排名全国第七，数字生活服务排名仅次于上海、北京、杭州，位列全国第四，与 GDP 排名相比，郑州的数字治理水平有显著的领先优势。这些城市的数字治理实践各具特色，很多做法都值得推广。此外，本书还介绍了整体性治理、区域一体化治理、大型社区治理、水域治理、气象防灾减灾、住房租赁阳光化等领域的数字治理应用，通过数字技术与治理结合，解决行业发展痛点，探索不同领域的治理之道。

数字治理才刚刚起步，而我国已有大量实践，在某些领域已经走在了世界前列，亟须总结实践经验和推动理论创新。阿里巴巴作为全球领先的科技公司，将过去二十年在电子商务和数字平台的治理实践和方法论，借助在云计算、大数据、人工智能、金融科技等领域多年的技术沉淀，将数据中台、业务中台和算法引擎与政府办公、公共服务和城市治理全面融合，数字政府3.0、城市大脑3.0致力于探索数字时代众治、共治和智治的新型治理模式，全面引领数字政府建设和城市精准治理，坚持不懈助力各级政府提升治理能力。

目前，全球数字经济方兴未艾，本书出版可谓恰逢其时。本书提供了关于数字治理的新理念、新技术和新工具，具有重要的现实意义和理论意义。本书既有宝贵的理论创新，也有可操作的实践借鉴，对于各级政府、各行业推进数字治理具有指导价值，是一部高质量的学术著作，可供广大读者参考。

最近几年，本人关注数字经济，多次参与阿里巴巴组织的学术交流活动，并有缘与张建锋认识。我非常欣赏张建锋对事业的执著追求和勤于理论思考的精神。他邀我作序，我欣然应允。写下以上文字，代为序。

徐洪才

中国政策科学研究会经济政策委员会副主任

欧美同学会中美关系研究中心高级研究员、财经头条首席经济学家

2020 年 12 月 20 日

数字 DIGITAL GOVERNANCE

【前言】
FORWARD - - -

人类自古就围绕着水生活。像四大文明古国的中国、古印度、古巴比伦和古埃及，其文明的发源地都在河流附近，因为河流有利于农业和商贸的发展。中国更是沿着黄河流域繁衍生息。从春秋时代开始，中国就逐步开辟了京杭大运河。京杭大运河南起余杭(今杭州)，北到涿郡(今北京)，成为中国世世代代贯穿南北的要道，从而形成了兴盛的运河文明和商贸文化。

在中国，有关治理的古代智慧，也往往与水的隐喻有关，比如大禹治水的"疏解理念"，比如"上善若水，水善利万物而不争"的赋能理念，治水的能力与效果成为政府治理能力的标志。从都江堰开始，重大水利工程既是推动经济发展的基础建设，也是围绕区域治理民生的系统工程。

进入数字时代，我们不难发现，数字经济之于运河文明，数据之于水，有着超越隐喻的多重相似点，数据的流动性、多变性、价值多元性，更接近于水的要素特征。围绕数据这个关键要素，数字经济需要构建等同于运河文明的全套基础设施，云计算中心就是数字空间的运河河道，应用商店就是沿着运河的一个个商贸集市。

数字经济已经贡献了中国经济增量的三分之二，数字技术在治理现代化、产业数字化、推动社会创新方面有着巨大的价值。在后疫情时代，全社会的数字化加速成为推动经济社会发展的重要引擎。"慎在于畏小，智在于治大"如果说数字经济和数字社会的发展是一枚硬币的A面，那么数字治理就是这枚硬币的B面，A、B面需要相互耦合、协同发展才能带来普惠、公平、可持续的发展增量。

本书围绕数字治理的"道""法""术",尝试回答以下问题:数字治理如何成为治理方式的必然选择?数字治理如何提升社会治理效能,解决工业时代无法破解的治理命题?数字治理如何形成一个开放的创新体系,通过数据融合开放开启社会的协同创新?如何通过多方协同构建数字治理生态?分级分层建设数字政府、城市大脑与推动省域市域治理现代化的关系如何?哪些省市和重点领域的数字治理实践有启发和借鉴意义?

本书的核心内容,用最简单的词来概括,就是"数治"和"治数"两个话题,后者近年来被谈论较多的是"数据治理",这可以很大程度参考"治水"的智慧,相关内容在本书中也有阐述;本书认为,两个话题相比,更大的话题是"数治",就是通过数字治理解决社会发展的治理命题,通过降低创新门槛,释放全社会的创新活力,建立经济发展和社会治理的协同性,寻求一种将东方治理智慧和数字化平台模式糅合的治理模式。

本书着眼于平台模式的多元治理范式,意在社会创新的背景下厘清数字治理的原则和底线,构建完善的数字治理创新体系。数字治理创新体系,其核心是数字时代筑"地基"、搭"横梁"、树"立柱"、建生态。"地基"是指新型基础设施;"横梁"是指数据资源体系、开放创新体系、协同治理体系三大体系;"立柱"是指政策法规体系、组织领导体系、标准规范体系、数据治理体系、安全保障体系和建设运营体系六大体系;生态主要是通过分级分层建设数字政府和城市大脑,来构建数字治理创新生态体系,形成众治、共治和智治,推动数字经济的可持续发展和智慧社会的形成,实现国家治理体系和治理能力现代化。

从全球范围看,中国在某些领域已经走在数字治理的前沿,很多创新实践具有启发和借鉴意义。作为全球治理的重要议题,数字治理是未知远大于已知的新话题,本书结合政府、学界和业界的一些理论和实践探索,总体算是沧海拾贝式的一种尝试,也是寻求同道共同探索的求贤帖。

是为前言。

CONTENT

目录//

PART 1　数字治理之"道"

第1章　数字时代叩问治理创新 ……… 002
01. 疫情推动数字时代驶入快车道 ……… 004
02. 数字时代呼唤数字治理 ……… 010
03. 数字治理实现"政府—社会—个人"的协同演化 ……… 017
04. 数字治理将激发中国数字时代发展新红利 ……… 026

第2章　解密数字治理："数字"与"治理"的融合 ……… 030
01. 不同语境下的数字治理 ……… 032
02. 全新视角的数字治理：基于协同逻辑的新范式 ……… 041
03. 数字治理有效解决治理难题 ……… 048

第3章　数字治理是推动治理现代化的新路径 ……… 054
01. 数字治理为治理现代化赋能 ……… 056
02. 分级分层协同推进数字治理体系建设 ……… 061
03. 数字治理推动国家治理体系和治理能力现代化 ……… 073

PART 2　数字治理之"法"

第4章　数字治理创新体系 ……… 080
01. 什么是数字治理创新体系 ……… 082
02. 数字治理九大创新体系的内涵及路径 ……… 087
03. 分层分级探索数字治理创新体系 ……… 093

第5章　数字治理的"地基"：新型数字基础设施 ……… 096
01. 新基建之"新" ……… 098
02. 构建科学的新基建体系 ……… 107

第6章　数字治理的"横梁"：九大体系之"三横" ……… 114
01. 数据资源体系：挖掘数据资源价值 ……… 116
02. 开放创新体系：用开放促创新 ……… 123
03. 协同治理体系：基于数据的协同合作 ……… 139

第7章　数字治理的"立柱"：九大体系之"六纵" ……… 154
01. 政策法规体系：营造开放创新的政策土壤 ……… 156
02. 组织领导体系：实现最大化的组织协同 ……… 165
03. 标准规范体系：加速新技术向生产力的转化 ……… 173
04. 数据治理体系：将数据变成真正的"资源" ……… 185

05. 安全保障体系：数字时代安全新基石　　　　　　　　　　195
06. 建设运营体系：像重视建设那样重视运营　　　　　　　202

第8章　数字政府3.0：众治、共治和智治　　　　　　　210

01. 整体性：治理结构与治理场景一体化　　　　　　　　212
02. 生态性：政府内外部的数字治理创新生态　　　　　　220
03. 智慧性：新型操作系统下的复杂治理　　　　　　　　227
04. 包容性：人本主义的普惠与发展　　　　　　　　　　234

PART 3
数字治理之"术"

第9章　省域治理实践：浙江"整体智治"探索　　　240

01. 从"数字浙江"到"整体智治"　　　　　　　　　　242
02. 协同治理体系：基于数据的协同合作　　　　　　　　253
03. 数字治理的开放与共享：以数据为核心的创新与运用　259
04. 政企社协同共治：数字政府可持续发展之源　　　　　267
05. 智慧治理：新基建与数字技术驱动的治理现代化　　　274
06. 省域治理现代化的未来图景　　　　　　　　　　　　282

第10章　城市大脑推动城市治理现代化　　　　　　　290

01. 城市大脑：市域治理现代化的创新范式　　　　　　　292
02. 杭州：从"治堵"到"治城"，中国智慧城市的引领者　302
03. 上海：让超大城市治理"像绣花一样精细"　　　　　309
04. 北京：通州"环境大脑"练就"北京蓝"　　　　　　318
05. 海口：综合性城市大脑服务城市治理应用创新　　　　321
06. 郑州：通过"人数城"融合建造"思考力"城市　　　328

第11章　国内外数字治理的多元探索与实践　　　　　334

01. 整体性治理：新加坡的整体性、预测性和协作性治理　336
02. 区域一体化治理：地铁二维码互联互通助力长三角地区交通一体化　341
03. 大型社区治理探索：贵阳花果园社区的精准治理　　　344
04. 水域治理：遥感人工智能助力河湖"清四乱"　　　　348
05. 气象防灾减灾：技术赋能的阳江城市应急防灾体系建设　353
06. 住房租赁阳光化：浦发集团探索"政府+企业+数字化"模式　357

结语：数字治理用"智治"实现"善治"　　　　　　　363
致谢　　　　　　　　　　　　　　　　　　　　　　　367

PART 1　数字治理之"道"

【第1章】
数字时代叩问治理创新

数字治理 DIGITAL GOVERNANCE

历史的发展很多时候不是线性的，就像静水深流的黄河，在西北高原上折返千里之后，忽然在壶口磅礴而下，浩浩荡荡，直奔大海。一个标志性的重大事件，可能会扮演历史扳道工的角色，使时代列车跳跃到新的轨道之上。

发生在2020年的新冠肺炎疫情，可能就扮演着这样一个角色。疫情与公共卫生和人们的健康有关，但它却"意外地"加速了整个社会的数字化进程。病毒在生理学意义上进化，与之搏斗的人类社会则开始在数字化轨道上加速进化。在疫情防控期间，大数据、云计算、物联网、人工智能等数字技术被运用于国家治理，发生了一系列神奇的"化学"反应。线上办公、线上娱乐、直播带货、云旅游、线上新型消费等线上经济新模式异军突起，数字经济为停滞的世界经济注入活力。

疫情是加速整个社会数字化进程的一个"偶然性"事件，背后是近20年来不断飞速发展的数字技术创新、数字社会进步及数字经济繁荣，即我们进入了数字时代。传统的国家治理方式已经不适应数字时代的需要，一个崭新的数字治理时代正磅礴欲出。数字治理时代具有三大核心特点。第一，增维，即数字治理为优化国家治理提供"数据智能之维"。数字治理挖出了一条"看不见的新路"，为解决现实中的治理难题提供了全新的方法论。第二，赋能，即借助数字技术，国家治理可以具备超大范围协同、精准滴灌、双向触达、超时空预判、公众参与、多元共治、智能决策等新的数字化能力。第三，协同，即数字治理不仅对政府，还将对社会和个人同时赋能，推动"政府—社会—个人"的协同演化。这不仅意味着治理对象扩大、治理方式创新、治理场域扩展，更将引起治理结构的系统性重构，形成数字时代全新的治理范式。

01.
疫情推动数字时代驶入快车道

1 疫情防控提出数字时代的"治理之问"

突如其来的新冠肺炎疫情，打乱了全球经济发展的节奏，使世界各国陷入与病毒的拉锯战。在这场"战疫"中，中国令人瞩目的并不仅是对于武汉、对于疫情、对于复工的成功处理，其在数字技术上的应用创新能力，更展现出了一条以科技赋能、由传统治理模式走向现代化国家治理体系的道路。

这是一场真正无处不在的数字"战疫"。在街道上，非接触测温仪通过红外线远程测量体温；在社区中，人脸识别技术可以准确识别小区居民；在城市的无数个角落里，大数据应用可以轻松追踪密切接触者。这些数字技术的运用，使繁难的疫情防控工作变得简便。与此同时，从党政机关到各个单位，从企业到学校，人们已经习惯于在线上汇总健康信息，尤其是"健康码"的应用，线上扫码解决了疫情防控常态化背景下10亿级人口流动迁徙的难题。

这些数字"战疫"的背后，是中国二十年来在数字技术上的长期积累。从2003年"非典"到这次疫情，近20年时间，中国的互联网已经完成了从PC端到移动端再到智能化的两次迭代。疫情肆虐之下，时间就是生命，速度就是效率。2003年非典疫情期间的播报间隔是一天，但在这次疫情防控中，借助数字化武器，疫情的信息发布可以实现"实时动态更新"。与电视播报相配合，以支付宝等为代表的互联网企业都建立了疫情信息发布系统，以多元形态（文字、图片、视频乃至Vlog）随时随地直观、准确地向公众传递信息。

在这场数字"战疫"中，大数据、云计算、物联网、人工智能等数字技术综合赋能社会治理，解决了传统治理手段无法解决的痛点、难点问题。例如，确诊病例的活动轨迹如何确定，密切接触者如何找寻，有过高风险地区出行的人员如何识别……依靠传统的治理手段去解决这些问题，无异于大海捞针。但把数字技术运用于疫情防控，运用大数据分析、人脸识别和人工智能算法，可以高效地形成能够精确指导行动的疫情地图。无论是疑似病例及确诊人员的情况收集、上报和隔离，还是高风险人群情况摸查上报，抑或是对疫情的分析判断、应对疫情的等级响应，每一项疫情防控举措都需要与病毒赛跑，都可谓生死时速，数字技术的广泛应用极大提升了防控效率，大幅改变了疫情发展的曲线。

同时，数字的流动更广泛地动员了社会的四面八方，人民群众自发的"战疫"热情和努力取得了更大的协同效果。抗疫的主场不仅在医院，更在社区；抗疫的重点不仅在于治疗，更在于防控，这需要社会总动员，需要工信、公安、交通运输等部门的信息联动，形成公路、铁路、民航、通信、医疗等疫情相关方多源数据监测、交换、汇聚、反馈机制。国家治理的数字化实现了不同系统间的高效打通和数据快速流动，在不触动任何部门利益的前提下，以看不见的方式和最小的成本实现了政府部门之间的协同联动。浙江省通过阿里巴巴旗下的钉钉协同交互，每一位公务员、每一位社区管理人员都能够利用钉钉精准地开展工作，并实现精确到街道的精准防疫，既实现了深入每个网格的精准，也实现了全省的整体协同。

中国将数字技术运用于疫情防控和公共卫生治理，引领全球风气之先，赢得了国际社会的肯定。联合国经济和社会事务部每两年对全球190多个国家的电子政务发展进程进行调查，并发布调查报告。《2020联合国电子政务调查报告》显示，我国电子政务发展指数从2018年的0.6811提高到了2020年的0.7948，排名提升至全球第45位，达到"非常高"水平，特别是衡量国家电子政务发展水平的核心指标——在线服务指数上升为0.9059，排名大幅提升至全球第9位。

数字技术解决疫情防控中看似不可能的治理难题，这并不是一种偶然，"数智化"与"治理现代化"的相遇是一种必然，疫情只是提供了一次"机会"，并加速了这个历史进程。疫情防控敲开了数字治理时代的大门，让我们得以窥见一个新的治理变革时代即将来临，数字技术将在很大程度上改变治理方式、治理范式、治理手段，从而不断优化国家治理，为推进国家治理现代化提供另一种可能和全新的路径。

数字技术在疫情防控中的应用，为数字技术在更多治理领域的应用打开了想象空间，我们由此提出了数字时代的"治理之问"：如果把数字技术运用到环保、交通、医疗、社保、公共服务、金融监管、脱贫攻坚等各个治理领域，将带来哪些神奇的变化？或者从更大层面来看，如何运用数字技术让政府组织更灵活、协同更高效、决策更科学、服务更精准？巨大的想象空间，由此打开。

2 数字经济异军突起提出"发展之问"

数字经济是近二十年来人类财富创造的重要源泉。在本次疫情中，在全球经济停滞之际，数字经济逆风飞扬，展现出一骑绝尘的魅力，从而使数字化成为后疫情时代全球经济中最大的确定性。

疫情期间，线上办公、线上娱乐、直播带货、云旅游、线上新型消费等新业态、新模式异军突起，为人们的居家生活创造了丰富的可能性。疫情阻隔了人们在现实世界中的交往，人们开始更广泛地向线上世界"迁徙"。越来越多的经济活动发生在线上，越来越多的客户联系沉淀于线上，越来越多以前无法想象的新业态、新模式诞生于线上，这些加速推动了数字经济在后疫情时代的蓬勃发展。

在教育方面，为实现"停课不停学"，钉钉第一时间发起"在家上课"行动计划，钉钉"在线课堂"功能向全国大中小学开放，支持百万学生同时在线上课，并覆盖广大农村地区学校。2020年2月10日是开学第一天，全国各地中小学开始陆续在线上课。当天，全国300多个城市的60万名教师变身主播，通过直播为学生上课。随着在线上课的开展全国超过1.8亿名学生每天远程上课，老师学会了直播，学会了截屏，学会了在屏幕另一端叫醒正在打瞌睡的学生。

在恢复经济发展方面，统筹疫情防控与复工复产，是一个传统治理思路下的两难问题，而在数字化语境中，我们可以找到第三条出路。人们发现，原来很多会议都可以在线上召开，不用见面但效率很高；很多信息可以在钉钉群、微信群里传达，减少了烦冗的程序，提高了信息传递的效率。借助在线会议、协同生产、远程办公等应用，身处天南地北的员工在线上分工协作，同样能完成往日聚在同一栋写字楼合作达成的项目。钉钉已经服务超过1500万家企业，每天全球有超过2亿人在线办公。

在居民消费方面，直播带货、网上下单、送货到家、社区团购、云旅游等线上新型消费迅速补位。2020年第二季度，中国经济增速由负转正、重回正轨，数字技术助力抗疫，为经济复苏创造了前提条件。2020年前5个月，全国实物商品网上零售额同比增长11.5%，占社会消费品零售总额的比重达24.3%。手机在消费者与商家之间架起一座沟通的桥梁，消费不再局限于购买行为，更兼具社交、互动、休闲等附加功能。

在后疫情时代，产业数字化和数字产业化成为中国经济高质量发展的两个重要方向。就产业数字化而言，运用大数据、云计算、人工智能等数字技术为实体经济、传统产业赋能，可以为传统经济插上"数字翅膀"，让传统经济飞向数字经济新蓝海。制鞋企业红蜻蜓率先推动数字化转型，实现企业级数据智能驱动业务、数据资源化和数据服务化，在疫情防控期间，其网上销量增幅明显；餐饮企业木屋烧烤在疫情最严重时，全国近150家门店被迫关闭堂食，通过发力线上消费场景，木屋烧烤获得10倍的外卖销售增长，仅用60天就度过了危机。

现在，企业"上云用数赋智"已经成为重要战略，数字化可以让生产线变得更"聪明"，让科学研究更加高效，让各行各业改造流程、提升效率。数字产业化也在加速形成规模，以数据这个新型生产要素为核心的价值链正在快速形成。由此可以看出，在疫情冲击之下，数字产业化和产业数字化的双螺旋转动得更快、缠绕得更深。

"生产力决定生产关系"这个经典规律在数字时代同样发挥作用。数字经济在后疫情时代的异军突起，也提出了数字时代的"发展之问"：我们的国家治理应如何适应数字经济的时代要求，促进中国的数字经济领跑全球？

3 新一轮科技革命提出"变革之问"

经济学家如此定义技术革命：一场技术革命可以被定义为一批有强大影响的、显而易见是崭新且动态的技术、产品和部门，它们为整个经济带来巨变，并能推动长期的发展高潮，在实际上促成所有经济活动潜在生产力的量子跃迁。由此观之，我们正处在新一轮科技革命的前夜，以大数据、云计算、物联网、5G、人工智能、量子计算等为代表的数字技术，不断取得新的突破，拓展人类的认知边界，并逐步实现大规模的产业应用。

2019年，工业和信息化部（以下简称"工信部"）向三大运营商发放5G牌照，标志着中国的5G商用元年正式到来。5G实现万物互联，催生无限应用场景。巨大数据连接规模的物联网、需要及时响应的实时交互、超高速的无线宽带连接，这些都将陆续变为现实，催生虚拟现实、无人机、自动驾驶汽车、高清视频、远程手术、远程作业等新业态、新模式。

大数据、云计算和人工智能组合在一起，实现了数据智能，推动以数据为核心的价值链、产业链、供应链的形成。人工智能具有三项核心元素，即"数据+算法+算力"。大数据提供了最基本的生产要素，即海量的数据；云计算则是一种动态、可伸缩的资源计算模式。大数据是隐藏的宝矿，云计算是开矿的工具、装矿的容器。大数据和云计算结合起来，共同构成了智能时代的基础设施，为人工智能发挥作用奠定了基础。数据智能的发展具有广泛的渗透性，数据智能在金融、医疗、汽车、零售、高端制造等领域都将产生颠覆性的影响。

不仅如此，除了以上这些具有通用性质的技术，一些前沿领域的数字技术创新也具有重要意义。比如区块链具有去中心化、不可篡改、全程可追溯等特点，在存证、共享、构建信任、多主体协同等方面有不可比拟的优势。量子计算未来可能突破经典物理，为人类提供可以突破经典计算机物理局限的可能性，从而极大提升人类的计算能力，解决云计算和人工智能的"算力焦虑"。

未来，万物互联、万物上云、万物皆数将逐步实现。物联网带来的万物上云和"物"的数字化,以及5G驱动的消费互联网、产业互联网的加速增长,都将创造前所未有的数据量,并丰富大数据的数据维度、价值密度,成为大数据"量"的主要推动者。通过将5G+物联网延伸到物理世界,一个完整的线上赛博空间与物理世界形成映射,共同构成一个线上线下相互关照的数字融合世界。技术变革与制度变革处于永恒的互动之中,数字技术正在重新塑造经济社会的生产方式、消费方式、运转方式和治理方式。

总的来看,数字科技变革此起彼伏,不仅丰富了治理方式、治理手段,而且还将创造出一个全新的数字融合世界,极大拓展治理的领域。同时,人们的经济社会活动越来越多地转向线上,尤其是年轻一代更是如此,治理对象也在加速向线上转移。治理方式、治理手段、治理领域、治理对象都因数字化而发生变化,这对我们的社会治理提出了"变革之问":国家治理应如何转变才能跟上技术升级换代的速度?

02.
数字时代呼唤数字治理

1 传统治理难以适应数字时代的要求

问题是时代的声音，也是改革创新的方向。传统治理已经难以适应数字时代的要求。要回答数字时代的"治理之问"、数字经济的"发展之问"、科技革命的"变革之问"，需要运用数字技术建设数字政府、优化国家治理、提升治理水平，通过数字治理撬动数字时代的大变局。

事实上，疫情防控已经成为比较世界各地的治理水平和治理范式的窗口。从中国来看，突如其来的疫情让中国暴露出了一些治理短板，如部分地方政府信息公开不准确、风险评估不准确、应急联动不及时、协同合作不一致等。而像浙江省、广东省等数字政府建设比较领先的省份，则能够充分运用数字技术实现快速的信息采集公开、部门横向协同，能够在早期就有效控制疫情的扩散。

究其原因，传统治理主要依托政府部门和科层制治理，这已经难以适应日新月异的数字时代，更无法满足大范围、快节奏、高精准的防疫治理要求。经过二十多年的电子政务建设，各部门、各领域信息化水平已有较好的基础，但相应地，信息碎片化、应用条块化、服务割裂化等问题也日益突出。科层制治理的核心是以部门利益为中心，缺乏整体性、协同性，回应和反馈不足，无法及时满足公众需求，难以运用数字技术打通部门壁垒、再造治理流程、实现协同联动。

与此同时，现有以土地、资本为核心的要素管理模式也不适应以数据为生产要素的数字经济，传统工业文明的治理方式已经无法满足数字时代的需要。数据作为新型生产要素，具有可复制、可复用、非线性等很多新特点。比如，同一个数据可以同时供几个互联网企业使用，同时创造价值；价值较低的单个数据大量聚集交叉起来，就可以产生更高的价值。这些新特点与土地、资本等传统生产要素差异显著，因此，对数据的治理也不可简单套用原有的治理方式。当全社会加速数字化重构的时候，只有更好地形成针对数据的治理规则，才能更好地推动数据这个新型生产要素创造新价值。

从全球范围来看，数字治理也关系到新型全球化的贸易规则制定。当前，数字技术使贸易标的、企业的商业模式和交易方式发生深刻变化。在贸易保护和单边主义重新抬头之际，跨境商品贸易、国际投资等传统贸易的全球化举步维艰，而数字贸易的迅速发展则为新型全球化提供了崭新路径。数字贸易规则的范围已经扩展到信息跨境流动、数字安全、互联网服务、产权保护等深层环节，传统治理框架已经难以适应数字贸易的发展。推动数字治理，形成具有中国特色的数据治理规则，有利于中国在数字贸易规则制定中获得更多的话语权，从而引领以数字技术为驱动力的新型全球化。

纵观世界文明史，人类在经历了农业革命和三次工业革命之后，正在进入一场新的数字革命。每一次产业技术革命，都给人类生产生活带来巨大而深刻的影响。以互联网为代表的数字技术日新月异，引领了社会生产新变革，创造了人类生活新空间，拓展了国家治理新领域，极大提高了人类认识世界、改造世界的能力，正在创造一个万物互联、万物上云、万物皆数的数字融合世界。迎接这个世界的到来，无论是对"治数"——数据的治理（governance of data），还是"数治"——运用数字技术进行治理（governance based on data），都需要对传统治理进行数字化升级，用数字治理回答"治理之问""发展之问""变革之问"。

2 数字治理为国家治理增加"数据智能之维"

物理学家提出的"虫洞"概念，让人们对鸿蒙太空有了更多精彩想象。"虫洞"是指连接两个遥远时空的多维空间隧道，这实际上是从更高维度进行空间折叠。在低维空间中非常遥远的距离，经过更高维度的空间折叠后瞬间缩短。就像在一张白纸上有A、B两个点，从A点到B点，在二维空间需要经过一条直线的距离，但是在三位空间中，经过恰当的折叠，A点可以与B点重合，从而实现瞬间穿越。由此可知，凡事如果能够打开新的思考维度，人们就可以在新的认知坐标中看待问题，为旧问题找到新出路，不必困于红海，而能够开拓蓝海。

"虫洞"的概念不只局限于科学领域，它对人类经济社会发展各个领域都有启发作用。从这个角度看，数字技术给国家治理带来的变化，首先是一种思维方式的变化，即通过采取"数字化"的思考方式，在现实世界基础上增加"数据智能之维"，为解决国家治理中的很多问题提供新的方法论。

数字技术为国家治理开辟了一条看不见的"新路"。"千钧将一羽，轻重在平衡"，国家治理涉及平衡多方利益诉求，在现实中不可避免要遇到很多"两难选择"。例如，如何统筹好疫情防控和复工复产，这在全世界都是一个两难选择。如果为了疫情防控而长期关闭经济活动，那么国家经济发展难以维持；如果为了经济复苏而大范围开放社会活动，那么疫情有可能卷土重来。在这两个极端之间，如何取得平衡？这是一个传统治理框架下给予治理者巨大压力的命题。但是引入数字化之后，解决这个两难问题多了"线上"这个新的维度，通过互联网平台实现线上办公、线上复课，为这个两难问题找到"第三条出路"，既能做好疫情防控，也能以数字化方式实现复工复产。实际上，国家治理的很多领域，在现实中都面临着两难的问题，数字治理通过增加"线上之维，数据之纬"，可以为平衡提供新出路。

数字技术可以弥补治理短板。目前，中国正处于改革攻坚期、社会转型期，很多治理问题都错综复杂、头绪繁多，治理成本高，而数字治理可以运用先进的技术来弥补治理短板和制度空白。比如，一度在社会上引发广泛关注的高考顶替事件，如果放在数字治理的语境中，就可以防患于未然。数字技术可以全链条留痕，杜绝篡改档案行为，实现对这类现象的源头治理。比如在金融、司法、医疗、版权等对数据真实性要求高的领域中，区块链由于具有不可篡改、全程留痕、分布式存储等特点，可以用于电子证据存证，保证数据不被篡改，并通过分布式账本连接各方主体，大大提高治理效率。再如，人们运用遥感技术进行地质、气象、国土空间、城市建设等大范围监测，可以足不出户了解天下信息；住建部门利用遥感技术和大数据分析，可以远距离监控城市违法建筑，在不增加执法力量的情况下提高城市治理效率。

数字技术可以实现国家治理的"增量优化",用发展的手段推动治理变革,实现帕累托改进。国家治理体系的完善、治理能力的提升,在很多时候涉及制度的调整和深层次改革,这不可避免要触碰既定的利益格局,阻力可想而知。将数字技术运用于国家治理之中,可以把治理优化变成一个做大增量的过程。比如,打破部门壁垒、连通信息孤岛、促进部门协同,这在很多地方都涉及部门之间的横向合作,在现有的治理框架下,还有很多现实关节需要打通。但是,从国务院推动"一网通办"开始,数据在各个部门之间自由流动,在不触动任何部门利益的情况下,实现了政府组织体系的内部打通和流程再造。这就是一个典型的"增量优化"过程,即尽量不触动存量利益,开辟新的维度,用新的办法解决旧的问题,各方皆大欢喜,实现帕累托改进。"让数据多跑路",数据如水,所到之处皆被打通,数字化重构就会推动治理体系更完善、协同更高效。数字治理的关键在于将数据作为关键要素,在一个新维度的空间解决物理空间的问题。

数字技术可以让数字治理经验易于推广与复制,迅速拉齐各地的治理水平,使欠发达地区的治理水平赶上发达地区的治理水平。治理经验从一个地方迁移到另一个地方,往往会面临水土不服的问题。由于各地风土人情、地方文化、政治生态不同,发达地区的好经验、好制度移植到欠发达地区,往往难以发挥预期作用。这就好比"橘生淮南则为橘,生于淮北则为枳"。但数字技术具有"非人格化"的特征,使数字治理的经验容易复制、模仿、迁移。比如,浙江省、广东省等东部地区在数字治理方面走在前列,它们形成的数字治理体系作为一种技术解决方案,可以移植到中西部地区,从而迅速提升中西部地区的治理水平。

总之,数字治理中的"数字"这两个字,首先给治理增加了一个"数据智能之维",进而让人们可以从更高维度来审视现实中的治理难题,跳出原有的思维窠臼,在全新的认知坐标中寻找新思路。

3 数字治理为国家治理全方位"数字赋能"

著名历史学家黄仁宇在《万历十五年》《中国大历史》等书中论述中国古代的治理时,提出了一个颇有影响力的观点,即中国古代的治理缺少"数目字管理",如在土地、税收、户口等方面都缺少精确的数字管理。他的学术观点可以见仁见智,但这确实揭示出治理的另一面:治理在很大程度上是一个技术活儿,数字的精确性对于国家治理具有重要意义。

在数字时代,"数目字管理"可以得到高效实现。通过大数据、云计算、物联网、人工智能等数字技术,数字治理可以为国家治理进行全方位的"数字赋能",从技术上改进治理方式、治理手段和治理逻辑,极大提升国家治理能力,使国家治理具有传统语境无法想象的数字化能力,如图1-1所示。

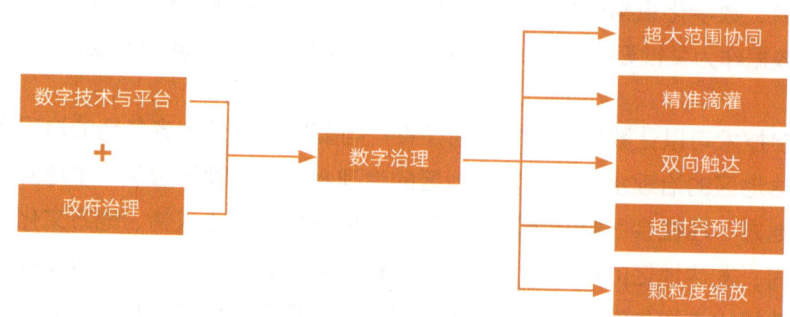

图1-1 数字技术为国家治理赋能

数字治理可以实现国家治理的超大范围协同。治理领域都有专业分工,但是就问题导向而言,在当前转型期的中国,任何一个经济社会发展中的难题,都涉及不同领域、牵扯各个部门,都需要协同解决。比如应对疫情或汛情,就不只是专业部门的事,而需要应急、交通、财政等各个部门协作。在疫情防控期间,大规模物资需要运到湖北,如何能够打通各个关卡,确保物资分配到一线医院?这背后需要各部门通过数字化打通中间所有链路,并且恰当地通过工作流的方式告诉海关,这一批物资要给到需求最紧迫的武汉各医院。

数字治理可以实现国家治理的精准滴灌。当前，无论是在脱贫攻坚、金融监管领域，还是在促进消费、支持中小企业发展领域，国家治理对"精准性"的要求越来越高。能否实现精准滴灌，决定着治理的成效。比如，由于中小企业缺少充分的信用数据、没有相当的抵押资产，在发展中存在严重的信息不对称问题。因此，向中小企业提供贷款一向是一个难题。在疫情防控期间，国家出台了一系列支持中小企业发展的金融政策，通过数字金融有效解决了这个难题。大科技平台发挥长尾效应的优势，连接数以亿计的企业与个人，可以获得中小企业的所有交易信息，并通过算法模型进行风险控制。一些网商银行由此进行机器决策，实现了小微企业贷款的"310"模式，即三分钟线上申请贷款，一秒钟资金到账，零人工干预。再如，为促进消费、扩大内需，很多地方政府都在发放消费券，但消费券发放下去，人们依然不消费怎么办？一些地方政府尝试发放电子消费券，把消费券发放到居民的支付宝上，居民在线上购物时可以直接使用消费券，通过数字化方式实现了促进消费、扩大内需的精准治理。

数字治理可以实现国家治理的双向触达。所谓双向触达，即国家的政务服务可以大范围触达到个人，同时个人也可以及时向政府部门反馈意见、建议，从而形成政务服务的反馈闭环。在传统的治理方式中，国家治理往往是单向度的，缺少及时的反馈机制。数字治理则可以实现政府与社会、政府与个人的即时良性互动。在数字治理语境中，互联网、物联网是平的，将人、物和服务更广泛、更有效地连接起来，人们可以在PC端、移动端随时随地享受政务服务，或者办理相关事项。同时，个人也相当于政府部门的"用户"，客户体验也可以通过网络上的无数个接口，反馈给政府部门，政府部门从而可以参照用户体验不断优化政务服务。

数字治理可以实现国家治理的超时空预判。之所以能够实现超时空预判，一方面来自大数据的运用和算力的提升，另一方面来自数字融合世界。比如，在宏观经济调控领域，有学者在研究经济活动状况时提出了"预测现在"（predicting the present）的概念，政府机构发布的经济数据具有时滞性，而大数据可以及时获取经济活动数据、及时处理这些数据、及时形成决策参考，这能够对短期经济活动形成实时预测。如果政府机构能够实时掌握准确的总供给、总需求、产业结构、物价、利率、汇率、就业、投资和储蓄、GDP增长等数据，就可以在很大程度上对宏观经济运行形成预判；即便不能形成完全准确的预测，政府机构也能够进行逆周期调节。数字融合世界的一个全新特点是通过数字孪生技术，在线上形成一个与线下相互映射的数字孪生世界，通过线上世界进行数字化模拟，对线下世界的未来走势形成参考性预判。比如，美国疾控中心和谷歌公司的工程师曾发表一篇关于流感预测的论文，从4.5亿种关键词的组合中，最终挑出45个重要检索词条和55个次重要检索词条（归并成12类）作为特征，建立了一个线性回归模型，以预测2007年和2008年冬季流感传播的趋势和地点，并且将机器预测的结果和美国疾控中心公布的数据进行比对，准确率高达97%以上。遥感技术通过全天时、全天候、高分辨率、多维度获取数据成像，对天、空、地、海上的目标进行识别，形成了"空间大数据"，在气象预报、减灾防灾、区域规划、国土资源探测和管理，以及智慧城市等方面都有广泛的应用。

数字治理可以实现国家治理的颗粒度缩放。当数字化渗透到经济社会活动的方方面面，人们留下的每一个痕迹，都让我们的行为、习惯被记录、被理解。当数字化深入社会运转的毛细血管中时，我们的数据颗粒度会非常细化。以前的数据可能是以街道或社区为单位的，现在数据的颗粒度可以细化到城市的每一个井盖、每一个路灯、每一个拐角。当覆盖所有角落的海量数据汇聚在一起时，这些数据就可以清晰地呈现出一个城市的全貌，城市治理也可以实现宏观与微观的贯通，信息、政策、服务可以顺着数据微粒抵达每一个微观"细胞"。

科学哲学家托马斯·库恩用"范式革命"来解释科学的演进历程。"范式"实际上是一种世界观，是人们认识世界的坐标、参照系与基本方式。从这个视角来看，数字治理通过打开"数据智能之维"，用一种全新的方式看待治理、解决问题，同时为国家治理进行多个方面的"数字赋能"。数字治理不仅改变了治理方式、治理手段和治理逻辑，更重要的是，数字治理形成了一套关于治理的全新世界观，推动"治理范式"发生变化，将创造出数字时代的"治理范式"。

03.
数字治理实现"政府—社会—个人"的协同演化

数字治理可以对国家、社会和个人同时赋能，使国家、社会和个人实现协同演化，为国家、社会和个人创造一种融合、共生、"1+1>2"的全新图景，从而形成良性互动、有机生长的社会治理共同体。这是数字时代治理范式的鲜明特征。

党的十九届四中全会指出，"坚持和完善共建共治共享的社会治理制度，保持社会稳定，维护国家安全"。共建共治共享恰恰是数字治理天然的"基因"。长期以来，人们一直有一个误解，认为数字化向经济社会各方面的渗透，会加强国家对社会的"信息监控"。事实上，数字治理新范式的核心特征即共建共治共享，发挥整体中个人的观察力和创造力，在更高维度、更高层次上实现"政府—社会—个人"三者之间的协同演化。

1 国家具有"数字化国家能力"

在数字时代，国家具备了相应的"数字化国家能力"，从而能够更好地适应数字时代的变化。所谓国家能力，是指国家将自己的意志、目标转化为现实的能力，具体表现为国家汲取财政的能力、调控能力、合法化能力及规制能力。进入数字时代，一方面，国家已有的国家能力会加强；另一方面，国家能力还将延伸到数字世界，国家将获得"数字化国家能力"。"数字化国家能力"突出表现在以下六个方面。

一是信息汲取能力。这主要是指政府利用数字技术汲取社会信息的能力，其中的信息既包括反映人们行为特征的"民生数据信息"，也包括反映人们心理状态的"民情数据信息"。有效汲取社会信息并对其进行清洗、筛选、加工、整合，能够夯实国家治理信息基础，提升国家治理信息化水平。比如，上海市徐汇区以公安实有人口数据库和测绘院GIS地图为最底层数据，叠加民政、人社、残联、退役军人事务局、房管、卫健、司法等14个领域与机构中与民生息息相关的数据约1600余万条，形成了大民生数据池，通过为社区建档、为家庭画像、为个人服务三个维度对社区、居民和家庭建档立卡，形成了45项个人和家庭属性标签，全域展示辖区内民生基本体征。区、街镇、居委会可以根据各自权限，细致了解区域居民的基本民生需求，实现"一屏观民生数据"。

二是数据治理能力。政府履职由以往的"靠经验"向"靠数据"转变，经过一段时间的数据积累，逐步走向"靠知识"。当前阶段，"靠数据"治理主要体现在以下几个方面：在经济调节方面，政府利用多维、多层、多源数据指标印证宏观经济形势、通过结构性数据呈现出行业特点、为新经济形态提供新的经济指标等；在市场监管方面，政府收集和处理大量市场活动中的数据信息，快速发现许多原来不易被察觉的失信行为，并将之记录、曝光；在社会管理方面，政府基于海量数据分析结果，提升社会管理效能、优化社会治理方案；在公共服务方面，互联网广泛渗透使差别化、个性化的公共服务需求更容易被识别，为政府提高公共服务的效率创造了有利条件。通过数字技术赋能，政府逐步形成"用数据说话、用数据决策、用数据管理、用数据创新"的数据治理能力。

三是精准决策能力。政府利用数字技术提高对复杂治理环境的研判能力，提高决策前瞻性，同时利用数字技术更加准确地辨别治理重点、堵点和痛点，提高决策精准性。以此次新冠肺炎疫情防控为例，数字技术使各级政府能够更加准确地辨别区域、企业和个人的基本情况，提高了政策的准确性。在北京的新发地疫情阻击战中，数据精准到街道一级，全市300余个街镇分别划分为低风险、中风险和高风险三个类别，北京市政府针对不同风险等级，分门别类制定政策，最大限度为市民和企业提供便利，这不仅提高了政策的精准度，也提高了政策的人性化程度。

四是数字规制能力。这主要包括两方面：一方面，在数字时代，信息伪造、算法黑箱、虚假信息等新型治理风险相继出现，政府应提升数据使用的规制能力，保证数据使用的合法性与正当性。2019年5月，国家互联网信息办公室会同相关部门起草《数据安全管理办法（征求意见稿）》，向社会公开征求意见；2020年7月，第十三届全国人大常委会第二十次会议对《数据安全法（草案）》进行了审议，面向社会公众征求意见。这些重磅法律法规的出台，表明国家和社会正在合作制定数据规制规则，以规范数字技术和数据使用行为。另一方面，数字规制能力是指政府利用数字技术对社会和经济活动的风险进行规范、约束和限制的能力，例如，各类智慧市场监管产品显著提升了政府监管市场的效率。

五是回应吸纳能力。回应吸纳能力即政府依靠数字技术和数据资源，洞察民生动态和民情动态，提升政府回应的时效性和精准性，提高政府服务供给能力和政策响应的能力。在民生回应方面，"一屏观民生数据"即一则生动案例。政府在识别民生需求之后，及时回应，精准匹配，满足了辖区内居民的民生需求。在民情回应吸纳方面，近年来各类网络问政平台，如人民网的"地方领导留言板"、国务院的"互联网+督查"微信小程序，都是中央和地方政府吸纳民意、精准回应，民意影响政策议程的典型案例。

六是传播引导能力。政府利用数字技术、依托数字平台，精准研判舆论和民情民意变化，有效开展政民互动和政治传播，引导舆情变化趋势，弘扬正能量和主旋律，求取社会最大公约数。比如，新华社新媒体中心联合阿里巴巴旗下的淘宝发起"家乡的宝藏，让电商大有可为"系列直播，首场活动落户山东。在这场直播活动中，网红主播"烈儿宝贝"携手山东省三位县长和山东演员来喜，推出周村烧饼、福牌阿胶、得利斯烧鸡、章丘铁锅、成武黑蒜、海芝宝海带丝和紫金玫瑰鲜花饼等山东特产，拉动特色文化产品消费。

2 社会具有"数字化协同方式"

在数字时代，政府和社会在数字世界中日益深度融合，政务服务、民生服务、风险防控、经济发展、区域治理的边界越来越模糊，各方主体既是数据的贡献者，又是治理的参与者，还是服务的受益者。企业、社会组织、专业机构等社会力量，可以更加有效地参与到治理过程中，形成共建共治共享的格局。在数字治理的框架下，政府与社会可以形成全新的互动与合作方式，协同范围更广、效率更高、手段更先进。

数字技术推进政府和社会形成全新的合作方式。政府治理离不开多方参与，治理主体多元化始终是全球共同推崇的理念。然而，受体制障碍、技术瓶颈等多种因素限制，现实中多元主体共同参与社会治理的可行性和可持续性一直不容乐观，治理效果也并不尽如人意。而在数字治理框架下，除政府之外，公民、企业、组织机构及专家学者都可以通过数字技术参与到治理中来，形成社会治理的"群体智慧"，带动政府治理能力的提升。比如，上海市联合支付宝搭建了"垃圾分类回收平台"，在全国率先试点"互联网+垃圾回收"，解决了垃圾分类回收"最后100米"的难题。同时，支付宝还在水电缴费、社保支出、交通服务等方面在政府与公众之间架起桥梁，既提高了政务服务水平，同时也增强了群众的获得感。尤为重要的是，政府的长项在于进行制度设计、政策制定，而在技术层面的用户体验上，企业、专业机构往往更有优势。在数字治理框架下，政府与企业、专业机构合作，政府出政策、出框架，企业和专业机构拥有更丰富的面向消费者的经验，可以让政府的政策和服务更加细化、人性化，提升群众的满意度和获得感。

平台型企业对政府治理形成有效补充。随着数字经济的发展，平台型企业的崛起不仅代表着一种新型商业模式的崛起，而且代表着一种新型社会组织形态的崛起，深刻改变着传统的产业链和价值链，也深刻改变着相关领域的治理方式。平台型企业是一个商业生态系统，能够满足来自双边或多边市场的需求，促进双边或多边用户的交互作用和交易，能够容纳供给者与消费者、产业链上游与下游。比如，淘宝不是简单的零售商，它演化成了一个社会化协同的大平台，即使一个非常小的淘宝新卖家，也可以在线同时和几百个服务商合作，相关的服务包括打通微博社交渠道、蚂蚁科技提供金融服务、旺旺工作流，以及各种产品的营销，淘宝建立了一个非常复杂的协同网络。再如，随着数字经济发展，网约车平台、搜索平台、外卖平台、社交平台等，都不再提供单一的服务，而是为消费者、商家、企业、机构提供一个多方交互的平台，从而形成一个涵盖多方主体的生态圈。

由于平台型企业为多元主体提供交互服务，甚至在一定程度上进行资源配置，平台型企业天然就具有"公共"属性，需要承担相应的社会责任。从国家治理的大框架来看，平台型企业承担社会责任恰好是数字化对社会力量的赋能，平台型企业的力量成为国家治理的有效补充。

淘宝总共有20亿件商品，如何防止假冒伪劣产品既是国家市场监管部门面对的治理难题，也是淘宝需要解决的问题。淘宝形成了知识保护科技大脑，其数据总量相当于186个中国国家图书馆的馆藏量，淘宝累积的打假图片样本量超过137亿张，拥有上亿个商品特征及百余个算范模型及异常营销动作预警，能够覆盖开店、商品发布、营销活动、消费者评价等各个商业环节，大大提高了假货治理的效率。淘宝运用数字化方式打假，为国家市场监管部门治理假冒伪劣问题提供了有益的借鉴和补充。如今，随着平台型企业越来越深入地嵌入经济社会，从保障"舌尖上的安全"到建立社会诚信体系，从保障消费者人身安全与合法权益到打击虚假信息和电信诈骗，各个治理领域都需要平台型企业的支持。由于直接与用户和商家打交道，平台型企业能够有效发挥治理作用，对相关领域的治理达到事半功倍的效果。

数字化能够增强社会的自组织能力。国家秩序以国家强力为基础，体现为自上而下的理性设计；而社会秩序则更多地以人民群众的自组织为基础，体现为一种适应性的、自我演化的结果，是一种与理性设计相对应的自发秩序。国家的良政善治，需要自上而下与自下而上的有效互动，在国家治理的经纬之间，群众自下而上的自组织能够形成有效补充。数字技术可以大大增强社会的自组织能力，使社会治理更加扁平化，更大范围地消除信息不对称问题，提高社会治理的效率，达到"无为而无不为"的境界。

在疫情防控期间，武汉一群抗击疫情的"线上志愿者"引发了人们的关注。发起人以线上方式招募志愿者，开发出"2+3"抗疫模式，即两名专职工作者（地面工作人员、社会工作者）与三名志愿者（医务助手、心理助手、管理助手）共同组成服务小组，利用微信群开展工作，其组织方式灵活、高效。他们不仅能够进入方舱医院，通过"线上+线下""舱内+舱外"互动的方式开展工作，整合"医务+社会工作+心理"志愿者资源，配合医护人员开展工作，还能够进入各个社区，将网上的医务志愿者、社会工作者及心理志愿者下沉到网格群里，同时还针对居家隔离人群建立线上的"居家陪护群""酒店陪护群"。通过线上进行灵活、多样的自组织，志愿者团体可大可小、可常规可应急，能够适应防疫需要而灵活组织力量、分配资源、应对变化，具有政府抗疫不具备的优点，发挥了不可替代的作用。借助数字化，社会和民间的力量成为一种巨大的社会治理力量。

其实，数字化对社会的赋能，不仅体现在疫情防控的特殊时期，更体现在生活的点点滴滴中。广场舞大妈学会了在线上呼朋引伴，年轻人习惯了在网上寻找志同道合者，专业人才可以通过手机进行大范围、跨时空的知识共享……当城镇化瓦解了人情味浓厚的乡土社会，数字化使我们可以在线上世界重新过上"社群生活"。人与人之间不必是没有交点的两条平行线，人们也不必在城市火柴盒式的公寓里原子化生存，而可以通过数字化方式产生有机连接，形成息息相关的命运共同体。

社会学家提出一个叫作"社会资本"的概念来衡量一个社会的自组织程度。"在一个继承了大量社会资本的共同体中，自愿的合作更容易出现，这些社会资本主要表现为信任、规范与网络。"数字治理显然可以显著增加我国的"社会资本"，丰富社会的横向连接网络，以及增加公民之间的信任，从而为国家的良政善治奠定社会基础。

3 公民具有"数字化参与渠道"

在数字时代，数字化还能为个人发挥潜能打开线上空间，使整个数字世界向每一个能接入互联网的人敞开。数字化创造了一个无远弗届的世界，地球成了平的，一个人无论身处繁华的都市还是偏远的农村，只要手持一部智能手机，就可以超越物理时空的限制，享受政府的公共服务，有序参与社会治理，发挥自己的才华，贡献自己的力量。

　　数字化降低了公众参与社会治理的门槛。现代社会治理是一个复杂的系统工程，仅依靠政府力量注定独木难支。比如，解决环境保护、垃圾分类、维护市容市貌等问题，需要发挥广大社会公众的力量。美国波士顿"认养消防栓"项目的做法颇具启发性。波士顿冬季经常遭遇暴风雪，一旦大雪来临，设置在路边的消防栓经常被大雪覆盖。倘若发生火灾，消防人员不得不浪费宝贵时间铲雪以寻找消防栓，很有可能贻误救援时机。为此，波士顿开发了名为"Adopt-A-Hydrant"的手机App。居民在App上注册之后就可以"认养"一个附近的消防栓，一旦大雪来临，认养者负责清理消防栓周边的积雪，确保消防人员可以及时找到消防栓。像这样发动人民群众的力量，政府只需要提供参与平台而不用费一兵一卒，就可以实现对每个消防栓的管理。可以说，数字技术为人民群众参与社会治理提供了机会、畅通了渠道，使每个人真正成为社会治理的参与者，真正实现"人人起来负责"，形成基于数据开放共享的治理合力。

　　数字化创造了普惠和包容的社会环境。在以土地和资本为核心生产要素的经济体系中，人们对土地和资本占有的不同，必然会导致结构性的不平等。但是，以数据为核心的数字经济，可以向所有人敞开大门，尤其是那些在现实世界并不具有多少实际资本的人，可以在网上获得机会、"白手起家"。比如快手和抖音上那些来自农村的"网红"，还有那些平常悄无声息在这个世界存在着的乡土特产，也因为在短视频平台的曝光而获得千万流量。比如在海外视频网站上爆红的阿木爷爷，他不用钉不用角铁，运用中国自古就有的榫卯结构技术做成木制拱桥，在全球获得了超过4000万次的浏览量。如果没有数字化的赋能，这些普通人的生活、手艺与技能，都会在乡土自生自灭，但因为数字世界的普惠和包容，他们可以站在全球的聚光灯下展示创意。数字化的世界缺少的不是机会，而是创意。任何一位创新创业者，只要有让人眼前一亮的好想法，就能吸引流量、带来资源。这就是数字化对个人赋能的魅力所在，也是数字化的精准滴灌、普惠众生的特征的体现。

同时我们还要看到，数字化更能推动"开辟式创新"（market-creating innovation）。所谓"开辟式创新"，即这种创新不仅为公司带来新的增长，还会开辟新的行业，拉动整个前沿经济体发展，促成社会包容、可持续的发展。人们总是习惯把数字化带来的创新称为"颠覆性创新"，其实，数字化带来的创新更多体现为一种做大增量的"开辟式创新"。数字化赋能可以催生出难以预料的新产业、新业态、新模式。数字化的运用加快了新行业产生的速度，扩大了新行业产生的范围，从而在更大程度上实现社会的包容、可持续发展。

数字化唤醒了社会隐藏的认知盈余。经济社会发展的一个重要内容就是人们要充分运用这个社会隐藏的各种知识。每个人在头脑中都掌握着某些独特的信息或知识，但在传统社会环境下，人们缺乏表达和分享的机会。在数字时代，人们获得了这样的机会，散落在人群中的"隐形知识""默会性知识"能够更好地发挥作用，促进小场景的创新。在数字世界，身处千里之外的人们，可以通过网络进行创造和分享，最典型的例子就是维基百科。维基百科由全球各地的志愿者合作编撰而成，来自各个国家的人们共同分享认知，形成了全球最大的网络知识库，维基百科的知识体量超过了任何专家精心编撰的百科全书的知识体量。通过数字化平台，人们可以更为便捷地分享知识，知识与知识的交换就产生了两倍知识。这样，数字化平台实际上起到了聚合与积累的作用，经过数以亿计的积累，可以把平庸变为卓越，这就是所谓的认知盈余。在疫情防控期间，在社交媒体上通过短视频、图片或文字等形式，大量关于新冠病毒的科普知识得以分享传播，大大减少了信息不对称问题，使戴口罩、勤洗手、保持社交距离、见面不握手等迅速成为全社会的共识。数字化可以让每个人都获得表达与分享的机会，从而把散落在人群中的知识充分调动起来，形成世界范围的共同创造。

实际上，如图1-2所示，只有通过数字化技术的赋能，政府、社会和个人的合作治理才能真正实现。从国内外实践趋势来看，"政府+企业+社会+科研机构"的合作共治模式已被证明是数字治理的必然选择。其中政府发挥主导作用，设计制度、制定规则，为多方合作搭建平台。企业负责提供技术支撑，国外的谷歌、IBM等科技巨头在技术引领治理创新中的作用有目共睹；国内的阿里巴巴、腾讯等互联网公司近年来加大力度推进数字化在各个领域里的融合创新，在全社会范围内推广数字思维、数字技术和数字产品,释放出巨大的技术进步红利。个人则身兼多重角色,是数字化公共服务的使用者和评价者、数字产品的消费者和体验者、海量数据的贡献者,以及数字治理的参与者。科研机构则为政府数字化转型提供智力支持,在国外,哈佛大学、麻省理工学院、加州大学洛杉矶分校等一流高校参与和推动了诸多数字化治理创新项目的建设;在国内,清华大学、北京大学、浙江大学、华中科技大学等一流高校从人才培养、技术研发、决策咨询等多角度贡献力量。

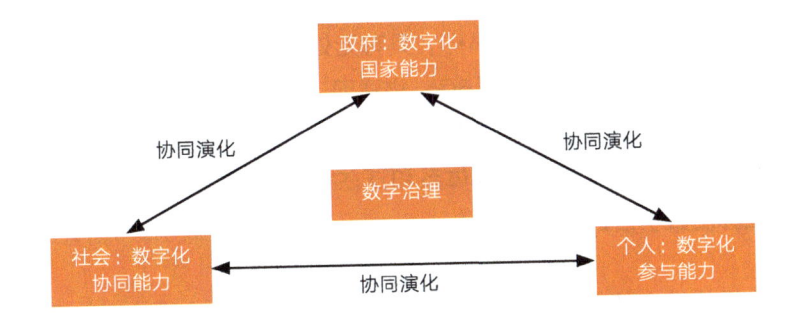

图1-2 数字治理推动"政府—社会—个人"的协同演化

04.
数字治理将激发中国数字时代发展新红利

1 数字治理：数字时代的全新治理范式

《道德经》有言，"上善若水。水善利万物而不争"。人们经常把数据的流动比喻为水，正因为数据也像水那样，具有无处不在、无孔不入的渗透性，也具有"利万物而不争"的普惠性。以5G、物联网、大数据、人工智能为核心的新型基础设施建设，将进一步推动网络互联的移动化、泛在化和信息处理的高速化、智能化，构建"人—网—物"互联体系和泛在智能信息网络。数据如水，亦将洗尽铅华，涵养出数字治理的全新范式。

数字治理的核心特征是全社会的数据互通、数字化的全面协同与跨部门的流程再造，形成"用数据说话、用数据决策、用数据管理、用数据创新"的治理机制。作为数字时代的全新治理范式，数字治理在治理对象、治理方式、治理场域、治理结构等方面形成了新扩展。

一是治理对象扩大，数据本身成为重要的治理对象，这可以简单概括为"对数据的治理"。现在，全球大国竞争的主要领域，已经悄无声息地转移到数字经济的战场。对于数据本身的治理，成为各个国家制定未来数字经济规则的重要内容，也是数字治理的题中应有之义。从经济角度来说，国家把数据列为新的生产要素之后，要对数据的所有权、使用权及数据安全等方面进行明确的界定。从社会角度来说，国家对数据的治理涉及个人的隐私保护，需要明确个人数据、企业数据、国家数据等获准使用或开放的界限，以及围绕数据的群己边界。近年来，欧盟提出的关于信息主体的"被遗忘权"扩展了隐私保护的内涵，美国提出的"橡皮擦"法案，要求社交媒体巨头应允许未成年人擦除自己的上网痕迹，这些都是从社会意义上确定数据使用的边界的案例。从国际视角来看，随着互联网巨头企业在全球范围内进行业务布局，数据安全将成为数字时代国家安全的全新内容。同时，数字贸易在数字时代全球贸易中的份额越来越大、地位越来越高，数字贸易规则的制定和谈判能力，将在未来显著影响国家的贸易政策。

二是治理方式创新，运用数字技术优化治理方式，为推进国家治理体系和治理能力现代化打开了新的想象空间，这可以简单概括为"运用数字技术进行治理"。如前所述，大数据、云计算、物联网、人工智能等数字技术，可以为国家治理全方位"数字赋能"，从技术上改进治理方式、治理手段和治理逻辑，挖出一条国家治理现代化的"数字化新路"。这包括超大范围协同、精准滴灌、双向触达、超时空预判、颗粒度缩放、多元主体共治、"政府—社会—个人"的协同演化等各方面，前文已有详细论述，此处不再赘述。

三是治理场域扩展，随着越来越多的经济社会活动搬到线上，国家治理也需要开辟线上的战线，这可以简单概括为"对数字融合世界进行治理"。人在哪里，治理的重点就应该在哪里。未来，人们的很多经济社会活动都会发生在线上，人们会以全新的方式创造经济价值、塑造社会关系，这需要国家治理能够适应数字融合世界的语境，对数字融合世界的新生事物进行有效治理。比如，直播带货等线上新型消费模式不断涌现，如何打击假冒伪劣、保护消费者权益？网络平台主播、网约车司机、短视频作者、企业共享员工等数字技术催生的新业态方兴未艾，如何规范基于数字技术的新型劳动关系、雇佣关系？推动数字产业化和产业数字化成为国家经济转型升级的方向，如何保护数字知识产权，如何为线上数字资产确权？人类向着数字融合世界的每一步开疆拓土，都会开辟新的人类活动空间，而只要有人类的经济社会活动，无论是在线下还是在线上，无论是在现实世界中还是在虚拟世界中，都需要有效的治理和规范。对数字融合世界的治理，在线上世界开辟新的治理疆域，是数字治理的重要组成部分。

治理对象扩大、治理方式创新、治理场域扩展，最终体现为治理结构重构。从政府内部来说，数字治理意味着政府要运用数据的流动，突破部门樊篱、打破信息孤岛，这本身将改变政府原有的部门结构、业务流程；从政府外部来说，数字治理将通过数字技术，促进"政府—社会—个人"的协同演化，重构政府与社会、政府与个人的关系。数字治理将不只带来零敲碎打的改变，而将引起国家治理结构的系统性重构。

2 数字治理为数字经济、智慧社会保驾护航

现在，全世界都在抢抓新一轮科技革命的机遇，用于提振本国的经济增长动力和削弱疫情带来的负面影响。以大数据、云计算、物联网、人工智能等为代表的数字技术，是新一轮科技革命的核心。与前几轮科技革命的故事类似，哪个国家能够在数字技术、数字经济上率先发展起来，哪个国家就能充分抓住新一轮科技革命的机遇，引领新一轮的全球经济增长。促进数字技术取得突破、推动数字经济快速发展，都需要推进数字治理，并将数字治理作为数字经济发展的开路先锋。

换言之，治理打基础、发展筑高楼，只有数字时代的良政善治才能托举数字经济发展。推进数字治理，中国有很多独特优势。我国具有超大规模市场优势，网民规模全球第一，数量超过9亿人；我国还拥有海量数据资源优势，数据挖掘和数据开发潜力巨大，"数据+算法+算力"的数据智能技术处于领先地位。随着我国的数字政府建设步伐逐步加快，政府数字化转型的广度、深度和速度正在以前所未有的速度扩展。当前，我国推进以5G、物联网、大数据、人工智能为核心的新型基础设施建设，将加速万物互联、万物上云、万物皆数的数字融合世界的到来。这些都为中国在数字时代开创数字治理新范式创造了独特条件。

随着我国经济社会整体数字化进程的加深，数字政府、数字经济、数字社会等各方面都会加快发展。如果数字化只是一种静态的数字呈现，那么数字治理则可以把政府、市场、社会和个人联系起来，通过数字化方式形成有机互动、协同演化的格局。这在客观上会促进数字政府、数字经济、数字产业、数字社会形成一个整体，即推动智慧社会最终形成。

智慧社会作为智慧治理、智慧民生、智慧产业、智慧政务等各种智慧系统的总和，是人类文明发展的新阶段。智慧社会将是人类社会发生全方位、系统性的

深刻变革的全新发展阶段，将极大地改变全球的发展和竞争格局。率先把数字技术运用于国家治理，不断开创数字治理的新境界，将提升中国整个社会的数字化、网络化、智能化水平，加速中国智慧社会的形成。

智慧社会是人类文明发展的新阶段，是数字化的集大成者。当前，数字化、网络化和智能化呈现相互融合、彼此促进的态势，数字化实现数据资源的获取和积累，把物理世界不断转化为数据资源；网络化构造平台，促进数据资源的流通、共享和汇聚；智能化展现能力，通过"算法+算力"挖掘数据资源背后的洞见，运用数据智能解决复杂问题。随着数字化、网络化和智能化的融合发展，社会活动在人、机、物三元融合的环境中高度智能化，将体现为超强的数据应用能力，数据智能将应用于人们生产生活的各个方面；体现为智能化的基础设施和公共服务，万物互联、万物上云、万物皆数将成为智能化基础设施建设的必然要求；体现为"政府—社会—个人"在数字治理框架下实现协同合作。智慧社会将极大满足人们的美好生活需要，铺展数字中国建设的美好愿景。

从时间轴上来看中国的智慧社会建设，我们更能认识到它的重要意义。在西方国家的现代化历程中，工业化、城镇化、数字化是按照时间顺序先后接替出现的，每一个时间段只需要应对一种社会变化。但是，中国作为后发现代化国家，如同一个压缩的"时空胶囊"，需要同时推进工业化、城镇化、数字化进程。这是一个"三化"叠加的综合性过程，中国需要在一个时间段应对多种社会变化。现在，中国加快推进数字治理，并以数字化驱动"三化"叠加，走出了一条通往现代化的新路。由此而言，中国加快整个社会的数字化转型，以数字治理撬动智慧社会的愿景，能够为其他国家提供一条可借鉴的现代化新路。

如果把现代化比作一条条赛道，那么数字化就等于开辟了一条新的赛道，后发国家在这条新赛道上可以换道超车，把发达国家走过的路尽量缩短，在新赛道上领略不一样的风光。

【第2章】
解密数字治理:"数字"与"治理"的融合

数字治理 DIGITAL GOVERNANCE

数字技术是最前沿的科技,治理则伴随着人类文明的发展而发展,有着数千年的历史。数字治理试图把人类最前沿的科技与最古老的治理结合起来。这似乎是一个耳熟能详却又迷雾重重的概念:它超越了体制和制度的差异,是当前全球主要国家治理转型不可回避的议题之一;它跨越理论和实践,受到了理论界和实务界的共同关注,形成了理论和实践相互推进的繁荣景观;它遍及所有治理领域,政治领域、经济领域、社会领域、文化领域、生态领域,无一不在对它热议;它兼容多个专业和学科,是连接自然科学和社会科学的桥梁和纽带。站在数字时代的门口,本书第一章向人们描摹出数字治理的大致框架。但究竟何谓数字治理,还需要我们深入其中,一探究竟。

在纷繁复杂的表象背后解密数字治理，实际上有两条基本线索可以把握：一条是技术线索，聚焦技术进步成果给治理活动带来的影响；另一条是治理线索，聚焦人类探索治理机制的进步历程。两条线索相互交叉，我们就有了打开数字治理奥秘的钥匙。

02
CHAPTER

01.
不同语境下的数字治理

数字治理不是一个新概念。早在20世纪后期，在一些发达国家，数字治理已经开始在学术界有了讨论。自21世纪初开始，我国也陆续出现了关于数字治理的讨论。几十年来，数字治理概念的内涵和外延都在不断变化。概括起来，关于数字治理的理解，大致有几种代表性观点。

1 工具论：用技术优化治理

数字治理的工具论起源于电子政务（E-government）的工具论视角。人们多从技术工具的视角出发定义电子政务。人们一般认为，电子政务是指政府部门将信息通信技术（ICT）应用于政府事务之中，以改变政府内部与外部之间的关系，使政府的效率、效力和服务能力等各个方面的水平得到全面提高，创造出更加优秀的政府。一言以蔽之，技术升级不断改变政府的管理与服务手段和平台，这是工具论的核心主张。

在实践中，大约在20世纪90年代，电子政务已经被纳入国家战略规划。例如，1993年9月，美国政府宣布实施一项新的高科技计划——"国家信息基础设施"（National Information Infrastructure，NII），旨在以互联网为雏形，兴建信息时代高速公路——"信息高速公路"，使所有美国人能够方便地共享海量信息资源[1]。继美国提出"信息高速公路"计划之后，世界各地掀起了"信息高速公路"建设热潮，我国也迅速跟进。1993年年底，中国正式启动信息化起步工程——"三金（金卡、金桥、金关）"工程。自此之后，我国相继推出的"政府上网""两网一站四库十二金"等工程，实质上都是利用信息技术工具，提高政府履职能力的工程。

---

[1] 资料来源：信息高速公路计划美国20年投资4000亿美元，http://finance.people.com.cn/n/2012/1219/c70846-19945588.html。

承袭电子政务的工具论的脉络，在新的时代背景下，数字治理的工具论以工具视角看待数字治理，将数字技术视作治国理政的工具。电子政务的建设目标主要是提高政府运行效率和节约成本，相比之下，随着技术的进步，数字治理的目标更为丰富。在技术的加持之下，数字治理除了关注效率和成本，还关注服务供给、治理绩效、治理透明度、政民沟通、公众参与等多维目标。简而言之，电子政务是"技术+政府内部运行"，数字治理是"技术+政府综合治理"。

传统信息技术公司尤其是电子政务服务商，以及部分电子政务方面的专家学者，都是工具论的支持者。然而，在实践中，在起初的乐观主义情绪逐渐消散之后，数字治理的深层次问题开始显现。这些问题涉及政府治理的理念、体制、机制、结构等，并非技术本身可以解决的，同时也引发了数据孤岛、信息壁垒、部门割据、碎片化服务等问题。人们逐渐认识到，若想释放出数字技术的能量，需要辅之以治理模式的变革。

2 数据论：把数据用于国家治理

大数据时代的来临是数据论兴起的重要背景。2010年前后，大数据的概念逐步兴起。英国政府提出"数据权"（Right to Data）概念，指出数据权是信息社会公民的一项基本权利，提出要将政府数据公开，与全民共享。美国奥巴马政府发布"大数据研究和发展倡议"，提出美国政府将投入2亿美元资金，推进大数据战略实施。联合国启动"全球脉动计划"（Global Pulse），旨在为各国提供实时数据分析，以便更准确地了解人类福祉状况。

大数据的兴起让人们认识到了海量数据蕴藏的价值。从某种程度上讲，数据论可被视为工具论的一个分支，也就是说，它将数据作为一种工具，应用于治国理政之中。2015年，国务院出台《促进大数据发展行动纲要》，明确了大数据在推动经济转型发展、重塑国家竞争优势、提升政府治理能力方面的作用，并对相关工作作出部署。

大数据提升国家治理能力的案例比比皆是。在新冠肺炎疫情防控中，大数据的表现十分抢眼。如前文所述的"健康码"，依托的就是大数据。第一，在数据源方面，"健康码"包含了个人基础信息，同时结合了移动运营商、卫生健康委员会（以下简称"卫健委"）、高铁、机场、高速公路道口的信息，涉及十多亿人，而且每人每天都会产生新的生活轨迹。面对各种各样的数据"洪流"，如果希望从中提取出有效信息，大数据不可或缺。第二，在数据获取方面，"健康码"有红、黄、绿三种颜色，颜色会随个人信息变化而变化，这种数据的获取和处理不是传统的静态数据筛查，而是实时的动态数据比对。如果没有大数据，想实现这个功能，基本是天方夜谭。第三，在数据整合方面，利用大数据中最重要的数据处理能力，集合上千台服务器的计算能力，才能进行数据实时比对和更新[1]。

近年来，数据的重要性不断提升，数据还被视为一种生产要素。2020年4月，中共中央、国务院出台《关于构建更加完善的要素市场化配置体制机制的意见》，数据作为生产要素之一，被正式纳入国家定义的要素市场化配置。作为生产要素的数据，可以实现安全生产、有序流动、合规交易、高效使用，在治理现代化中蕴含巨大价值。数据无处不在、无时不在，以开放性、泛在性、流动性、共享性、精准性等特点给国家治理带来意想不到的变化。然而，数据治理势必会引发数据确权、数据隐私、数据保护等问题。以开放的态度对待数据，就数据互联互通背后蕴含的治理文明形态达成共识，是数据治理的关键所在。

3 平台论：搭建数据共享与服务平台

平台化是数字治理的前沿趋势。平台起源于电子商务领域，它本身不生产产品，但是可以促成双方或多方之间的交易，连接各种各样的用户和资源。淘宝等在线购物平台、滴滴等网约车平台、微信等即时通信平台，都是人们非常熟悉的平台。随着数字技术对政府治理的影响不断加深，平台化趋势也由商务领域扩展至政务领域。在电子政务建设的大背景之下，历经了几十年的发展，各级政府部

---

[1] 资料来源：大数据在"支付宝健康码"中有哪些应用？https://xw.qq.com/cmsid/20200422 A0T BV O00。

门建设了众多数据共享与服务化平台。

2018年6月,国务院印发《进一步深化"互联网+政务服务"推进政务服务"一网、一门、一次"改革实施方案》,2018年7月,国务院又印发《关于加快推进全国一体化在线政务服务平台建设的指导意见》。两份重磅文件接连出台,标志着我国迈入政务平台建设的新阶段。政务平台建设由以往强调纵向业务系统的建设转为强调横向联通能力的建设,由条块分割的运作模式转为全局化部署、平台化协作的整体运作模式。

在实践中,政务平台建设已经有不少成功案例。比如"一网通办"建成国家、省、市三级互联的网上政务服务平台体系,实现全国网上政务服务统一实名身份认证,让企业和群众实现网上办事"一次认证、全国漫游"。再如,浙江省的"基层治理四平台",一方面,该平台的定位为信息数据的集成平台,浙江省通过整合平安建设信息系统、政务服务网、政务咨询投诉举报统一平台等,实现基层治理数据的大整合;另一方面,该平台的定位为政府条块职能的整合平台,浙江省在综治工作、市场监管、综合执法、便民服务四个方面实现政府条块职能的有机整合。

不难看出,平台的含义是多重的。第一,它是一种技术实现,通过数据上云实现信息技术成本、管理、安全的集约化,通过数据融合形成以资源形式体现的数据平台,全面服务数据创新。此外,一些共性的技术、服务、工具会以平台和服务的方式交付。第二,它是一种组织结构和治理模式,如"基层治理四平台"可以整合政府条块职能,还可以促进政府职能部门、村(社区)、网格等多元力量联动。正是在第二重意义上,平台论与工具论产生区别。

4 治理论:通过协同与合作达成共识

人们理解治理的含义,一般从区分统治和治理两个概念入手。二者的区别主要体现在以下几方面:(1)统治的主体是单一的,即政府或其他国家公共权力;

治理的主体则是多元的，除了政府，还包括企业组织、社会组织和居民自治组织等。（2）统治是强制性的；治理可以是强制性的，但更多是协商性的。（3）统治的来源是强制性的国家法律；治理的来源除了法律，还包括各种非国家强制的契约。（4）统治的权力运行是自上而下的；治理的权力可以是自上而下的，但更多是平行的。（5）统治的范围以政府权力涉及领域为边界；而治理范围则以公共领域为边界，后者比前者要宽广得多[1]。

将治理理论引入数字世界，就构成了数字治理的治理论。具体来说，数字治理强调主体的多元化，强调治理主体力求基于平等协商而达成共识，强调治理主体的自主性和自愿性，强调治理主体之间的多边关系，强调以公共领域作为治理边界。例如，数字赋权就是治理论视角下的热点议题，它指的是个人通过数字化渠道获取信息、参与表达和采取行动，完成自我增权。数字技术革命带来了信息自由，普通人在公共议题上拥有了选择、制作和传播信息的能力，个人既是信息的接收者，也是信息的传播者；既是政府公共服务的享用者，也是优化政务服务的反馈者。通过"数字赋能"，政府具有更多数字化能力，而个人也能够参与到公共议题设置中，形成个人自下而上与政府自上而下的良性互动。

然而，治理理论隐含的危机，也转移到了治理论中。治理理论从社会中心论出发，忽视了政府作为"有形之手"在调控经济活动中的必要作用；忽视了在党委领导、政府负责、社会协同、公众参与和法治保障的基本格局下，党政机构不可或缺的作用。同理，治理论视角下的数字治理过分主张数字世界的自由主义，对政府在社会数字化转型进程中的引领作用重视不够。

5 赛博论：对线上世界进行治理

谈及互联网治理，人们往往容易混淆"利用互联网进行治理"和"对互联网的治理"两方面含义。上述工具论、数据论、平台论、治理论，实际上指的都是

---

[1] 资料来源：俞可平，《沿着民主法治的道路 推进国家治理体系现代化》，http://politics.people.com.cn/ big5/n/2013/1201/c70731-23707081.html。

前者，即将互联网作为技术、工具、平台、手段进行治理活动、提升治理效能。而赛博论则源于后者，也就是对互联网、网络空间（cyberspace）和数字世界的治理。因此，赛博论与前述四种论点差别较大。

2003年，美国政府出台《确保网络空间安全的国家战略》，首次给出了网络空间的定义："网络空间由成千上万彼此连接的计算机、服务器、路由器、交换机和光缆构成，它使关键基础设施得以正常运行。"同时，该报告也提出，"确保网络空间功能的正常运行对我们的经济和国家安全都至关重要"。2005年7月18日，联合国互联网治理工作组公布了一份研究报告，对互联网治理进行了权威性界定，所谓互联网治理，是"政府、私营部门和民间社会根据各自的作用制定和实施的旨在规范互联网发展和运用的共同原则、规范、规则、决策程序和方案"[1]。

网络空间具有跨国属性，对网络空间进行治理涉及国际关系和全球合作，各国不同的治理理念和治理主张交错碰撞，甚至发生分歧。例如，在关于网络空间的认识上，存在两种主要观点，一种是"全球公域说"，以美国为代表。"全球公域说"认为私营部门和全球公民应当在网络空间治理中发挥主导作用。该观点挑战国家主权，具有去主权、去中心、去政府的倾向。然而，随着网络安全、网络跨国犯罪、网络恐怖主义、网络暴力等问题的出现，各国都不约而同地选择强化网络治理，网络空间出现了强化主权的趋势，也就是国家的回归[2]，这就是另一种观点——"再主权化"。

在大数据时代来临之后，网络空间治理产生了新的问题。"斯诺登事件"推动各国将数据跨境流动纳入政治议题，并与国家安全、网络安全、隐私保护等政策紧密挂钩，这加剧了各国政府在网络空间的战略博弈与数据资源争夺。一方面，数据在客观上需要自由流动以实现其潜在价值；另一方面，数据本身与个人权利、公共安全、国家主权等问题紧密相关，各国从不同价值理念出发形成了不

---

[1] 资料来源：王明国，《全球互联网治理的模式变迁、制度逻辑与重构路径》，《世界经济与政治》，2015年第3期。
[2] 资料来源：王明进，《全球网络空间治理的未来：主权、竞争与共识》，《人民论坛·学术前沿》，2016年第4期。

同的数据规制制度。针对数据跨境流动建立合理的全球治理机制，是一道关乎未来的全球治理难题，中国推进数字治理，有机会在这方面获得更大的话语权。

6 系统论：数字与治理的融合

前述几种关于对数字治理的认识，大体上可分为两派：一派侧重于技术，从数字技术进步的视角出发，专注探究技术为治理带来的种种可能性及种种利弊；另一派侧重于治理，探讨数字时代治理的内涵及治理模式的变化趋势。实际上，解密数字治理，应结合两派观点，将技术论与治理论融合起来，将每一秒都在迭代创新的数字技术与讲究传承、稳定的治理体系结合起来。借用金庸《笑傲江湖》中的剑宗和气宗做比喻："技术派"相当于自外而内的剑宗，"治理派"相当于由内向外的气宗，数字治理交叉演进，最终达到剑气合一的效果。系统论主要包括以下内容。

其一，治理内容的系统化。数字治理是一场全方位、系统性的治理转型，它涉及的不是某个单一领域，而是包括政治、经济、社会等多个领域。数字中国建设是数字政府、数字经济、数字社会"三位一体"的综合体系建设。例如，浙江省提出的数字浙江建设包括数字经济、数字政府、数字社会、云上浙江和数字强省五大领域；山东省提出的"建设数字政府、发展数字经济、构建数字社会"建设方案，广东省提出的"经济社会全方位'数字化转型'"，均体现出系统性建设的特点。

其二，治理主体的多元化。治理理论的核心主张是治理主体的多元化和平等化。数字治理对经典治理理论的超越之处在于，它指出了政府在数字化转型进程中发挥的必要作用。在数字治理综合体系中，数字政府是重中之重。与此同时，政府要以更加积极和开放的心态，与企业、社会组织、个体等其他治理主体建立合作关系，为多主体合作搭建平台，实现社会共治。另外，要注意的是，数字技术的介入有可能产生去属地化、利益失衡等问题，造成不同治理主体之间的关系失调。对此，单靠数字技术无法彻底解决，还需要借鉴治理理论的思想精髓，通过友好沟通、平等协商、民主决策等方式协调各主体之间的关系。

其三，治理技术的数字化。毫无疑问，数字治理不能脱离技术。对此，工具论提供了有益的分析，深度剖析了数字技术为治理变革带来的可能性，并且紧密追踪技术进步的潮流，提出技术驱动之下，治理变革呈现出平台化、智慧化、生态化等新的趋势，不断丰富数字治理的内涵。然而，工具论的局限在于单向的思维方式，即注重技术影响治理的单向逻辑关系，而忽视了技术与多重治理要素之间的双向互动关系。也就是说，数字技术影响治理制度，治理制度反过来影响数字技术，而且二者同时发生于特定的治理生态系统中，数字技术影响治理生态，也受治理生态塑造。因此，从系统论出发解析数字治理，应调和"技术决定论"和"社会决定论"两种立场，既看到数字技术是如何影响治理模式变迁的，也看到治理模式变迁对于释放数字技术潜力的反作用。

本文将工具论、数据论、平台论、治理论、赛博论、系统论六种数字治理主要观点进行了梳理，总结了其核心主张和不足之处，如表2-1所示。

表2-1 数字治理主要观点

主要观点	核心主张	不足之处
工具论	从电子政务到数字治国； "技术+政府综合治理"； 技术乐观主义	忽视政府理念、机构、机制变革； 数字化可能造成部门分割、数据孤岛和任务不协同
数据论	数据是一种治理工具； 数据是生产要素； 将产生数据确权、数据隐私、数据保护等新问题	过分强调数据产权和隐私保护可能阻碍数据开放和利用； 采用工业文明思维，将数据作为有形的生产要素管理
平台论	平台链接用户和资源； 一种技术实现； 一种组织结构和治理模式	本质上是管理思维，缺乏治理中的共治理念

续表

主要观点	核心主张	不足之处
治理论	区分统治和治理； 社会中心论； 政府赋能与社会赋权	忽视政府对数字化转型的引领作用
赛博论	对数字世界的治理； 从"全球公域说"到"再主权化"； 产生数字主权、数据跨境流动、网络安全等新议题	国家间分歧明显，有碍数据流通与国际合作； 国家数据安全与数字科技普惠存在矛盾
系统论	融合工具论和治理论； 利用数字技术解决治理问题； 构建多元共治格局，政府发挥主导作用	对系统变革的难度、复杂度分析不足，缺少清晰的变革路线

02.
全新视角的数字治理：基于协同逻辑的新范式

1 "治理失灵"："政府失灵"和"市场失灵"之后的难题

公共管理自古有之，是一种与人类社会组织化活动紧密相连的行为。然而，作为一项专业化的实践活动和一门专门学科，公共管理是年轻的，迄今为止，仅经历了百余年的发展历程。简单地说，公共管理的目标是追求和实现公共利益与公共福祉。随着时代发展，公共管理的重要性不断提高。

政府是公共管理的核心组织。在公共管理的百余年发展史上，政府的角色历经数次重要变化。20世纪早期，美国人弗雷德里克·泰勒、法国人亨利·法约尔、德国人马克斯·韦伯等共同开创了公共管理的第一个范式——科层制治理。在科层逻辑之下，政府是管理和治理活动最重要的，乃至唯一的主导者。科层结构设立的基础法规、规章、规则和制度，具有清晰的组织目标，依靠完整的规章制度来规范组织成员的工作行为。尽管科层制治理具有专业化、正式化、稳定性高等优点，但是，政府单一中心主义、等级制结构等问题也随之出现，僵化、功能失调、缺少灵活性等弊端与工业文明的治理要求格格不入，难以适应时代进步的要求。

为了解决"政府失灵"问题，到20世纪70～80年代，导入市场逻辑、拯救"政府失灵"逐步成为各界共识，也由此催生了"新公共管理"这个新的治理范式。当时，人们普遍认为，在很多事情的处理方面，企业要强于政府，在治理技术方面，私人部门要远胜于公共部门。引入企业家精神、引入市场机制、打造"企业化政府"是新公共管理范式的核心主张。

一方面，在政府内部，新公共管理范式引入企业管理模式，强调"3E"，即经济（Economy）、效率（Efficiency）、效能（Effectiveness），以及质量、创新等多重价值。为此，新公共管理范式变等级式的集权为参与式的分权，将权力下放，让更多、更低层的行政人员参与管理，在必要的时候作出决策，而不是不动脑筋地执行命令。新公共管理范式将管理和治理的重点放在"结果和产出"上，改变了科层逻辑下重视"过程和程序"的方式，以提高资源利用效率、节省行政开支、降低行政成本；参照优胜劣汰、等价交换等市场机制，让政府部门通过竞争获取经费拨款等资源；将公众视为顾客和消费者，以顾客满意作为政府施政的目标和绩效评价的标准；引入数字技术，提高政府运行效率和政府能力，管理和开发人力资源。

另一方面，在政府外部，新公共管理范式推行政府与社会合作，尤其是政府与企业合作。政府应当扮演好"掌舵者"的角色，而不必然充当"划桨者"。也就是说，政府应把精力主要放在决策和指导上，而把"实干"留给企业。除必须由政府部门单独承担的职能外，许多政府管理和服务职能，还可交给企业，通过政府与企业的合作来实现。自那时起，政府与社会资本合作（PPP）、公开竞标、全面质量管理、目标管理等成为许多公共服务项目采用的运营机制，对公共管理影响深远。简而言之，新公共管理范式在国家主义与自由放任主义之间开辟了一条新的道路，形成的政府（公共）部门和企业（私人）部门合作的新治理模式，在当时被认为是破解"政府失灵"的灵丹妙药。

但是，新公共管理范式过分强调市场，又遇到了"市场失灵"的难题。政府合同外包可能导致的政府寻租和官僚腐败即其中一例。又如，新公共管理范式引入竞争机制而忽视了部门之间的合作与协调，造成了治理结构碎片化，进而导致公共服务碎片化。再如，将公民视为顾客的理念遭到批评，公民是政治过程的参与者，是政策议程的影响者，是政府治理的合作者，是公共部门的授权人，是政府的真正所有者，而不是单纯的服务购买者或消费者。

为了应对21世纪公共管理与公共服务日益复杂、多元的趋势，自20世纪90年代开始，治理论兴起。科层制治理和新公共管理范式分别证明了"政府失灵"和"市场失灵"两种现象的存在，为了破解难题，多元共治成为各方共识。这里的"多元"包括政府、企业、社会组织、个人、组织化的集体等各类治理主体，也可概括为政府、企业和社会三方。

在理想状况下，政府、企业、社会、个人等各方都能把力量发挥出来，形成一种取长补短、良性互动的模式。然而，在实践中，多元治理主体在合作提供公共服务或解决治理问题时，往往难以实现有效协调，导致治理的有效性不足或治理偏离公共性，也就是产生了"治理失灵"。因此，进入新公共治理时代，协同逻辑的价值日渐凸显，受到各界广泛推崇。

协同逻辑将焦点置于治理主体间的关系上，一是强调平等，治理主体之间的地位是平等的而非有等级差别的，工作方式是协商而非命令，关系是相互信任而非怀疑；二是强调合作，这一点显著区别于市场逻辑之下的竞争和淘汰，尤其需要指明的是，这里的合作超越了单一组织或部门内部的合作，而更多地聚焦于组织之间或部门之间的合作；三是强调网络，治理主体多元使治理结构呈现网络化的特征，与市场逻辑支配下的网络结构不同，协同逻辑下的网络更加紧密、坚韧和富有弹性。

但是，在以往的语境中，由于缺少相应的技术条件和制度载体，多元共治的协同逻辑并不能完全实现。当今，以大数据、云计算、人工智能、物联网等为代表的数字技术蓬勃发展，处于科技最前沿的数字技术进入治理领域，恰好为协同治理提供了最为吻合的技术基础，与协同治理内在逻辑一脉相承。

数字时代来临之后，协同逻辑焕发出更加耀眼的生命力。协同逻辑必须依托数字化的技术供给才能充分发挥作用。具体来说，有如下三个方面：其一，数字技术具有多维赋能的特性，可以为政府、企业、集体和个人等多个主体赋能。换言之，在数字技术的加持下，各方治理主体的治理能力或参与治理的能力都得到了显著提升。其二，借助数字平台，治理主体间的互动交流打破了时空限制，其关系越发紧密。治理主体间的关系以互惠性而非竞争性为主，主体间能力互补、优势叠加，为合作治理创造了前所未有的契机。其三，数字技术为破解决策困境提供了新的出路。大数据助力决策，为决策提供数据支持，形成循数决策、依数治理的新模式，不仅提高了决策的科学化程度，而且避免或减缓了经验决策导致的主体间的冲突。

三种治理逻辑的比较如表2-2所示。

表2-2　三种治理逻辑的比较

比较方面＼名称	科层逻辑	市场逻辑	协同逻辑
治理生态	政府主导	政府—企业合作	政府—企业—社会三方协同
治理结构	统一科层结构/等级制	分权结构	合作型网络
治理技术	文书主义	企业管理模式/市场机制/信息技术	网络结构/互惠契约/数字技术
治理效能	低—中	中	中—高

2　元治理：治理的治理

公共管理的发展史表明，任何单一的治理模式，都可能走向失灵。在此背景之下，元治理（metagovernance）的概念应运而生。所谓元治理，一言以蔽之，就是治理的治理（governance of governance）。

1997年，英国学者鲍勃·杰索普开启了元治理研究的先河。鲍勃·杰索普指出，市场治理、科层制治理、自组织治理（网络治理）三种治理均存在失灵问题。针对治理失灵，鲍勃·杰索普提出了元治理这个应对策略。元治理具有两个维度的内涵：一是制度上的设计，元治理通过提供各种机制，促进各方的相互依存；二是战略上的规划，元治理建立共同的目标，推动治理模式更新与进化。从该英文单词的前缀meta（元）来看，元治理有首先、更近一层、更高一级的意思，因此，顾名思义，元治理的概念是置于三种典型治理模式之上的，是高于治理的治理，是对三种典型治理模式的治理，使之相互协调[①]。

[①] 资料来源：张骁虎，《"元治理"理论的生成、拓展与评价》，《西南交通大学学报（社会科学版）》，2017年第5期。

做个形象的比喻，元治理是一种伞状结构（见图2-1）。在网状结构之下，各机构之间形成的是松散、平等的合作关系；而伞状结构具有一个组织作为核心，这个组织通过协调功能支撑起其他更为基层的组织的发展结构，核心之外的其他作为节点的组织是独立且相互平等的，节点之间会比较容易地建立起信息和资源分享、组织制度构建和政策倡导的合作关系，各个节点也可以互相提供经费、设备和技术上的支持①。

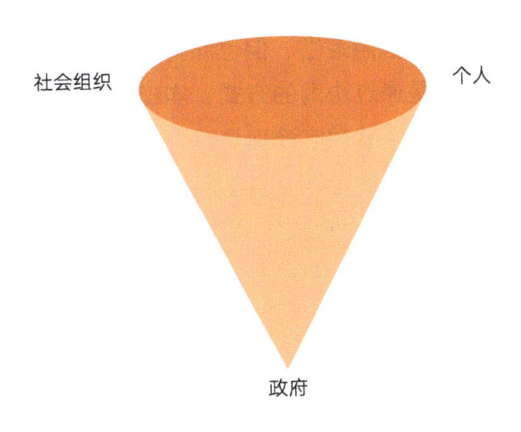

图2-1 伞状结构示意图

充当核心的组织就是政府。如鲍勃·杰索普所言，政府在治理中发挥基础支撑作用："政府在行使元治理职权时提供了治理的基本规则，保证不同治理机制与规则的兼容性，拥有具有相对垄断性质的组织智慧与信息资源，可以用来塑造人们的认知和希望，可以在内部发生冲突或对治理有争议时充当'上诉法庭'，可以为了系统整合的利益和/或社会凝聚的利益，通过支持较弱一方或系统建立权力关系的新的平衡。②"

通过上述分析，我们不难看出，元治理代表着一种协同逻辑。它强调国家和政府作为核心和重要决策者的作用。国家的作用是确保治理之间的协作，依托良好的制度安排和政策指导，消除市场治理、科层三种治理模式之间存在的失调、

---

① 资料来源：李澄，《元治理理论与环境治理》，《管理观察》，2015年第8期。
② 资料来源：张骁虎，《"元治理"理论的生成、拓展与评价》，《西南交通大学学报》（社会科学版），2017年第5期。

对立与冲突，旨在对市场、国家、民间社会等治理形式、力量或机制进行宏观安排，重新组合治理机制，形成政府、市场和社会三方的良性互动。

3 数字治理是实现元治理的有效路径

元治理是对以前治理理论的一种整合和超越。市场治理、科层制治理、自组织治理等各种治理方式都有其适用范围，但也都有局限之处。聪明的做法不是在它们之间做排他性选择，而是通过协同的方式，实现三者的平衡，从而形成一种协同的优势。这与系统论视角下的数字治理具有内在一致性。数字化技术是一个增量的维度，可以调和原有的市场治理、科层制治理、自组织治理等各种治理方式，实现扬长避短、协同互补。简而言之，数字治理为元治理提供强有力的技术支持，使元治理具备了更充分的落地条件。

数字治理是实现元治理的有效路径，这体现在以下三个方面。其一，数字技术的互联互通特性，使多方治理主体之间的连接突破了时间和空间的限制。数字技术打破了治理主体间互动的种种限制，增加了治理主体间互动的频度、广度和深度，为多方治理主体形成紧密的合作关系提供渠道和平台，这是形成良好治理生态的前提。其二，数字技术为政府赋能，提升政府治理的效能。在行政体制内部，数字技术不仅提高了政府的行政工作效率，更具深远影响的是，数字技术的应用带来了"倒逼效应"，为适应数据要素互联互通的特性和数字技术的平台化趋势，行政体制由碎片向整体转变。在行政体制外部，数字技术也能够提升政府对市场和社会的治理能力，表现在识别化解社会风险、提供优质公共服务、提升政府回应性、改善政民互动方式等诸多方面。其三，数字技术促进政府、企业、公众形成合作关系。政府负责制定治理规则和公共政策，同时为企业提供数字化产品应用的场景，为公众提供数字治理的参与渠道；企业负责提供前沿技术支撑，为政府和公众提供数字化政务服务产品和商业服务产品。更好地为人民服务是不断改善政府数字治理工作的出发点和落脚点，公众的数字产品使用体验是产品优化和产品创新的动力源泉。

"电商扶贫浙里行"是数字时代元治理的生动案例,体现出贫困治理的立体式协作逻辑。政府部门——浙江省商务厅出台政策规则,为企业、农户、消费者搭建合作互动平台。电商企业、产品供应商、当地县长、网红主播、消费者、观众共同参与扶贫,创造了"数字扶贫"的新模式。

案例:2019脱贫攻坚公益直播盛典——电商扶贫浙里行

2019年,浙江省商务厅印发《关于扎实推进商务领域东西部扶贫协作和对口支援工作的通知》(浙商务发〔2019〕38号)等多项通知方案,引导阿里巴巴、云集、贝店、政采云等电商平台开展区域和产品对接,并以提供流量支撑等方式,帮助对口地区拓宽农产品网络销售渠道。

2秒钟5万斤小番薯、5分钟8.7万瓶梨膏、3小时近2000万元网络销售额、2200万名观众在线观看……这些都是近期"2019脱贫攻坚公益直播盛典——电商扶贫浙里行"活动的成绩单。据介绍,该活动以"网红+县长+直播"的模式向观众推介家乡农特产品及品牌文化,通过"以买代捐、以购代帮"的方式,将流量转化为订单,推进农产品上行,助力脱贫攻坚和乡村振兴。

随着该活动的不断深化,越来越多的涉农企业通过接触电子商务,意识到了数字营销和品牌打造的重要性,从而转变了经营思维,积极主动"触网"。

有供应商发出感叹:"不停地催我补货补货,我汗都出来了,几秒钟就卖掉了我半年的产量,太厉害了!"

相关负责人介绍,2020年,浙江省商务厅将继续充分发挥电商优势,创新扶贫方式,将电商扶贫发展为长效帮扶机制,实现由"输血式"扶贫向"造血式"扶贫转变,为脱贫攻坚战提供"浙江经验"和"浙江样板"。

03.
数字治理有效解决治理难题

数字治理是全球治理变革的大势所趋。数字治理之所以能够超越国家边界和制度差异而遍及全球，关键原因在于数字技术为解决经典治理难题提供了新思路、新方法、新手段，受到各个国家的欢迎。尤其对中国这样的超大规模国家来说，其治国理政面临更强烈的责任、更繁重的治理任务、更复杂的治理局面。利用技术手段提高治理效率、破解治理瓶颈、化解治理困局，对于中国尤为必要。大量实践案例表明，数字技术及其应用模式为提高国家治理效能提供了新的机制。

1 信息机制：数字治理破解信息不对称问题

信息不对称问题是长期困扰国家管理工作和治理工作的难题。针对信息不对称问题，相当多的专家投入精力进行研究。其中，美国著名经济学家、诺贝尔经济学奖得主阿克洛夫提出的柠檬模型（又称二手车模型）颇为精辟。阿克洛夫提出，柠檬市场也称次品市场，是指信息不对称的市场，即在市场中，产品的卖方对产品的质量拥有比买方更多的信息。比如在二手车市场中，卖家显然比买家拥有更多的信息，更加了解产品特性，两者之间的信息是不对称的。买家不会轻易相信卖家的话，即使卖家说得天花乱坠，买家唯一的办法就是压低价格以避免信息不对称带来的风险和损失。买家过低的价格也使卖家不愿意提供高质量的产品，从而导致低质品充斥市场，造成"劣币驱逐良币"的结果，最后导致二手车市场萎缩。

二手车模型生动地诠释了无处不在的信息不对称问题。数字时代来临后，基于数字平台和大数据的数据挖掘，供需双方的信息不对称问题得到了很好的解决。以打车软件为例，打车市场原本是一个信息不对称问题的高发领域，乘客和司机双方互相不了解对方的信息，造成了一边乘客打不到车，另一边出租车在路上空驶的情况，现在出现的各种打车软件是减少这种资源浪费的有效手段，既能有效减少乘客的等待时间，又能降低出租车的空驶率。

2 激励机制：数字治理实现精准考核评价

任何管理活动都必然面临激励问题，而建立科学的评价制度是完善激励体系的关键一环。目前，各行各业积极引进数字技术，改善评价方式，提高管理和治理的科学化程度。国家广播电视总局推出的"节目收视综合评价大数据系统"即其中一例。该系统与目前业内广泛采用的CSM收视率数据系统并不相同，前者采用的是海量数据采集模式，具有"全网络、全样本、大数据、云计算"的特点，更适用于当前电视节目观看方式多样化的新趋势。后者采用的是传统的样本户采集方式。传统的样本户采集方式主要分为日记卡和收视率测量仪两种方式。日记卡是指由样本户填写收视日记卡，调查员上门采集数据进行统计的方式。收视率测量仪则类似电视机的机顶盒，调查公司为样本户配有专门的遥控器，样本户在收看电视时，分别按下代表个人信息的代码键，在频道停留一定时间，其收视数据就会被记录，相关记录会自动回传到调查公司。若采用这两种传统方式，样本户的规模都非常有限，大大削弱了收视率数据的代表性和可信度。相比之下，"节目收视综合评价大数据系统"的统计方式显然更为科学，可以实现系统数据采集、清洗、分析、呈现各环节的无缝衔接，全流程的自动化、封闭化处理，能够防范人为操纵，大大提高了数据造假的成本。由于该系统是基于海量大数据统计的，单个样本数据造假对统计结果的影响几乎可以忽略不计。同时，该系统的数据抗干扰能力更强，有望从根本上治理收视率造假问题[①]。

政务服务领域的"好差评"制度为另一例。2019年年底，国务院办公厅印发《关于建立政务服务"好差评"制度提高政务服务水平的意见》，要求全面建成政务服务"好差评"制度体系，建成全国一体化在线政务服务平台"好差评"管理体系，各级政务服务机构、各类政务服务平台全部开展"好差评"。该制度赋

---

① 资料来源：国家广播电视总局节目收视综合评价大数据系统正式上线，https://www.sohu.com/a/361211706_786468。

予了办事企业和群众更多的话语权和监督权，倒逼政府进一步改善政务服务，把政府推出的一系列便民服务措施真正落到实处。正如网购平台的"好差评"结果会直接影响店铺信誉、产品销量一样，政务服务中的"好差评"与政府工作人员的考核奖罚制度挂钩，通过奖优罚劣的激励机制，充分调动政府工作人员的积极性、主动性，倒逼受到差评者迎头赶上。这是借助数字化平台引导公众评价政府服务质量，形成工作激励的典型措施。

3 信任机制：数字治理用数据涵养信任

在互联网世界中建立信任机制的代表性变革是区块链。从技术层面来看，区块链涉及数学、密码学、互联网和计算机编程等很多科学技术问题。从应用视角来看，简单来说，区块链是一个分布式的共享账本和数据库，具有去中心化、不可篡改、全程留痕、可以追溯、集体维护、公开透明等特点。这些特点保证了区块链的"诚实"与"透明"，为区块链创造信任奠定了基础。

区块链不可篡改的特点为解决经济社会发展中的"存证"难题提供了方案，在知识产权保护领域出现不少成功案例。在杭州互联网法院对外发布《知识产权十大典型案例》中，杭州华泰一媒文化传媒有限公司（以下简称"华泰一媒"）与深圳市道同科技发展有限公司（以下简称"道同公司"）侵害作品信息网络传播权纠纷案颇为引人注目[①]。

案例：区块链助力判决网络传播权纠纷案

原告华泰一媒为证明被告道同科公司在其运营的网站中发表了原告享有著作权的相关作品，通过第三方存证平台，进行了侵权网页的自动抓取及侵权页面的源码识别，并将该两项内容和调用日志等形成的压缩包计算成哈希值上传到

---

① 资料来源：杭州法院知识产权司法保护十大案例（2018年度），http://www.zjsfgkw.cn/art/2019/4/26/art_80_16862.html。

Factom区块链和比特币区块链中。原告华泰一媒认为被告道同公司的行为侵害其作品信息网络传播权。杭州互联网法院认为，对于采用区块链等技术手段进行存证固定的电子数据，应秉承开放、中立的态度进行个案分析认定，具体应以电子证据审查的法律标准为基础，结合区块链技术用于数据存储的技术原理，审查确认区块链电子存证符合以下四个要素时，可认定该电子证据的法律效力。

（1）审查电子数据来源的真实性，即产生电子数据的技术可靠、路径可查等；

（2）审查电子数据存储的可靠性，即区块链技术作为电子数据存储方式是否具有难以删除、篡改的特征；

（3）审查电子数据内容的完整性，包括初始上链的电子数据是否系涉案侵权文件所对应的电子数据及各区块链中所对应的涉案电子数据是否一致；

（4）审查电子证据与其他证据相互印证的关联度。

再如国际贸易领域，根据区块链的分布式特点，能够实现多个主体之间的协作信任，从而大大拓展了人类相互合作的范围。众所周知，国际贸易往往交易链条很长，有买方、卖方、两方的物流、出口海关、进口海关、保险等。如果整个链条都是单点信任，也就是点对点的信任，一个环节对下面一个环节的信任，那么整个信任传导链条就非常长，成本也非常高，这是国际贸易的传统难题。引入区块链之后，参与国际贸易的各方能够共同形成一本账，也就是形成一个分布式账本，大幅降低信任成本[1]。

---

[1] 资料来源：《寻找区块链力量》第一期，https://baijiahao.baidu.com/s?id=1674262954766653026&wfr=spider&for=pc。

4 效率机制：数字治理大幅提升治理效率

效率是评价治理能力不可或缺的指标，也是永恒的治理议题。在某些治理情境之下，效率被置于极端重要的位置，例如，在新冠肺炎疫情防控中，效率就是生命，数字技术在提高抗疫效率方面展现出巨大的能量。在基因测序、检测试剂和疫苗研发方面，医疗机构和企业积极采用数字技术，加快研发速度，提升研发效率。上海市公共卫生临床中心利用高通量测序技术，仅用10天就破译了此次新型冠状病毒的基因序列，为检测试剂和疫苗的研发争取了宝贵时间。浙江省疾控中心上线自动化全基因组检测分析平台，利用达摩院的人工智能技术将疑似病例基因分析时间由数小时缩减至半小时，在大幅缩短确诊时间的同时，精准检测出病毒的变异情况。在信息发布方面，互联网提高了政府权威信息发布的实时性，扩大了信息的传播范围。人民网上线的"全国地市新型冠状病毒感染的肺炎疫情实时动态"平台，实时更新全国疫情情况，并提供同乘查询、在线医生问诊、科普辟谣、物资救助等多种服务。在疫情报送方面，杭州的社会工作者可以将本社区当天最新的疫情防控信息直接发送到街道疫情防控工作钉钉群，只需填写一张表格就能将社区每天的疫情信息报送上级部门，减少了基层的疫情信息报送工作量，降低了时间消耗。总之，数字技术显著提高了医疗科研、信息发布、疫情信息报送等工作的效率，为争分夺秒的疫情防控争取了宝贵的时间。

再如政策评估领域，传统上讲，政策评估环节多为"事后评估"（post evaluation），其弊端显而易见，即便评估结果不理想，也只能等到下一轮政策周期启动才能调整政策。而大数据能够大幅缩减政策评估的周期，提高评估效率。大数据的特点之一是实时（real-time）。对于决策者而言，实时的数据处理可以使他们几乎在数据产生那一刻就拿到政策评估结果，而无须等到整个政策周期结束。数据持续不断产生于政策周期的各个环节，也就意味着政策评估亦可贯穿政策周期的各个环节。这种评估方式被称为"连续型评估"（continuous evaluation）。评估不是政策过程的最后一步，而是每一个其他政策环节的内在组成部分，因此，重新思考、调整、阐释政策的可能性在整个政策周期始终保持开放。

5 创新机制：数字治理最大限度释放创新活力

如今，数字技术已经渗透到人们生活的各个角落，疫情更加速了这个趋势。网购平台让人们只需要坐在家中，动动手指，就可以买到自己想要的东西，极大地方便了人们的生活，也推动了虚拟经济和快递行业的迅速发展。以支付宝为代表的移动支付，让如今的中国人出门不用带现金，人们通过一部手机、一个二维码就能轻松完成所有支付，中国的移动支付的普及度是世界上任何一个国家都无法比拟的。共享单车塑造了"共享"文化，不仅方便了人们的生活，而且减少了碳排放，起到了保护环境的作用。

创新是个系统工程，需要全社会各治理主体之间的相互包容、相互渗透、相互作用，为数字创新创造有利条件。鉴于数字治理的协同逻辑特征，政府更应开放治理体系，鼓励、引导市场力量和社会力量积极参与治理过程，通过自下而上的参与，激活创新源泉。例如，政府用好政策工具，为数字企业创新提供切实支持；努力打造开放型政府，推动政府数据开放共享；让社会力量参与数据开发，释放数据潜能。总之，政府要打造共治型创新体系，使创新可持续。

【第3章】
数字治理是推动治理现代化的新路径

DIGITAL
GOVERNANCE

前面两章从一般意义上解释了数字治理的趋势及含义,在这一章,数字治理将进入中国语境、现实语境。对于中国这样一个有着14亿多人口、正处于快速现代化的发展大国,数字治理究竟意味着什么?

当互联网进入中国,10亿级的人口红利得以充分发挥。当数字治理在中国铺开,中国的规模优势也将得到充分展现。中国人口众多、幅员辽阔,各地情况千差万别,与世界上大多数国家相比,中国推进国家治理现代化要面对的治理难题,其难度可以说是指数级的。

与此同时，中国在漫长的历史中，一直延续着强大的政府传统。一个基层的政府官员，可能既要协助解决邻里纠纷的小事，也要拍板城市规划的大事；可能上一个小时刚从几个贫困户家里出来，下一个小时就要去洽谈招商引资。中国各级政府官员面对着一个复杂、快速切换的"多目标函数"，需要承担来自上级、群众、社会等各方的复杂治理任务。治理的"多目标函数"，再乘以超大规模的人口、复杂的国情，治理中国之难，可以想象。

从现代化的视角来看，中国用几十年的时间走过了发达国家几百年的现代化历程，在发达国家现代化过程中接替出现的工业化、城镇化、数字化，在中国的现代化过程中同时出现，呈现出"三化"叠加的特点，各种矛盾交织，对治理提出了更高的要求和挑战。

正是在这个现实国情的约束下，数字治理对于中国的独特意义更加凸显。数字治理强调基于数据的协同与开放，通过数字化平台形成政府、社会、企业、个人的协同与合作；能够"让数据多跑路"，把"多目标函数"简化为计算机上的数据程序；能够以大数据的海量处理能力，满足超大规模的治理需要。总之，中国这样一个人口众多、幅员辽阔、各地情况千差万别的"超大规模国家"，要实现国家治理现代化，数字治理不仅开辟了一条新路，而且很可能是唯一的可行路径。

03
CHAPTER

01.
数字治理为治理现代化赋能

数字治理已成为国家治理现代化的重要驱动力。在政府内部，数字治理通过打破数据孤岛、重塑业务流程、革新组织架构、压缩组织冗余，打造出了边界清晰、权责明确且精简、高效、统一的现代化政府；同时，在政府外部，数字治理又突破政府科层边界，向更广阔的市场和社会渗透，在为市场增效、社会赋权的同时，深刻重塑了传统的市场运行机制和社会治理机制，在政府、市场和社会层面，全面推动了国家治理体系和治理能力现代化。

1 数字治理为政府赋能

（一）数字治理是政府瘦身的助推器

控制政府规模、实现政府瘦身、提高政府效率是国家治理中极为重要但又不易解决的问题。从中国行政改革史看，从新中国成立初期的"精兵简政"，到改革开放初期的国务院组织机构撤并，到2008年的"大部制改革"，再到党的十八大后新一轮组织机构整合，我国的行政改革始终在与官僚机构"精简—膨胀—再精简—再膨胀"的循环怪圈做斗争。而以浙江省为代表的"最多跑一次"改革，恰恰是要打破这种循环怪圈，通过政府"刀刃向内"的自我革命，打通底层数据、优化业务流程、压缩组织冗余、收缩政府边界，并借助"四张清单一张网"等可量化、可评比、可操作的指标，倒逼政府瘦身，这要比在物理层面组织机构整合式的"大部制改革"，更深层地推动政府内部机能的化学融合，从而整体实现政府瘦身。

（二）数字治理是权力腐败及滥用的防腐剂

数字治理的开放透明性，能够对公权力形成有效制约，从而保证其规范运行。数据的留痕化、可复制和精准性，能够精确界定和划分公权力的权责边界，在防止越权的同时，实现对权力拥有者的终身问责。移动政务终端对执法行为轨迹的记载，大大压缩了基层执法人员的"自由"裁量权，基层政府与社会的双向互动过程，对规范权力运行，防治官民冲突，提升政府形象，塑造良好的党群、政群关系都具有重要意义。形式多样的数字政府应用，如微信、微博、移动政务等数字平台，给予广大人民群众关注和参与公共事务、监督政府行为、影响政府决策的机会和渠道。各级政府通过官方网站、政务微博、微信和移动政务终端等，将政务信息实时公开，在满足公众知情权的同时，也实现了公众对公权力运行的实时监督和制约。

（三）数字治理是智慧决策和调适政策的导航仪

大数据、云计算、区块链、人工智能等数字技术，正在推动政府决策模式的转变，政府决策模式正在由模糊、事后和应急式的传统决策模式，向精准、实时和预防式的现代决策模式转变，并由此带来更具弹性化、灵活性和调适性的政策运行机制。第一阶段是从封闭式决策向开放式决策转变。数字时代让社会主体广泛参与决策，在为政府决策提供民意基础、丰富信息和大众智慧的同时，通过决策案例知识库和决策知识图谱智能化辅助系统，提升决策的精准化、民主化和科学化水平。第二阶段是从事后应急式决策向事中实时决策和事前预防式决策转变，从事前预防式决策向调适性决策转变。借助丰富的数据资源，政府可以大大提升决策的预见性，并根据政策执行状况和外界环境的变化，实时做出弹性化、灵活性和预防性的政策调整。

2 数字治理为市场增效

（一）数字治理助力宏观调控精细化

一方面，以区块链为代表的分布式数据存储结构，正在打破基于第三方的"中心化"信任机制，即分布式数据存储结构用低成本的方式，解决了市场主体间最难破解而又最为重要的金融信任问题，将金融信任从"双边信任"或"中央信任"，转化成"多边信任"或"社会信任"。另一方面，大数据正在系统革新传统财政税收体系。大数据增加了国家财政税收的"汲取"能力，对发现税源、巩固税基、分类征税、公平征税等诸多环节都有显著的赋能提效和降低成本作用。同时，大数据能够提升财政资源配置效率、配置能力和配置精准度，对于明晰财政投向"靶位"、规范财政使用进程、强化会计审计监督等诸多方面都有赋能革新和升级换代的推动作用。

（二）数字治理是市场监管的感应器

数字经济尤其平台经济的发展带来了迥然不同的政府市场边界和市场监管逻辑。网络平台上消费者、中小企业、社会组织等多元市场主体广泛开展交易，并且在社交媒体、即时通信和移动网络的交互式推进和演化下，网络平台不断提高供给方与需求方的资源配置效率。在这个过程中，平台型企业也越来越具有公共性质，承担起了生态系统规则制订、秩序维护等诸多公共职能，这使政府与市场的边界及传统市场监管模式发生深刻改变。一方面，数字经济催生了调适性监管制度。智能合约带来"代码即法律"的新型交易规则，这就要求我们重塑政府与市场的边界，深化"放管服"改革，培养"多中心化"、自我维持秩序的电子商务生态系统，更新监管制度体系，形成更具弹性、调适性，多元化，也更适应虚拟世界规则的政策法律法规。另一方面，数字经济提高了渗透性监管能力。数字技术在将政府监管职能扩展到虚拟市场的同时，也从根本上重塑了传统市场的监管体系，监管机构、监管手段和监管流程等都会因移动设备终端、实时数据跟踪、全流程可溯等发生本质上行为逻辑的改变，尤其是监管大数据的开发挖掘，在动态呈现市场风险定位的同时，还能广泛开展市场风险预警研判，从而推动市场监管从控制向服务转变，从单一监管主体向多元社会共治转变，从粗放向集约转变。

（三）数字治理提升市场配置资源的效率

市场经济的精髓在于借助市场这只"无形之手"实现供给与需求的高效资源配置，然而市场并不是万能的，在信息不对称的条件下，"无形之手"往往难以发挥潜能。所以，互联网尤其是移动互联网的到来，在线上与线下、虚拟空间与物理空间之间实现了更为高效而精准的信息、资源、人员、物质等的匹配，这正是网约车、共享单车等共享经济模式产生的基础条件。所以，数字治理带来的是一种更加高效的市场资源配置机制。

3 数字治理为社会赋权

（一）数字治理是公众参与的新渠道

数字时代的到来，促使社会结构更加扁平化、透明化、平等化，也更具参与性，这为公众了解公共事务和参与社会治理带来了新的机会和渠道。一方面，网民数量的急剧增长、各种社交平台的不断成熟，使网络成为公众表达诉求和政治参与的重要工具，这为民情数据的表达和汇聚提供了绝佳的场地和机会；另一方面，数据挖掘技术和信息处理技术蓬勃发展，政府借助已被广泛使用的政府网站、微博、微信、各类论坛等社交平台收集民情民意信息，采用大数据文本分析、语义网络分析、情感分析等方法，汇聚和评估特定地区的公共议题关注热度、变化趋势及讨论角度、态度情感等问题，及时、高效地了解地区民情民意，公众诉求被直观、形象地呈现出来，帮助各社会治理参与主体更好地把握问题，提出应对之策。

（二）数字治理是民意回应的新机制

传统科层制治理形成了"中心化社会"结构，公共服务供给模式主要表现出"以政府为中心"的大规模、多层级、中心化和等级化特征。但是，数字治理改变了这种公共服务供给模式，主要表现出"以公众需求为中心"的扁平化、弹性化和个性化特点。一方面，科层制治理的专业分工与民意需求一体化之间的矛盾，是阻碍政府回应公众诉求的最大障碍，而数字治理恰恰在公众诉求与不同条块部门间形成了有效的"界面"和"桥梁"，将科层制治理中的部门间业务流程关系由"串联式"变为"并联式"，形成直接面对一线治理问题和公众需求的新型民意回应机制。另一方面，数字治理既能有效回应民意，又能跨越体制与制度差异，在"大国治理"的基本国情下，构建起行之有效的民主参与、民意表达和政府回应机制。这是超越体制与制度之争的新型治理范式，不同文化背景、不同意识形态、不同政治制度、不同行政体制的国家和人民，都可以通过数字科技赋能赋权的形式，构建起"民治、民有、民享"的现代化民意回应机制。

（三）数字治理是风险防控的新平台

一方面，数字治理构建起动态化风险评估指标体系，包括网格化体系、信息化体系、社会化服务体系、法治化体系、矛盾调解体系、平安建设、社会保障、医疗卫生、公共教育、环境保护、流动人口管理等各个子指标；另一方面，通过数字治理，政府能够搜集整理相关网络数据，建立起社会风险等级量化地图，实时反映和量化评估各地社会风险状况，通过最新数据分析发掘技术，构建适合当下中国国情的社会风险评估系统。也就是说，政府与社会之间需要形成良好的自动化和自发性的社会秩序维持系统，以实现民情民意的自动化感知和回应，以及社会风险的动态化监测、评估、预防与化解，才能从根本上形成政府主导、多方参与、协商共治的现代化和智能化社会治理体系。

02.
分级分层协同推进数字治理体系建设

如今，科技发展势不可当，对政府和企业等组织运用和掌控技术的能力提出了更高的要求。数字技术在为政府赋能、为社会赋权的同时，产生了很多非预期后果，需要政府根据外在自然环境和社会环境变化，及时调适其政策与实践。我们应遵从信任、普惠、包容等原则，自上而下、分级分层、系统协同推进数字治理体系建设，充分发挥数字治理的正外部性。

1 数字治理是应对"三化"叠加挑战的必然选择

我国面临着市场化、城镇化和数字化纵横交织的复杂治理环境，相比西方国家分阶段实现"三化"的现代化进程，我国"三化"叠加进程产生的利益多元、发展差异和风险冲突同时迸发，给政府和社会治理带来了更为巨大的挑战。

（一）市场化

以市场化为主要特征的社会快速转型时期，是利益关系调整最为剧烈、社会风险冲突最为频发的时期。市场化细分了产业行业，促进了经济发展，也在一定程度上提高了公共服务供给的效率。国际上有个普遍规律：经济越发达的地区，公众对政府服务的期待越高，老百姓越希望政府提供更高质量的公共服务，如果政府公共服务提供得不好，就可能会有负面反馈，这是市场化进程的一个预期性伴生现象。

此次疫情让人们对政府防控疫情及公共服务提供能力有了高要求和高期待。疫情所致的公共卫生事件引发了公众对病毒的心理、生理、行为反应，一部分人在网络空间表达了对疫情前期政府处理公共危机的不妥行为的担忧。一方面，随着我国GDP总量占世界GDP的比重越来越大，贡献率越来越高，公众对政府服务供给和治理质量的要求也随之提升。另一方面，市场化可以促进劳动力、技术、数据等要素的合理化配置和流动，以推动经济高质高效发展。因此，在数字化时代，在公众的高要求和高期待下，政府的数据开放、共享和场景应用等数字化转型实践应运而生。政府如何在数字化时代的浪潮中，有效运用数字技术，持续促进市场良性运行，并通过数字化转型来精准、智能地感知民情、疏解民忧、回应民意，促进治理能力全面提升，已经成为缓解市场化可能引发的供需不匹配的关键抓手。

（二）城镇化

诺贝尔经济学奖得主斯蒂格利茨曾预言：中国的城镇化与美国的高科技发展，是影响21世纪人类社会发展进程的两件大事。21世纪以来，我国经历了一轮声势浩大的快速城镇化进程，对我国城市发展和城乡治理构成极大冲击和挑战，是各种社会问题频发的重要原因。城镇化进程释放了劳动力和消费需求，但显著加深了二元结构冲突，加剧了城乡差异、贫富差异，并给城市运行和环境管理带来压力。《中国农村发展报告2020》预计，到2025年，中国城镇化率将达到65.5%，保守估计新增农村转移人口在8000万人以上。这对城乡发展的均衡性提出了更加严峻的挑战。

疫情期间，我们看到，城乡之间基础设施数字化水平和医疗服务能力的差异进一步放大。尽管近些年农村的数字化基础设施有了大规模发展，但仍难以与城市相比。从发展的公平视角来看，城镇化进程中的发展不平衡应在数字化转型的普惠、包容中逐步消解，政府统筹、企业多措并举，共同消弥城镇化进程导致的区域差异和技术鸿沟。阿里巴巴"淘宝村"运用数字技术平台盘活地方资源，助力乡村开拓全球市场，是很好的实践尝试。山东省曹县曾是省级贫困县，正是上百个"淘宝村"计划带动了20万人创业、就业，并带动了约20%的贫困人口脱贫。目前，曹县已形成演出服饰、木制品、农特产品三大电商产业集群加一个跨境电商产业带，其中，演出服饰网络销售全国第一，日本的棺木也多出自该县。

（三）数字化

如今，智能手机、传感器、移动支付、GPS等数字工具已改变了人们的传统社会生活习惯，脸谱、谷歌、阿里巴巴、腾讯等数字平台的商业模式在全球的兴起，以及政府数字化转型带来的跨越式公共服务与治理能力的跃迁，无不彰显着数字化促进政府有为、企业有利、百姓受益的强大作用。然而，与此同时，数字化也带来了空前挑战：一个空前规模的、活跃的网民群体已经形成。这不是中国独有的现象，在全球亦如此。人们越来越活跃地通过互联网参与公共治理的讨论，可能造成"网络行动主义"现象。截至2020年6月，我国网民规模为9.4亿人，手机网民规模已达9.32亿人。互联网的匿名性和低门槛、网民行为痕迹的即时化和数字化，以及网络的可见性与易传播性，都给政府的数字治理带来了空前的挑战。

数字技术降低了政府作为公共服务供给方匹配社会需求的时间成本和信息成本，使政府和公众凭借一个屏幕、一个界面，就可以获得彼此需要的信息、资源和知识。政府、社会和市场将物理世界存在的数据映射到虚拟世界，以数字孪生的形态呈现出一个不断互动的动态系统。数据经过加工处理形成的信息和知识，成为政府决策、执行、监管和沟通的关键稀缺资源。而要保证这种稀缺资源真正运用于对政府有效、对企业有利和百姓受益的方向，中国还需要在未来的数字政府建设与发展中不断探索。

总之，中国要在快速转型期实现政府和社会治理的快速创新，数字治理是必由之路。有效的治理可以加速创新的顺利实现，有益的创新亦可促进高效的治理。在中国社会快速转型、"三化"叠加的现实背景下，加速数字化转型将会以更高速率实现良政善治；而数字化转型的滞后同样会以加速度导致伴生性矛盾和冲突的产生，数倍增加治理的难度。基于此，中国通过数字化转型实现的治理体系更新和治理能力跃迁，必将给后发国家的调适性发展、治理困境解决、治理弹性增强、治理能力提升提供一个可借鉴的路径选择。

2 数字治理赋能治理现代化的实现路径

数字治理赋能治理现代化，是一项系统化、长期性、多层面的工作，需要从我国大国治理的实际情况出发，充分发挥数字治理"技术赋权"和"技术赋能"的潜能，分级分层推进国家治理现代化、省域治理现代化和市域治理现代化。

（一）数字治理赋能国家治理现代化

党的十八届三中全会提出国家治理体系和治理能力现代化的目标，数字治理为其生根落地、建设实施和执行落实提供坚实的技术支撑。数字治理一方面促进中央、省、市等多层级治理主体间矩阵式协同治理体系的形成；另一方面促进国家发展的顶层设计和战略规划，分级分层、逐步推进、稳步有序地实现国家治理现代化，激发出社会主义制度整体优势。

1. 矩阵协同式数字治理主体

中国地域广博、人口众多，各地域和各层级政府间差异巨大，所以，数字治理需要从各地实际情况出发，一方面要发挥各地各级政府的积极性和创造性；另一方面要通过中央统一的协调安排、宏观调控、顶层设计等，发挥全国数字治理的整体性优势，以便在国家、省域、市域等不同治理层面，构建起矩阵协同式治理体系。

从协同条块部门在数字治理中的利益关系来看，按照权责一致的原则，规范垂直管理体制和地方分级管理体制在数字治理中的权责关系，政府要通过专门立法的形式，在全国层面推动和完善中国数字政府"一站两网四库十二金"的基本建设框架，打破"条条间""块块间""条块间"的部门利益分割阻碍，发挥数字政府建设的协同效应和整体效能。此外，政府要发挥数字治理的改革"撬动"潜能，通过"最多跑一次""一网通办""接诉即办"等数字治理改革的新模式，推动改革从政务服务向公共服务、经济管理、社会治理、民主法治实践等诸多领域延伸，在促进新治理机制与既有制度融合的同时，弥补既有制度缺陷，推动既有制度创新。

2. 国家整体性数字治理顶层设计

中央政府要通过国家数字化发展战略和顶层设计，配合数字治理政策法规，推动全国政务服务一体化建设，建设全国统一的大数据体系，并推动各地各级政府建立健全数字治理的组织架构、职能部门和制度法规，进而通过全国层面数字治理的整体效应，推动社会主义制度在市场化、产业化、城镇化、法治化和国际化等诸多领域的完善，并在这个过程中发挥统揽全局和顶层设计的宏观引领和指导作用。

首先，中央政府要从国家层面强化对数字治理体系的宏观调控和战略管理，缩小和弥补区域间、城乡间、人群间数字政府建设的差距，缩小"数字鸿沟"，在促进数字治理体系均衡、协调发展的同时，带动经济、社会等诸多领域更加均衡、协调发展，激发出社会主义制度公平正义的整体性优势。其次，中央政府要分级分层稳步推进数字治理体系建设，尊重差异，办出特色。数字治理体系的建设要秉承政策统一性与地方执行灵活性相统一的原则，既要通过不同类别、不同层级的政策体系群，分步骤、有计划、积极稳妥，自上而下逐级推进数字治理的总体目标，又要根据各地方政府所处的实际情况灵活变通，创造性地建成具有地域特色、差异功能和个性化风格的数字治理体系。

（二）数字治理赋能省域治理现代化

数字治理是在省域层面落实国家战略，统筹改革、发展、稳定关系，健全质量发展的治理体系和治理能力的重要支撑和驱动力。

1. 省域是探索数字治理的最佳"试验田"

省域治理是"承上启下"推动国家治理现代化的关键环节，更是"承上启下"协同推进数字治理的关键组织实施单元，能够在省域层面推动顶层设计和统一领导，整合数据资源、建立统一标准、打破条块利益分割阻碍，打造出精简、效能、统一的政府体系。

一方面，省级政府要在省域范围内整体推动数字治理体系建设，制定与发布数字治理顶层设计，全面统筹新型基础设施、数据资源体系、开放创新体系、数字治理体系、政策法规体系、组织领导体系、标准规范体系、数据治理体系、安全保障体系、建设运营体系等全方位、立体化数字治理体系。另一方面，省级政府以数字政府建设为抓手，全面推动省域内政府的数字化转型，通过辖区内市域、县域治理单位的横向竞争和相互学习，建立起省市县多层级政府上下互动的机制，形成市县试点、探索、创新，省级自下而上总结、提炼、拔高，形成阶段性统一方案，又自上而下培训、指导、推广的，"从基层来、到基层去"的数字政府创新建设过程。在这个过程中，省级政府关键要抓好数据交换与共享，统一技术标准、健全法律法规，在借助绩效考核评比"指挥棒"、激励辖区内各治理主体积极投入数字治理的同时，发挥出省域治理的整体效能，承上启下协同推进数字治理体系建设。

2. 协同部署激发改革数字红利

省域治理既是承上启下推进数字治理体系建设的组织单元，又是协同部署激发改革数字红利的中坚力量。首先，省级政府通过数字治理，在省域层面精准落实中央政策，准确把握省域治理现代化的目标定位，发挥省域治理的体制机制优势、区位优势、产业优势、生态优势、资源优势、环境优势、人文优势等诸多优势，综合推进省域治理的系统化、法治化、综合化和源头化。其次，省级政府通过一体化的数字政府建设，尤其是借助"最多跑一次""一网通办""接诉即办"等数字治理新机制，固根基、扬优势、补短板、强弱项，全面推进和深化改革，优化省域空间集群化产业结构，统筹各地市城镇化发展进程，协同各地数字政府和智慧城市建设的总体布局，通过高质量发展将制度优势转化为省域治理的整体制度效能。最后，省级政府要打造省域治理现代化的"数字品牌"。省域治理作为国家治理的中间层，不仅要突出强调国家治理层面的政策在辖域空间的落实执行,更要体现出省域治理的积极性、主动性和创造性,根据各省不同的发展根基、资源禀赋、现实问题和优势特长等,锐意改革、守正创新,打造数字治理赋能省域治理现代化的特色品牌。

(三)数字治理赋能市域治理现代化

市域治理现代化是以城区为重点,覆盖农村、城乡联动,充分发挥市级层面主导作用,在城市范围内统筹谋划和实施的社会治理。

1. 智慧宜居的现代服务型城市

市域治理的空间范围相对聚集,具备通过大数据、云计算、人工智能等数字技术,建立政府与公众和企业密切互动的公共服务供给的场域基础。首先,市域治理直接面向公众和企业的微观诉求,是公共服务供给和市场监管等微观治理领域的关键环节。市级政府要以具体场景应用为目标,探索"一网一窗一号一卡一格"等具体实现机制,推动重塑传统公共服务业务流程,优化科层组织架构、职能设置和人员编制,打造出"精简、效能、统一"的现代化服务型政府。其次,市级政府要探索为民办事的长效治理机制,通过数字技术提升公共服务质量和水平,"让数据多跑路,让群众少跑腿",通过移动智能终端,以"一站式政务服务大厅""最多跑一次""一网通办",以及"智能交通""智慧医疗""智慧养老""智慧社区"等形式,全面提升人民群众的幸福感、安全感和获得感。最后,市级政府要持续优化营商环境,按照"一网通办""最多跑一次"的理念,建立持续优化商业环境的工作机制和评价体系,深化商事制度改革,健全市场主体实时动态监管机制和平稳退出机制,实施更严格的知识产权保护制度,确保各类市场主体的经营自主权、产权等合法权益,打造市场化、法治化和国际化的一流营商环境。

2. 双向触达的智能化社会治理体系

在市域治理下,政府需要借助数字治理的高科技手段,积极打造"以人民为中心"的现代化、职能化社会治理体系,即政府与社会构建起动态化、实时互动的民情民意汇聚体系、社会风险感知体系和智能化决策体系。首先是多元融合的民情民意汇聚体系。市级政府通过将市域层面的网络舆情数据、热线民生数据、社会保障数据、教育医疗数据、公共交通数据等多元化、多渠道、多层面的民生数据汇合,在城市层面建立实时、动态的民情民意感知系统,以此作为回应公众诉求,提供动态化、个性化、情景化和人性化的政府服务提供基础。其次是实时动态的社会风险感知体系。市级政府借助民情民意地图,并在此基础上汇合经济运行数据、市场监管数据、社会治安数据、气象灾害数据、灾难事故数据、司法犯罪数据等诸多社会运行综合数据,构建社会治理动态监测体系及评价指标体系,综合评估全市社会风险,借助移动智能终端、智能软件和综合性数据处理中台,在实时、动态回应和化解社会风险的同时,加强社会风险预测,推动治理端口前移。最后是智能化决策体系。市级政府通过城市大脑、数据大屏等形式,建立起城市管理的"数据驾驶室"和"数据指挥平台";通过长期积累事件知识库和政策知识库的建立,分析整理事件发生与城市治理机制间的内在联系和深层次规律,为城市深层次制度优化和智能化决策辅助提供支持。

3 省域和市域是数字治理先行先试的试验田

数字治理为全面推进国家治理体系和治理能力现代化进程提供了新路径。在政府治理过程中,属地治理体现着完整治理单元中的全部内容。作为落实国家数字治理战略和规划的重要下沉节点,省域和市域拥有更为完整的组织架构体系、更为全面的政府行政职能,可以在纵向层级和横向业务部门间进行更为全面的资源统筹。尤其是省级政府和市级政府是直接面向市场主体和社会公众的,相比垂直的政府职能部门,它们与企业、公众等多元主体的互动更为全面和频繁,应先行先试,进行全面的适应性调整。

区域治理现代化是国家治理现代化的重要组成部分,省域治理是推进区域治理的重要基础。稳定、协调、均衡是省域治理的关键词。省域层面先行开展数字治理,有利于从宏观层面带动数字经济和数字社会协同发展,通过省域范围内的公共服务均等化，最大限度普惠辖区人民。省市政府承担着数字治理全域整合和试点探索的重任。以省域为单位进行统合，可制定省域数字治理协调推进的政策法规，提供适合省域发展的配套体系支撑。市域是辖区范围内与社会公众和企业主体互动最为频繁的政府层级，是人们得以安居乐业的直接承载主体。因此，在省市层面先行先试开展数字治理实践，可在更广范围、更深程度上落实和推进国家数字治理的总体战略。整体而言，在省域和市域范围内开展数字治理的先行先试实践，具有组织领导统筹协同、政府职能覆盖广泛、伴生风险控制力强和创新自选择能动性高等多方面优势（见图3-1）。

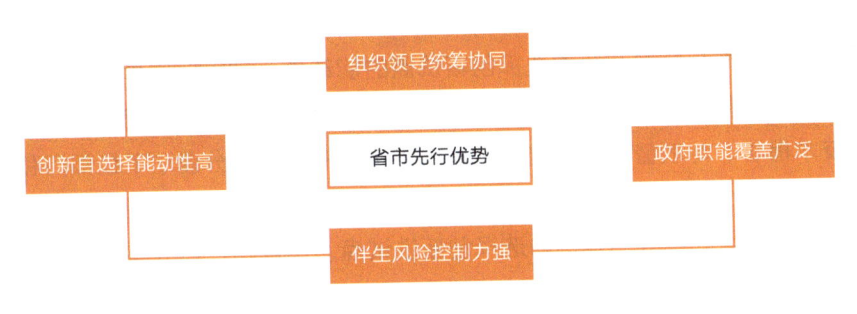

图3-1 省市先行优势

第一，在省市先行中，其组织领导范围广、程度深，利于整体协调和多部门配合。推进数字治理史省级政府高层领导负责，通过"一把手"抓和抓"一把手"，有效联动省域内各职能部门和属地政府，建立起"统一领导、上下衔接、运作高效、统筹有力、整体推进"的数字治理领导体系。同时，省市政府要设立数字政府领导小组、办公室等专业管理和协调机构，其中领导小组负责统筹协调，审定相关发展规划和重大政策措施，协调解决全局性和方向性问题。通过领导小组定期组织各职能部门或属地政府进行会商，可实现部际人员、资源、权力、技术、责任的协调、归属和解决，促进数字政府转型项目的高效化、持续化管理运作。

第二，在省市先行中，政府职能覆盖更为广泛和全面，可通过量化目标等方式，对各级政府部门进行考核激励。数字治理应用领域范围多元，涵盖宏观经济运行、市场监管、公共服务、社会治理、环境治理等各业务领域，需要多方协调和配合。除通过领导小组、联席会议协调推进外，数字政府建设还要从省级层面进行推动和协调，通过职能部门纵向的有效激励、政府及部门间横向的权力重构，甚至省长或常务副省长的直接协调，调动各方参与改革的意愿和积极性。因此，省级政府强大的全业务领域、跨治理层级的资源统筹能力，以及对市域实践提供人、财、物等配套支撑的最终决定权，决定了数字治理改革应从省域和市域同步开展。此外，实施数字治理要在省域范围内不断健全数字治理监督考察评价机制，定期推进，以路线图、任务书、时间表、量化目标等方式，细化和明确落实责任。

第三，省市政府具有自主选择创新试点的能动性。省级政府具有更大范围协调各数字治理参与主体的能力。通过省域的制度设计与解释、部门分工、财政支持、技术指导、专项督查及考核评价等，省级政府能够充分调动下级部门和属地政府的积极性，确保市域数字治理的全面、系统、顺利实施。省级政府具有更广泛的自主权，可在更大的范围内选择创新性试点。尽管在政府数字化转型的过程中，我国部分垂直职能系统也开展了试点，但这些职能部门的试点呈现出区域和场景的碎片化特征。

在省域范围广泛建立试点示范，可让辖区范围内的各试点享有同等的政策支持和保障。在广泛开展试点的同时，省级政府可在全省范围塑造出"比学赶超"的改革创新氛围，推介各地区、各部门可复制的改革创新经验，这有利于在全省推广辖区内地域条件相似的试点的经验。除各地试点经验的典范起到带动作用外，省级层面科学研究的深度整合，将基层的宝贵经验予以提炼，打造出数字政府转型的省域路径，这有利于全省自上而下学习各部门的成功经验，并通过工作研讨、在省政府门户网站设置专栏等方式，实现各地区、各部门间的学习交流。

案例：汕尾市成为广东省数字政府"省市联建"试点城市

为贯彻落实广东省委、省政府关于数字政府改革推向纵深的工作部署，进一步加大省市数据共享和国省垂管系统开放力度，探索"省市联建"新模式，汕尾市作为广东省试点，成为建设数字政府改革纵深推进的地市样板。

汕尾市将充分利用省数字政府的建设成果，采取省市两级联建策略，围绕省市一体化政务服务协同优化、深化电子证照应用、粤系列应用汕尾深度推广、大力开展基层减负便民、政务服务数据治理深化、信息基础设施建设六方面，推进数字政府建设，推进数字化转型，支撑市委、市政府提出营商环境"四个一流"目标，促进应用服务达到全省最先进水平、群众办事更加便利、营商环境持续优化、政府行政效能进一步提升，打造阳光、高效、精准的服务型政府，形成共建共治共享的社会治理新格局。

广东省政务服务数据管理局局长杨鹏飞指出，数字政府"省市联建"试点工作是省委、省政府的一项重大决策部署，是省数字政府改革建设的新探索。广东省将大力支持汕尾市推进数字政府改革建设，希望汕尾市把试点工作当成重中之重，不折不扣全力推进，补齐信息基础设施短板，加快5G等新型基础设施建设，强化支撑保障；要以此为契机，抢抓机遇，在打造营商环境示范市中实现"弯道超车"，大力发展数字经济，深化推广"粤商通""粤政易"等粤系列应用，着力建设"掌上政府"汕尾特色品牌。

资料来源：汕尾市人民政府门户网站

第四，省市政府先行先试可有效控制数字治理探索过程中的风险。作为政府治理优化、社会和经济发展的核心基础和创新动力，数字技术的应用必然会带来全新的安全挑战和伴生风险，包括数据安全风险、平台稳定性和可靠性带来的风险等。与传统治理的社会风险相比，数字风险具有广泛渗透性、应对难度性和严重负外部性。数字风险可能存在于政府和企业等任何组织的任何环节，其对技术要求的复杂性决定了风险应对具有较高难度，一旦出现这种风险，将对政府的信任度、公信力产生极大的影响，也将对第三方的人身安全和名誉等带来较大的威胁和打击。

因此，面对新的数字生态可能产生的数字风险，我们需要在顶层设计和多元协作的理念支持下，联动政府、企业和个人，共同树立安全认知理念，共同提高防护措施。就政府数字化转型过程中可能产生的数字风险而言，省域层面对数字化改革实践中产生的风险具有更高的控制权，从制度设计、主体协同及理念认知上，可以更为科学合理地把握国家战略部署，凝聚各方力量，统筹数字治理短期发展和长远发展过程中可能产生的风险。

03.
数字治理推动国家治理体系和治理能力现代化

当前,技术与治理之间存在着明显的张力。数字技术的蓬勃发展在为政府治理理念和治理实践带来挑战的同时,也为政府治理的适应性调整提供了催化剂和加速器。

省市数字治理实践的先行先试,可整体促进全国治理能力的协同提升。这主要可通过两大路径予以实现(见图3-2)。其一是促进政府、经济、社会数字化转型治理结构的系统优化。数字治理不仅是政府在各治理领域的能力提升和效能转化,同时可系统促进政府各部门权力的规范运行,推动政务信息的开放和共享,有效推进社会对政府权力的监督。此外,在经济发展层面,政府通过"简政放权""放管服"等系列改革举措,激发市场主体的活力,重塑良性营商环境,抓住新基建等数字化转型机遇,打造数字经济新高地,以数字产业带动经济高质高效发展;在社会治理层面,政府通过广泛协同科技企业、社会公众、科研机构、社会组织等多元主体参与社会治理和政府决策过程,实现优势互补、能力互嵌,运用前沿数字技术全面感知社情民意,精准、智能地回应民意,并在海量数据监测、分析的基础上,全面提升预测预警和精准研判能力。其二是促进政府整体治理能力的协同提升,政府在实现纵向层级协同能力提升的同时,向政府间横向扩散成功、有效的创新实践,在同质或异化的实践发展之后,将创新实践辐射全国,并在全国范围内形成创新实践融合的趋势,最终提升国家治理水平。

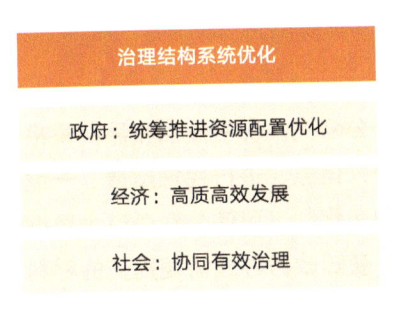

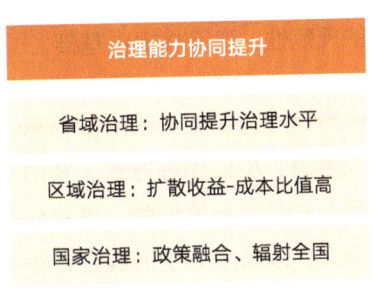

治理结构系统优化	治理能力协同提升
政府:统筹推进资源配置优化	省域治理:协同提升治理水平
经济:高质高效发展	区域治理:扩散收益-成本比值高
社会:协同有效治理	国家治理:政策融合、辐射全国

图3-2 省市数字治理实践的实现路径

1 数字治理促进治理结构的系统性优化

数字技术在政府治理、经济发展和社会治理制度体系中的深度嵌入和融合，是系统、连贯推进国家治理体系和治理能力现代化的有效路径。数字治理在政府、经济和社会领域的实践和发展，不仅自上而下革新了政府内部行政管理体制，有利于全面促进政府内部的行政协调能力和政府外部的监管规制能力，而且在经济领域和社会治理领域产生了积极影响。

（一）数字治理引发政府资源配置优化

政府领域的数字化应用和转型，本质上是通过公众的体验感和满意度，通过数字技术的引入和平台的后台操作，优化政府内部纵向层级和横向部门间的权力和资源配置，进一步厘清各部门之间的责权利，从而实现政府对权力运行的有效引导和规范制约，提升权力运行的边际效用。

对于公众而言，他们在政府的数字化转型过程中比较关注的问题是政府的办事效率是否得到了实质性提高；运用数字技术后，他们是否可以免于重复提交材料；政府处理事项过程中的信息是否可以公开；公众的投诉和诉求能否得到回应等。这涉及政府权力运行的规范化、公开化和协同化等问题。区块链等技术传递的信息具有透明、可追溯、不可更改等特征，其在公共数据开放和共享、公共事务监管等方面的应用，将为政务信息的公开、监管处理的溯源、资金资源的流向等，提供可信、便利、有效的技术支持，从而为公共服务和政府治理中自由裁量权使用的规范性、稳定性提供基础。

数字治理可有效促进政府的信息公开。公众关注民生焦点和惠民举措，他们可通过二维码、小程序等方式，及时获取公开信息、进行民意反馈、一键导航避灾避难等；政务服务流程的"清单化""网购化"，可使公众通过大数据查询、第三方查询、政务服务全流程查询等方式，获知政务办理需要提交的材料、办事指南、办事进度及结果等。以权责清单、公共事务事项清单为依据的"全景式"

工作职责、工作环节的公开，为政府厘清各领域信息公开的边界及流程的标准化、规范化提供了依据。数字治理可大力推动政府间的有效协同。在公共服务领域，数字治理将公众办事的成本和政府服务、治理的成本内化为政府内部协调的成本，政府不仅能够提供一站一网等具有统一性、整体化的服务，而且能够使市场监管模式、公共服务模式发生巨变，传统上只能通过政府物理边界的融合，即"大部制"来破除的部门壁垒障碍、信息不对称问题和服务割裂化问题，可通过虚拟空间的整合解决。数字治理能够实现政府垂直系统和业务系统的实时沟通，提升政府行政效率。

（二）数字治理推动经济高质量发展

中国信息通信研究院数据显示，截至2019年，我国数字经济规模已达31.3万亿元，占GDP的比重为34.8%[①]。2002—2018年，我国数字经济体量实现了208倍的历史性跨越，占GDP的比重已超越世界整体水平。网络购物、移动支付、云课堂、云会议等各类"互联网+消费端"和第三产业领域的生动应用，无不揭示着产业的数字化转型已步入黄金发展期，数字经济的增长点要求推动消费互联网、产业互联网和工业互联网的联合发展。而数字经济是否能够平稳高质、持续向好发展，很大程度上取决于政府能否持续激发产业发展的活力。这一方面需要政府持续加快营商环境的优化，通过"放管服"改革进一步推进企业投资审批制度和中介服务市场化改革，为企业松绑减负；同时政府要从制度上、监管上全面推进"互联网+"，充分发挥数字经济的新优势。

在市场主体的行政审批方面，政府要为企业营造稳定、透明、公平、可预期的营商环境。政府要深化"放管服"改革，进一步推进简政放权，对企业开办、商标注册、专利审查、工程建设、进出口通关等各类市场行为的审批和审查，做到能减则减、周期压缩、统一采集信息，通过"商事登记综合管理平台"、政务协同App、投资式项目"一站式服务中心"、规范投资项目行政审批等平台和措

---

① 资料来源：《最新报告：2019年我国数字经济占GDP比重达到36.2%》，经济日报-中国经济网，2020年7月3日。

施，为简化企业办事流程、提升办事效率、降低制度性交易成本提供正式的制度环境。

在数字基础设施建设与数字企业服务方面，政府要支持民营企业等各类市场主体参与和拓展新基建、新服务业务，充分发挥民营企业赋能智慧城市建设的市场机制，以推动企业成长、服务民生需求为原则，设置不同产业行业、不同业务领域的市场准入方案；激励企业参与数字经济发展和国家治理现代化，以大数据等数字技术在市域发展中的灵活应用，推进各地城市大脑、智慧社区的蓬勃发展，以区块链等数字技术在业务场景中的深度嵌入，推动食品安全监管、环境保护等职能系统的可追溯与可监管。

在数字企业的监管创新方面，政府要以服代管，以重指导代重处罚，以柔性监管取代刚性监管，引导企业在新型亲清营商环境下，探索在平台经济、共享经济中的安全发展空间。政府要营造可试错的测试性、限制性监管环境，鼓励企业在不断试错中以"柔性智能"方式开展"螺旋式"创新活动，让企业在自我试错中学习、成长、创新，并能够应对创新失败带来的负面效应。由此，政府和企业要进行更为密切的协作，通过立法立规为数字经济发展适度"松绑"，促技术融制度，以法治促发展，为全面推进数字技术和政府治理水平的融合提升，最大限度发挥技术在制度上的优势奠定基础。

（三）数字治理推动社会协同有效治理

政治科学研究学者米拉科维奇指出，数字治理业已成为提高公共服务和参与的新技术[①]。互联网的低成本、便捷性、匿名性、可见性和传播性，使广大公众愿意在网络空间表达自己的诉求。清华大学数据治理研究中心于疫情期间做了一项全国社会调查，对公众在疫情期间通过哪些渠道提供疫情防控线索或提出意见建议进行的调查结果显示，19%的受访者表示使用过微信"国务院互联网+督查"

---

① 资料来源：Milakovich,Michael E.(2012)Digital Governance:New Technologies for Improving Public Service and Participation. Taylor & Francis。

小程序，15%的受访者表示曾通过政务微博、政务微信、政务App联系政府相关部门，此外，13%的受访者拨打过统一热线电话（"12345"市民服务热线、市长热线），10%的受访者拨打过120、110、12315等专线电话。公众参与社会治理的积极性越发高涨，更多通过线上方式参与社会治理，逐步发挥出广泛的社会和政治影响力。

数字界面工具为实现政府和公众信息的即时、双向触达，系统提升政府及时吸纳民意并回应民情的能力提供了有效的媒介和渠道。此外，网络民情数据本身具有的精细颗粒度和跨时空特性，为政府在特定时空范围内通过数据的颗粒度缩放和处理分析，高效化、精准化、智能化回应社会的诉求和偏好提供了可能。数字治理提升了政府决策和预警研判的科学性和专业性。已有学者研究证实，政府有效回应社会的能力得以提高，首先依赖公众向政府表达其诉求和偏好的意愿和能力，当公众通过多元渠道向政府清晰、明确地表达了诉求之后，政府是否会回应其诉求和偏好，并将之纳入决策的过程，则取决于政府采纳民意的意愿及其自主权。在此前提下，面对不同时空范围内的治理问题和潜在风险，数据分析能够大大提升政府基于可信数据的精准科学决策和超时空预判能力。

2 数字治理促进政府治理能力的协同性提升

我国幅员辽阔，东、中、西部不仅经济发展水平不同，而且其政府的治理能力、治理水平也参差不齐。数字治理可以解决"制度迁移"的难题，因为数字治理依托数字技术，建立起了一套"非人格化"的数字技术体系，能够最大限度减少人为因素的影响。因此，发达地区在数字治理上先行先试的经验，可以通过数字治理的技术体系整体移植到欠发达地区，从而快速提升欠发达地区的治理水平，实现欠发达地区政府治理能力的跃迁。

（一）数字治理有效协同提升省域治理水平

建设数字政府已成为推进省域治理现代化的趋势和共识。在经济发展方面，数字治理驱动的数字技术核心能力研发、传统制造业改造提升、智能设备应用和产业化，以及互联网医疗、智慧物流、在线教育、云旅游等不同消费和商业应用场景的创新转化和推广应用，使数字经济成为各省实体经济转型和全省经济增长的主引擎和原动力。数字技术赋权社会成员，使广大网民在互联网平台上自由表达其观点和诉求，并通过数字化平台与政府进行即时、双向互动。网络空间催生的社会自组织群体越发活跃，为数字时代多元社会力量广泛参与社会治理提供了土壤。

每一次科技的进步均会带来政府治理逻辑和业务流程的重大转变。数字技术赋能政府部门和公务员，为政府纵横层级在不同区域的相互衔接和协同联动，以及提高政府对社会需求的专业化、精准化、智能化回应能力提供了有效的渠道。数字治理可通过技术内嵌实现跨区域、跨层级、跨部门的复杂协调，破除传统政府和经济社会发展中产生的积弊，促进高质量的数字经济发展，实现政府和社会的有效协同，进而整体提升省域范围的治理水平。此外，数字治理实践在省域范围不同系统、不同地市间迅速推广和扩散，为系统化提升全省的公共服务和全域治理水平提供了标准化、体系化，且具有适应性的可行路径。

（二）数字治理是低成本推动治理变革的有效途径

开始于2017年年初的浙江省"最多跑一次"改革，在不到两年的时间里，扩散到全国29个省、市、自治区。在疫情期间，杭州开发了"一次申报、动态管理、跨域互认、全市通用"的"健康码"，"健康码"上线首日的访问量高达1000万次，7日内即被推广到全国200多座城市。2016年4月起步于杭州的城市大脑，在历经从"治堵"到"治城"的迭代发展后，于2020年6月成功移植于海口、郑州等城市，智慧的大脑会让更多城市越来越聪明。由此可见，以技术倒逼机制的增量式发展，使数字治理实践更易于在横向政府间实现技术移植和平行扩散。

数字治理通过技术平台的引入为治理难题提供方案，通过平台技术和数据共享流动等，重塑政府部门间、政府与社会的互动关系，在不触动现有政府物理结构的前提下，是成本—收益比相对较高的推动治理变革的方式。技术和经验的引入是中西部地区学习东部发达地区治理经验、实现中西部地区治理能力"蛙跳"的有效方式，可最大限度将中西部地区治理能力提升到与东部发达地区治理能力平行的较高水平。

（三）全国层面的成功经验推广可有效提升国家治理水平

美国学者卢卡斯指出，一个创新性政策或实践扩散的过程可以分为政策再发明、政策发展、政策试点、政策调整、政策融合五个阶段。无论在扩散过程中经历何种趋同或趋异现象，政策或实践最终会在适应性调整之后走向融合。省市层面的数字治理经验，可自下而上进行扩散，并在全国层面进行推广。浙江省的"最多跑一次"省域探索改革，经历了"由点及面、平行扩散、中央采纳、辐射全国"的创新扩散路径，最终成为国家深化行政改革和推进政府治理现代化的顶层设计。

PART 2　数字治理之"法"

【第4章】
数字治理创新体系

数字治理 DIGITAL GOVERNANCE

实现数字治理，既需要构建认识论层面的理论之"道"，也需要在方法论层面具有能落地、可操作的"法"。从这一章开始，本书将全面介绍数字治理之"法"。数字治理，首先与创新息息相关，这意味着数字技术的创新迭代，更意味着数字技术与治理的融合，运用数字技术创新治理方式、重构治理结构。数字治理以数据为关键要素，以平台为重要支撑，以开放创新为重要特征，以治理体系和治理能力现代化为目标，探索数字化时代协同治理新范式。

04
CHAPTER

01.
什么是数字治理创新体系

1 数据驱动的数字治理创新

（一）数字治理创新体系全面支撑治理创新

　　数字治理创新体系是一个极为复杂的系统，包罗万象，没有明确的边界，也没有完美的实践，但并不是无章可循的。数字治理创新体系有其内在的规律，其核心是治理活动要从数据中来，到数据中去，要遵循数据要素禀赋自身的规律，结合现代治理理念，重塑政府治理体系和治理能力。当前，政府面临经济发展和社会治理双重压力。在一定程度上，落后的治理制约着经济发展和社会进步。在数字时代，面对传统治理难题和新的治理问题，我们有了更多的选项。比如，关于经济运行监测，传统方法是依靠统计部门，以一定周期进行核心指标的统计与测算，这样统计出来的经济运行指标一般具有较明显的滞后性。而在数字治理时代，我们则可以利用数字技术，创新经济治理手段。天津市津南区的"经济大脑"，汇集经济运行基础数据700余万条、重点楼宇信息287条，录入相关文本内容1200个，打通区内18个关键经济部门的数据壁垒，并整理出68份规范数据模板，成功接入3万余条区内企业数据，能实时监测区域内经济运行状况，为经济决策提供指引[①]。关于基层矛盾治理，其解决方式是线下层层上报和上访，很多老百姓的矛盾常常被掩盖。浙江嘉善联合阿里巴巴同步自主开发、上线了"全县矛盾受办一体化"系统，形成线上"一张网"联动办理化解体系，形成群众矛盾纠纷"掌上闭环"，有效实现了基层矛盾本地化治理，是我国基层数字治理创新实践。

---

① 资料来源：津南区区域经济大脑服务平台建设支委良 https://new.qq.com/omn/20190331/20190331A0CB5K.html。

（二）数字治理创新体系是数字治理的"施工图"

数字治理对于很多政府工作人员而言，是一个较为抽象的概念。尤其是在欠发达地区，有些政府工作人员对于什么是数字治理，如何开展数字治理创新实践更是一头雾水，摸不到"门道"。本章将系统介绍数字治理创新体系的基础设施是什么，数字治理创新体系的基础资源、手段方法、关键目标、支柱保障及创新路径是什么，为数字治理创新实践提供"施工图"。无论是数字政府建设还是城市大脑建设，都可以按照数字治理创新体系来"施工"。与此同时，各地探索建设的数字治理的样板实践，也能有效沉淀数字治理创新的方法论和工具箱，同时可以被快速复制到其他地方，实现数字治理创新体系平移，提升欠发达地区的治理水平。

2 数字治理创新体系的新型基础设施

（一）新型基础设施是数字治理的"地基"

所谓新型基础设施，是相对于"铁公机"等传统基础设施而言的。新型基础设施是面向未来的基础设施，是全面支撑未来数字生活、数字经济和数字治理的基础设施。新型基础设施包括信息基础设施、融合基础设施和创新型基础设施。信息基础设施主要包括5G、物联网、卫星互联网等网络基础设施，人工智能、云计算、区块链等新技术基础设施，以及数据中心等算力基础设施。融合基础设施主要指的是利用信息基础设施与"铁公机"传统基础设施融合发展而形成的基础设施，包括能源互联网、智能电网、智慧高速、智慧光网等。创新型基础设施主要面向科学研究、技术开发及产业创新等重大科研实验室和产业创新中心等。新型基础设施是数字治理的"地基"，数字治理是根植于数字化大环境基础上的。传统的城市管理、应急管理、环保执法等治理难题，一旦与数字基础设施发生"化学反应"，就能"生长"出新的解决之道。比如，过去城市中相邻的摄像头和红绿灯，几乎是"老死不相往来，各行其是"的，但在智能感知的数字基础设施下，摄像头能根据实时"看到"的场景来优化红绿灯的时延，提高城市交通效率，为大城市的交通治理找到"新解"。

（二）新型基础设施提供算力资源

人类已经进入了一个"算力"驱动的时代。算力指的是计算能力，是数字经济时代前进的基本动力，也是支撑数字治理的基础能力。当海量数据汇聚与复杂场景交汇时，传统的治理手段常常会"失灵"。为了有效筛选针对新冠肺炎的新药物，国家超算中心深圳中心优先调度了千万机时的资源用于支持药物筛选、基因组学等计算需求，快速响应了药物筛选突发、暴增的算力需求。国家超算中心为新冠肺炎药物筛选提供算力支持，药物检测时间被缩短到了几天，一批老药据此得到验证，快速进入临床治疗。阿里巴巴为了应对疫情期间海量的在线资源请求，春节期间紧急扩容了10万台服务器，整体服务器数量超过百万级，支持全国350万名教师线上教学、1.2亿名学生在家上课、2亿名上班族在线复工。新型基础设施最重要的内容之一就是建设绿色数据中心，为泛在的数字治理提供算力支持。

（三）新型基础设施"让数据多跑路"

数据是核心生产要素，也是任何治理工作的关键要素资源。没有数据支撑，任何治理工作就像断了线的风筝，不可能有效解决复杂应用场景中出现的问题。湖北在抗疫初期，面对暴增的物资及药物需求，很多部门并不知道"家底"，疫情数据统计也不清晰，抗疫工作基本上"乱作一锅粥"。与之形成鲜明对比的是，浙江省从抗击疫情之初，就基于大数据实现病人的准确摸排，制订精准的应对方案，形成了精密智控的浙江模式。新型基础设施建设的重要目的就是解决"缺数"和"少数"等问题，通过提升数据治理水平，"让数据多跑路"，激发数据生产要素在社会治理中的创新应用。

3 数字治理九大创新体系

数字治理创新体系是以新型基础设施为支撑、以数据资源为关键要素的，开放创新的协同治理体系，可以被拆解为一大基础设施和九大创新体系。其中，一大基础设施指的是新型数字基础设施，是数字治理之"地基"；九大创新体系指的是"三横""六纵"："三横"是指数据资源体系、开放创新体系、协同治理体系，是数字治理之"横梁"；"六纵"是指政策法规体系、组织领导体系、标准规范体系、数据治理体系、安全保障体系和建设运营体系，是数字治理之"立柱"。"三横""六纵"全面支撑包括经济治理、社会治理、公共服务、生态环境、决策应急、智慧文旅的数字治理创新的"大厦"（见图4-1）。

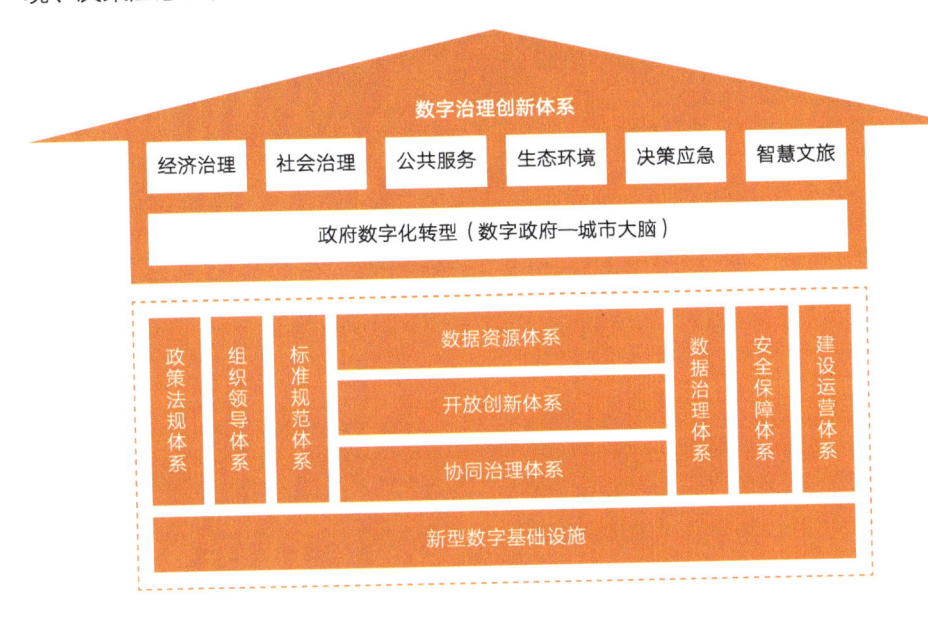

图4-1 数字治理创新体系

具体而言，新型数字基础设施为数字治理提供可感知的数字化环境，是开展数字治理的前提与基础。"三横""六纵"承载了数字治理的基础资源、重要手段、关键目标和支柱。"三横"旨在回答数字治理创新体系的基础资源、重要手段、关键目标是什么的问题。数据资源为数字治理提供基础资源，开放创新是数字治理的重要手段，协同治理则是数字治理的关键目标。"六纵"分别从政策、组织、标准、数据、安全和运营六个维度，为数字治理的系统性建设提供了一个可操作的图谱。在具体实践中，当前我国各地加快推进的数字政府建设和城市大脑建设，是我国数字治理创新体系的重要载体。数字政府建设和城市大脑建设的核心是在数字化背景下，政府简政放权、放管结合、优化服务的数字化转型，是当前我国探索治理现代化的重要实践，也是全面构建数字治理创新体系的试验田和排头兵，有效支撑经济治理、社会治理、公共服务、生态环境、决策应急、智慧文旅等数字治理创新体系。

02.
数字治理九大创新体系的内涵及路径

数字治理九大创新体系是一个相对完整的体系。其中，"三横"以数据资源为核心要素，解决了数字治理中部门间的横向联通、纵向贯通及对外协同的核心问题，有效地实现了数字治理中"三融五跨"，是数字治理体系的核心与关键；"六纵"中的政策法规体系、组织领导体系、标准规范体系、数据治理体系、安全保障体系及建设运营体系，都要紧扣数字治理"三横"，为数字治理中的数据畅通、横向联通、纵向贯通及对外协同提供保障。

1 九大创新体系内涵

（一）数字治理创新体系的"三横"

数据资源体系是建设数字治理创新体系的基础资源体系。数据资源包括政府数据、企业数据、社会数据三大类，具有非线性、可复用和可生长的特征，其价值在于数据能在有效、充分的流动过程中体现价值。数字治理主要是围绕数据展开的治理，包括对数据的治理和基于数据的治理。过去，政府的治理工作大多是基于管理者经验来制定政策和实施方案的，政策的落实也是靠政府的行政命令。但面对万物互联的世界，治理的对象和业务场景也越来越复杂，靠传统的治理办法和治理手段无法实现精准治理。在杭州城市大脑开发之前，杭州主管部门常年不清楚城市交通的底数，如杭州城区每天有多少辆车在路上跑、高峰时区的车辆数等，这也导致杭州市政府很难找到解决交通拥堵的有效办法。2019年，在杭州城市大脑发布会上，王坚院士表示："其实杭州交警这几年的治理数清楚了一件事情，就是杭州在途的车是多少。"杭州目前的机动车保有量是280多万辆，非高峰时在途车辆是20万辆，高峰期在途车辆有30多万辆[①]。杭州城市大脑之所以能像人一样思考问题，其核心就是实现了数据的实时精准，这也是城市治堵工作的基础。因此，数字治理需要构建完善的数据资源体系，摸清楚到底有哪些数据"家底"，设计好个人、企业和政府之间不同类型数据资源的交换共享机制，畅通数据流动的"大动脉"，构建基于数据的协同治理和开放创新体系。

开放创新体系是推进数字治理创新体系的重要手段。开放创新是数字治理的重要手段，也是数字治理的本质要求。只有开放搞治理，才能发挥众治、共治的作用，实现智治。开放创新是数字技术的基因，数字技术通过对人人赋能，降低社会创新的门槛，激活全社会的创新活力。开放创新体系既强调政府的信息公开、数据开放、能力开放及政策和场景开放，也强调企业、科研社群等具有海量多源异构数据的多元社会主体开放数据，让这些社会主体通过产业创新开放平台等多种渠道，与政府进行数据互通共享。开放创新体系的核心是通过数字聚合，汇聚各类创新生态要素，使基于数据的创新资源能够在不同主体间自由流动，为社会中的每个人赋权，通过开放平台激发社会广泛、深入参与政府治理。

协同治理体系是建设数字治理创新体系的关键目标。协同治理是协同逻辑治理的本质特征。建设协同治理体系，其核心是重新思考数字时代中政府的组织形态应该是什么样，政府与企业、公众的关系如何，政府与企业、社会如何良性互动、共促发展等问题。越来越多的实践表明，在数字时代，政府可以运用数据挖掘、数据分析、主题分析和情感分析等各种大数据，对政务微博、政务微信、政务App、小程序及政务热线等各类平台上的民情数据，进行穿透式处理和可视化分析，来感知民情、回应民意、疏解民怨。在此过程中，政府如何促进广大公众充分表达其诉求、参与政府治理，政府如何协同技术企业、科研社群等社会主体通过共同开发应用场景、分析民情大数据来辅助政府决策，以及政府如何与各主体高效互动以实现即时、高效、精准、智能回应民意，则需要协同治理体系的系统性建设予以支撑。

[①] 资料来源：王坚眼里的杭州"城市大脑"，http://www.fx361.com/page/2019/0918/5561857.shtml。

(二)数字治理创新体系"六纵"

政策法规体系为数字治理提供指引,划定了边界和红线。在数字时代,新技术、新模式、新应用、新产业不断涌现,传统的政策法规体系虽然为创新提供了遵循,但同时也表现出不能适应创新实践需要的特征,成为创新的主要障碍,需要与时俱进,不断改善。数字治理政策法规体系表现出了一些显著的新特征,比如发展性与包容性、迭代性与创新性、开放性与服务性、精准性与前瞻性等,这些新特征呼唤建立新的数字治理政策法规体系。为适应数字治理的特征与发展趋势,政策法规体系需要从政策理念、政策体系、流程机制、政策服务四个方面进行全面升级。

组织领导体系是最重要的组织保障。在数字化时代,人、组织、物都被互联网广泛连接,组织变得更加扁平化、柔性化,每个人都可以成为数字治理的主体。以职能作为边界的组织领导体系难以适应社会大协同的数字治理需要。构建新型的组织领导体系,需要提升政府的信息领导力,打造面向未来的柔性组织,调动一切可以调动的社会资源,实现政府与社会的大协同。

标准规范体系既包括大家最为关注的数据标准、技术标准和应用规范,也包括新型基础设施及政务业务流程的新型标准规范。作为通用技术的数字技术,与政务、农业、制造业、服务业等传统业态的深度融合,不仅对传统产业进行了系统性升级和渗透性改造,而且催生出越来越多的新业态。建设数字时代的标准规范体系,既要升级传统物理基础设施、传统行业的标准规范体系,也要加快建设面向新技术、新业态和新模式的标准规范体系,以适应业态创新的需要。

数据治理体系最重要的任务是在保障数据安全的前提下,充分发挥数据价值,实现数据资源的优化配置。要根据数据资源特有的可复用性,探索建立与数据要素相适应的组织领导机制、数据治理体制、有效的考评和激励制度等,从体制机制上,完善数据治理体系;从技术和方法论上,探索覆盖数据采集、存储、利用、开放共享等全生命周期的治理方法和手段,提高数据资产的精细化管理和数据融合能力,推动数据"能用、好用、易用",消除数据孤岛,畅通信息高速公路。

安全保障体系是数字治理的重要支柱。安全与发展永远是辩证的关系，安全是发展的基础，发展提升安全能力。在数字时代，随着数字技术不断向社会各领域拓展，传统的安全问题可以借助数字科技解决，但新型安全问题也日益凸显。数字治理最重要的安全是数据的安全，数据不仅关乎个人隐私，也关乎国家安全。当今人们已经习惯于用个人信息作为数字时代的"通行证"，愿意通过"让渡"个人信息来获取一些互联网应用，推动了我国互联网应用的创新发展。但也正因为大量个人信息的"让渡"，导致社会上个人信息被过度收集和滥用，出现了大规模的数据泄露安全事件。建设数字治理的安全保障体系，既需要先进的技术保障能力，确保在网络安全事件发生时，有能力应对和处理；同时，安全理念也要与时俱进。数字时代的安全，绝不仅是技术人员或技术部门的事，而是每个人的责任和义务，我们要重视制度、行为规范、安全意识，以及软性的安全保障建设。

建设运营体系的核心是重新思考在数字治理背景下政府与市场的关系。政府推动数字治理，既要保持政府的主导性，确保数字治理在正确的方向上前进，又要注重发挥市场配置资源的基础性作用。数字治理高度依赖数字技术的创新应用，其建设和运营都与过去传统数字化项目有本质区别，既强调技术的领先性，同时也非常重视市场化的运营，通过科学合理的持续运营而实现良政善治。市场主体对市场需求有深刻的洞察能力、技术创新能力及持续运营能力，在数字治理生态的构建中发挥着至关重要的作用。数字治理可谓"三分建设七分运营"，唯有建设科学的数字治理运营体系，才能建立完整的数字治理链路，才能在关键时刻保证数字治理不"失灵"。

2 数字治理创新路径

（一）现有的数字治理框架指导数字治理实践

现有的政治制度、组织领导体系、网信领导体系、法律法规是当前我国数字治理的大框架，对数字治理产生了决定性影响。中国的数字治理已经走在全球前列，很多数字治理的创新实践都源于中国式的审慎监管，源于中国对数字治理创新的包容。比如，我国的移动支付、跨境电商、金融科技、共享经济、短视频能快速发展，并迅速取得领先地位，得益于中国实施的包容审慎的监管。主管部门也在实践过程中，不断修改政策与管理办法，推动新技术、新业态、新模式的发展。

（二）数字治理创新实践推动数字治理体系优化

当前我国正在进行丰富的数字治理创新实践，这些创新实践覆盖国家、部委、省市及基层治理。国务院正在大力推进全国一体化政务服务平台的应用，推动政务服务实现全国范围内"一网通办、异地可办"，实现业务和数据"三融五跨"。目前该平台已连通31个省级政务服务平台、40余个国务院部门政务服务平台，已接入300余万项地方部门政务服务事项和一大批高频热点公共服务。此外，浙江、广东、上海等多个地方的数字政府优秀实践涌现出来，"最多跑一次""一网通办""只进一扇门"等政务服务理念也开始在全国流行。数字政府是我国探索建立数字治理创新体系的最佳实践，从更宽的范围要求重新建立数字治理创新体系。浙江通过数字政府建设，构建了"三大模型""四大体系"和"六大支撑"的数字治理创新体系。"三大模型"指的是数据共享模型、流程再造模型、数据体系架构模型；"四大体系"指的是基础设施体系、数据资源体系、应用支撑体系、应用体系；"六大支撑"指的是共享的数据资源体系、先进的数字技术体系、协同有效的政策制度体系、统一科学的标准规范体系、数据化专业人才体系和面向未来的组织管理体系。浙江初步探索出了我国数字治理创新体系的雏形。

（三）数字治理创新路径：全感知、全协同、全流程、全智能、全在线

上文介绍了数字治理的一大基础设施和九大创新体系，但在实践中如何建设，还需要一条完整的创新路径（见图4-2），即"五全"数字治理创新：全感知数字环境、全协同数据治理、全流程业务重塑、全智能治理应用和全在线服务触

达。第一，数字治理要建立在全感知数字环境的基础上，即实现业务场景和行为的数字化，这是数字治理的前提和大环境。第二是全协同数据治理，即实现跨部门、跨区域、跨层级、跨业务、跨政企、跨系统的数据协同，数据协同能为治理提供数据资源。第三是全流程业务重塑，即按照标准化、便捷化、平台化、协同化和一体化原则，重塑全流程业务，实现业务数据化。第四是全智能治理应用，即在全协同数据治理和全流程业务重塑的基础上，开发各类智能应用。第五是全在线服务触达，实现个人、政府、企业全在线，最终实现协同共治。其中，全流程业务重塑不仅需要通过赋权和赋能双循环，也需要算法、技术加持和组织重构。全感知数字环境与全智能治理应用与服务对象或治理主体实时触达，快速感知并响应需求，构建一个开放的协同治理生态体系。全感知数字环境与全智能治理应用相互迭代，全感知数字环境是全智能治理应用的大环境，全智能治理应用不断强化全感知数字环境，并通过全协同数据治理和全流程业务重塑，形成数字治理的小闭环，推动数字治理创新体系不断迭代与升级。

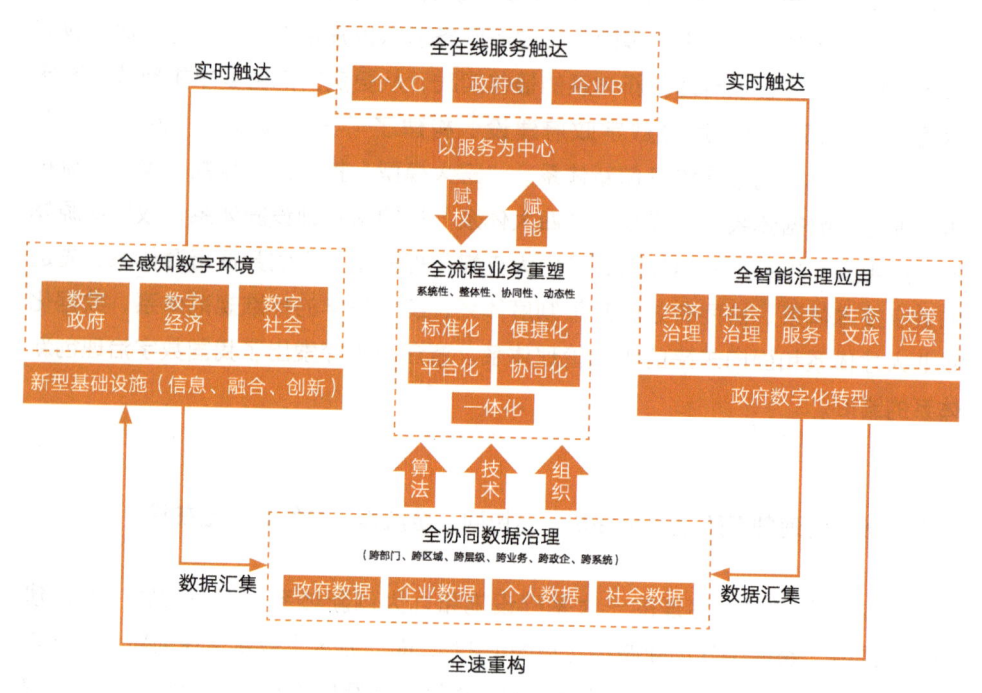

图4-2 数字治理创新路径

03.
分层分级探索数字治理创新体系

数字治理是一个相对抽象的概念,数字治理创新体系也相对宏观,而数字政府与城市大脑都是当前我国推进数字治理创新探索的重要实践。数字政府与城市大脑既有类同之处,也有不同之处。数字政府强调政府的数字化转型,既包括省级政府,也包括市级政府和基层组织,强调政府整体的数字化转型;但数字政府与城市大脑的侧重不同,数字政府强调政府办公与为民办事,而城市大脑则从城市治理中的场景出发,提升城市治理水平,构成我国省域治理与市域治理两个维度。

1 省域层面:形成数字政府与数字治理的双螺旋

数字政府是推动我国国家治理现代化的战略部署。全面推进数字政府的建设,核心是在数字化背景下,政府充分运用数字技术,依托新型基础设施,建立数字治理创新体系,通过"简政放权、放管结合、优化服务"系列改革,推进数字技术与政府治理的融合,促进政府全面数字化转型。数字政府遵循"理念创新、政务流程创新、治理方式创新、数字技术应用创新"四个创新为一体的全方位、系统性、协同式变革路线。数字政府建设是政府整体性、系统性的变革,是适应经济社会全面数字化转型的新型政府运行模式,涉及政治、经济、生活各个领域,关乎每个组织、每个个人。数字政府是我国探索数字治理创新体系的重要实践,在理念、制度、技术和方法上与传统治理不同。在理念上,数字政府建设需要治理理念的创新,政府治理从过去的科层制、效率制向协同制转变,强调政企、政社大协同和人人参与;在制度上,需要政府创新组织领导体系,改革政府业务流程及服务流程;在技术上,充分利用云计算、物联网、人工智能、区块链等数字技术,通过数据中台、业务中台、能力中台为政府各部门赋能,通过互联网提供服务,实现政府与社会大协同;在方法上,需要改变过去信息化建设项目的思路,与企业共同建设运营,构建数字治理生态体系。因此,推进数字政府建设，需要构建数字治理创新体系，需要从理念、制度、技术、方法等各方面予以保障。

2 市域范围：以城市大脑为载体探索数字治理体系

城市大脑入选了首批国家新一代人工智能开放创新平台，获世界互联网领先科技成果奖，是"城镇化""数字化""新型工业化""治理现代化"的中国城市发展最佳实践。城市大脑发端于2016年，最初源于杭州的交通治理，现在已经拓展到城管、卫健、公安、消防、环境、市场监管等领域的48个应用场景中。横向到各部门、纵向到区县，城市大脑现已拥有50余个系统、15个子平台，形成了城市大脑体系。2020年，杭州也正式提出建设数字治理第一城，探索我国市域数字治理的最佳实践。城市大脑建设是由一个个具体场景驱动的，其背后是数字治理体系的创新，需要先进的技术体系支撑、业务流程重塑和组织变革。比如，就医"最多付一次"是医疗管理的创新。原来到医院就诊，挂号、检查、化验、配药、住院每个环节都需要病人往返付费，现在有了杭州城市大脑的协同，在杭州参加医保且信用良好的病人，就医全程无须先付费，只需要在就诊结束后48小时内通过自助机、手机等方式一次性支付全部费用，实现了"最多付一次"。先停车后付费打破了医院和周边商场之间泊位的"孤岛"，接入全城停车数据，实现停车位周边诱导，提升了停车资源利用率。海口城市大脑构建了全市统一的云平台，通过数据融合实现了政务、交通、医疗、旅游、城市治理五大领域的多个智慧应用场景创新，建立了较为完善的智慧城市治理机制。2019年5月22日，上海、杭州、宁波、温州、合肥、南京、苏州七个城市实现了手机扫码过闸的互联互通，长三角地区成为国内首个实现地铁互联互通的城市群，数字治理助力区域经济一体化。深圳市龙华区委组织部与阿里云携手，运用大数据、人工智能等先进技术，共同打造党建引领社区"智"理平台，把民治街道北站社区打造成数字治理的标杆社区，实现"用智慧解决老百姓操心事、烦心事、揪心事，用科技提升老百姓获得感、幸福感、安全感"。

【第5章】
数字治理的"地基":新型数字基础设施

数字治理 DIGITAL GOVERNANCE

2020年以来,"新基建"成为社会热词。政府工作报告专门谈到"新型基础设施建设",新基建不仅是拉动经济增长的途径,更可以为未来的数字经济发展打下基础。数字治理要落地见效,显然也需要新基建的支撑。

新型基础设施建设的提出,立足2020,远见2030。未来十年既是新一代信息通信技术大交叉的十年,又是中国数字化引领消费增长的十年,也将是科技革命带来治理变革和产业变革的十年。数字基础设施建设,需要兼顾面向2020的现实观和面向2030的未来观。

数字技术是面向未来的技术，产业数字化和数字产业化的双螺旋运动，是未来的主要趋势。21世纪20年代，必然是数字时代开启的年代，我们已经进入数字基础设施在整个世界的集中安装期。网络化、数字化、智能化将成为下一个十年的主旋律，基于新型数字基础设施建设，我们需要以未来的技术与理念来思考我们国家的产业重塑模式、经济增长模式与社会治理模式。

01.
新基建之"新"

1 新时代的新型基础设施建设

（一）新基建首先是"数字基建"

阿里巴巴董事会主席张勇于2020年3月20日在《人民日报》发表的题为《新型基础设施建设拓展创新发展空间》的署名文章指出，数字基础设施就是新基建，正成为新投资和发展方向。新基建作为新兴产业，一端连着巨大的投资与需求，另一端连着不断升级的消费市场，必将成为中国经济社会繁荣发展的重要支撑。新基建将为提升中小企业竞争力、消费驱动经济增长、创造更多就业机会提供坚实支撑，同时，新基建还将成为各地政府提升现代化治理能力的有力抓手。新基建的重点在"新"，不能走过去简单、重复的老路，避免村村户户冒烟囱导致的社会资源过度浪费。

数字基建不仅包括数字技术基础设施、数字平台和物理基础设施智能化，还需要核心技术自主可控及制度创新供给。如图5-1所示，全面数字化的生活首先要建立在数字技术这个底座上，包括云计算、大数据、人工智能、物联网、区块链、5G等。从互联网时代成长起来的以交易、生活、出行、娱乐等为主要功能的数字化平台将继续生长迭代，越来越成为人民生活和商业领域的基础。而对于铁路、公路、桥梁、航空等物理基础设施，它们需要与智能技术叠加，形成数据驱动的新价值网络和新服务体系。两类基础设施与政府、企业和个人三大主体发生交叉反应，整体进入未来的数字社会阶段。数字基建和传统"铁公机"建设不一样，其技术含量高，资金投入量大，与产业应用绑定，商业模式创新性强。建设云计算、大数据、人工智能、物联网、区块链、5G等新型数字技术设施，必须要有完善的保障体系，包括安全稳定、核心技术、软硬结合、管理变革、全社会数字化、创新规制与软环境六个方面。

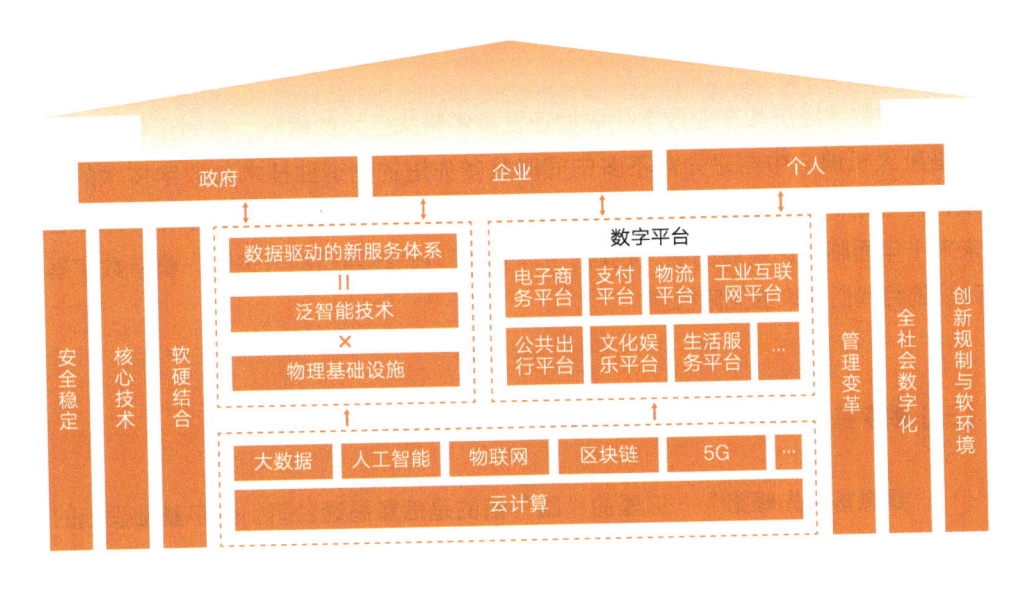

图5-1　数字新基建体系

（二）未来十年是新型数字基础设施的安装期

过去，中国是基础设施超前建设的受益者。我们的传统基础设施已经逐步完备，如果能在数字基础设施的建设上走在前面，不仅可以支撑未来中国经济几十年乃至上百年的跨越式发展和可持续发展，而且可以创造经济发展的新动能和新变革，从而提升国家的总体竞争力。

我们也看到，数字经济时代的机遇与挑战并存。日益复杂的国际环境、全球产业链疏离的风险、新科技应用的科技伦理问题，都是数字基础设施建设必须面对的问题，过去基建领域重建设轻运营、重硬轻软、一哄而上的思维模式，也可能给数字基础设施的新基建带来巨大的重复投资。

面对这些挑战，我们应该坚持开放的科技创新生态、加强国际科研合作、重视科学伦理研究，探索基于科研云平台、科研大数据等的创新基础设施，同时创新投资模式，借助多元主体的创新力，构建协同的数字新基建生态，最终让技术的红利服务高质量发展的大目标。

中国数字经济和产业数字化的加速发展将带来巨大的需求，这对全行业来说都是重大机遇。中国是为数不多的同时具备先进的制造业技术和数字技术的国家，同时还有约十亿习惯数字应用环境的公民。各行各业的产业数字化升级都在未来十年面临加速发展的巨大机遇，我们需要以超越当前的未来眼光看待数字基础设施给我们带来的无限机遇。

（三）数字基础设施要"让数据多跑路"，形成智能化应用

"要想富，先修路"，这里的"路"指的是信息高速公路。数字基础设施的核心是为数据盖"房子"，为数据流动修"路"，为数据安全有序流动建章立制、保驾护航，最终让数据的"路"畅通起来，基于数据的应用丰富起来。2020年4月，《中共中央 国务院关于构建更加完善的要素市场化配置体制机制的意见》发布，明确提出加快培育数据要素市场，推进政府数据开放共享、提升社会数据资源价值、加强数据资源整合和安全保护。数据作为一种新型生产要素被写入政策文件，是要充分发挥数据这个新型要素对其他要素效率的倍增作用，培育发展数据要素市场，使大数据成为推动经济高质量发展的新动能。中国是数据资源和应用场景十分丰富的国家。以阿里巴巴为例，在疫情期间，达摩院的人工智能技术在疑似病例探索和辅助诊断的过程中发挥了巨大作用，在新冠肺炎CT影像分析和新冠肺炎全基因组分析持续探索中，助力疑似病例诊断，在沉淀出多个场景化技术应用的同时，为人工智能在医疗领域的应用打开了新的突破口。需要强调的一个观点是，数据想要创造价值，必须在线，数据需要在广义的互联网上"跑路"，才能形成价值闭环。

2 传统基础设施的数字化

（一）数字技术改造基础设施

随着中国人均收入达到1万美元，中国经济发展也进入了高质量发展阶段。过去支撑中国城镇化、工业化和数字化的传统基础设施，已经不能适应社会经济高质量发展需要，亟须进行数字化改造和智能化升级。与消费互联网逻辑一样，随着数字技术的广泛应用，传统的铁路、公路、机场、桥梁、电力、煤气等基础设施将"重做一遍"，通过全链路的数据化改造，实现传统基础设施智能化升级和社会化运营。形象地说，即实现"液态"的数字技术与"铁公机"等"固态"基础设施的融合，通过社会化和生态化运营方式，产生一种适应未来的、可以与用户即时交互的新型服务基础设施，最大限度地唤醒传统物理基础设施的价值。

（二）从物理世界到数字世界

几千年以来，物理世界一直是人类赖以生存的最主要空间，也是人类最熟悉的场景。人们的吃穿住行娱，一直基于线下发生。在商店里，我们能见到琳琅满目的商品，让人眼花缭乱，人们一直对逛街购物乐此不疲，这也成为人们最主要的消费和生活方式；在都市里，高楼大厦鳞次栉比，街道车水马龙，行人往来不断，来自不同地方的人们勾勒着一幅幅丰富多彩的都市画卷。人类一直有一种自负的力量，那就是总能按照人类需要的方式改造这个物理世界，向大自然攫取资源，改善我们生存的世界。世界各国都在大规模地修建高速公路、铁路、机场、水利工程，通过空间的互联互通构建一个互联的物理世界，形成一个紧密连接的地球村。然而，随着数字技术的兴起与快速拓展、物理空间及资源约束，人类正日益开辟了一个新的生活空间——数字世界。人们正热衷于在互联网平台上社交、阅读、购物、学习、工作、娱乐、讨论社会问题，等等，几乎覆盖人们在物理世界的方方面面。在后疫情时代，在线的趋势加速，人们的生活与工作从物理世界向数字世界跃迁，正在打造物理世界与数字世界平行的两个世界。数字孪生技术更是将物理世界完全映射到数字世界，线下与线上、物理与数字的界限日益模糊，融合为一体，构成一个全新的数字孪生时代。

（三）从数字化到智能化

云计算、大数据、物联网、人工智能、5G等数字技术，与传统的水、电、气、热、交通等基础设施叠加，实现了传统基础设施的智能化升级。未来，传统基础设施智能化要借助科技公司，实现社会化的运营，科技公司将与政府和国有企业共同打造一个完整生态，实现传统基础设施运营社会化。例如，在未来智能电网建设中，政府可以与科技公司合作，利用科技公司技术、数据和生态化运营的优势，基于数据重新规划、定义电网布局及其服务方式，建立与用户直接互动的渠道，优化电力资源配置，实现电力资源的智能化控制；通过深化数字技术在公路、铁路、民航、水运、航运和港务等领域的应用，实现路网网络互联互通、资源共享和业务协同，形成新的基础设施服务体系。以高铁为例，铁路公司与互联网科技公司合作，打通运输企业与乘客的数据链路，根据精准的用户画像，为乘客提供个性化服务，实现运输服务增值。此外，未来高铁站点的选址、规划和建设，由现行的政府主导向数据驱动转变，智能技术+高铁将产生一种新的运输服务基础设施。

3 数字技术的基础设施化

数字技术正成为数字时代最重要的基础设施，若能实现数字技术的服务化和基础设施的平台化交付，将极大地降低技术应用门槛和成本。

（一）技术的服务化

当前，数字技术创新不断涌现，物联网、人工智能、区块链、大数据、5G、云计算等交叉融合，相互赋能。任何技术从创新突破到大规模应用都有自身的周期规律。决定技术演化的关键因素是技术应用的规模化,一项新技术只有实现快速规模化,才能真正降低成本,让更多人受益。技术的服务化(TaaS)是新技术快速扩散的重要趋势。利用新技术,就像使用水、电、气等基础设施一样方便,用户并不需要深入了解技术机制,仅需明白面临什么样的问题,然后购买与问题相对应的技术服务即可。购买技术服务就像购买水、电等基础设施服务一样,能够实现"插卡即用"。过去十年,最重要的技术服务化是云计算。云计算正日益成为数字经济的基础设施,不管是一个世界500强企业,还是一个技术"小白"用户,都可以平等地使用世界最先进的算力服务,而用户仅需要专注自己的核心业务创新。云计算提供的IaaS、SaaS、PaaS是当前使用最广的技术即服务模式。未来,随着越来越多的技术实现快速普及,人工智能即服务(AIaaS)、大数据即服务(DaaS)、区块链即服务(BaaS)等都将日益普及,技术服务化的时代正在到来,技术的基础设施化和服务化将成为现实。

(二)基础设施的软化与平台化

新基建最重要的新特征是软化和平台化,表现为两个显著的趋势:一是"硬"基建加"软"技术。在数字时代,通过大规模使用数字技术,传统的铁路、公路、楼宇、管网并不通过"傻大粗"的形式向用户提供服务,而是变得更加智慧。传统的物理基础设施与数字技术融合创新,正在打造成新的数字基础设施,包括智慧楼宇、智慧路网、智能电网等,这些都将成为新型智慧城市的最重要支撑,使未来城市管网和城市基础设施能像人一样学会"思考"。二是"软"平台加"硬"服务。越来越多的政务服务平台、电子商务平台、物流信息平台,正在大规模调动线下资源,提供"硬核"服务。比如,全国政务服务平台能突破线下政府办事大厅的物理空间限制,为百姓和企业提供统一的政务服务,解决跨地区、跨部门、跨层级政务服务中信息难以共享、业务难以协同、基础支撑不足等突出问题。天猫、菜鸟等数字商业平台,在疫情期间高效调动疫情所需的商品与物资,为抗击疫情赢得了宝贵的时间,保障了疫情期间人们的正常生产与生活。

4 新型基础设施的融合化

在社会上，有种观点认为5G是新基建之首，其实这样的说法有较大的误导性。当前，数字技术融合发展的趋势日益明显，云计算、大数据、人工智能、物联网、区块链、5G等共同构建了数字经济时代的技术底座，为数字社会提供网络、技术和算力服务。在数字经济时代，云计算加速取代传统基础设施，成为计算、存储、网络等信息技术资源的主要提供者，并超越传统信息技术的范畴，向上定义软件应用服务，向下定义芯片、服务器、网络等传统信息技术硬件。云计算通过其巨大的规模效应与按需计费、灵活弹性的特性，已经成为数字经济时代的创新中心和能力底座。承载大数据、人工智能、物联网、区块链等技术的云计算，依托算力、数据、算法这三个关键要素，与数字技术聚合发展，产生聚变效应和辐射效应，成为推动物理世界数字化转型、传统企业上云、各行各业数字化转型升级的数字基础设施。

在未来的数字社会中，人工智能的作用将日益凸显，"一切智能即服务"的大趋势将加速云计算、5G、物联网、区块链等数字技术的融合发展。5G对工业互联网、车联网、融媒体等的发展将起到积极的推动作用，提升其对算力和平台的能力要求。5G无疑会大幅增加实时处理、现场处理、虚实融合的数据需求。物联网通过各类可能的网络接入，实现物与物、物与人的泛在连接，实现对物品和过程的智能化感知、识别和管理。物联网所连接的"物"通过云平台相互连接在一起，它们采用统一的管理方式、调度策略和数据/操作标准，并且因为云计算和5G的广泛存在，"物"的连接和管理受时间和空间的影响被最小化，数据能够被统一收集、存储、分析和利用，依靠算法加持，变得更加智能。

从云计算、大数据、物联网、人工智能、5G之间的关系来看，物联网带来的万物上云和"物"的数字化，以及5G驱动的消费互联网、产业互联网的加速增长，都将创造前所未有的数据量，并丰富大数据的数据维度、价值密度，成为大数据"量"的主要推动者，继而对大数据计算、存储、分析和利用的技术和应用提出更高的要求。

简而言之，云计算底座上承载的大数据处理和人工智能算法，借助个人手中的智能端,通过5G+物联网平台延伸到物理世界;汽车、家电等领域通过边缘计算和边缘智能完成云网端一体的大闭环,共同构成一个万物智能的世界。

5 互联网平台的基础设施属性

(一)互联网平台的社会服务属性凸显

在数字时代,一批平台型企业诞生,平台型企业也成为全球经济发展的重要趋势。中国信息通信研究院政策与经济研究所发布的《平台经济与竞争政策观察(2020年)》[①]显示,从全球市值Top10企业看,截至2019年年底,有8家为平台型企业,总市值达到6.3万亿美元,同比增长44.8%,占比达87.1%。平台型企业日益成为最重要的社会化大型基础设施,包括新型电子商务平台、物流平台、工业互联网平台、生活服务平台、公共出行平台、文化娱乐平台等,它们分别作用于不同的应用场景。社会化的平台基础设施,是国家基础设施建设的重要补充,按照商业化、市场化的方式,为社会提供普适性的服务。比如,在疫情期间,电商、外卖、物流、在线教育等各类生产生活服务平台,保证了疫情冲击下人们的基本生活。在疫情期间,医疗应急物资短缺,数字物流基础设施发挥快速响应能力,依托数字化的全球物流干线大动脉及末端网络,实现海外提货、仓储存储、航空运输、报关清关、国内运输、末端配送等各种类型物流企业的无缝衔接,及时完成线路与运输工具的调度与协调工作,高效地向湖北输送各类急需物资。

(二)传统基础设施与互联网平台的融合与协同

传统的基础设施与互联网平台天然具有网络化的特征,能实现多主体、多要素、大规模协同。比如,我国的高速铁路已经建成了骨干网、重要的区域网、大城市之间的城际高铁等多层次的全国路网体系,覆盖全国主要城市。截至2019年年底,中国高速铁路营业里程达3.5万公里。高速铁路网支撑人流、物流大规模快

---

① 资料来源:中国信通院政策与经济研究所,https://www.sohu.com/a/398692364_354877?spm=smmt.mt-business.fd-d.29.1590933336045x4iVFNv,2020年5月。

速流动，协调全社会的生产和生活物资，成为我国经济快速发展的大动脉。在数字时代，数据作为生产要素，正与各个领域发生化学反应，传统的基础设施与互联网平台融合发展、协同创新，不断产生新的服务模式，激活传统基础设施，构建新的价值网络。

案例：高铁服务与互联网深度融合

近年来，高铁线路越织越密，缩短了城市之间的距离，提高了旅客的出行频次。据国铁集团数据显示，截至2019年年底，全国铁路营业里程在13.9万公里以上，其中高铁营业里程达3.5万公里。2019年，我国铁路发送旅客35.7亿人，其中动车组发送22.9亿人。在互联网时代，高铁+互联网将给旅客带来全新的高铁体验。

2018年7月，国铁吉讯开启了高铁网与互联网"双网"融合的新篇章。两年来，国铁吉讯开拓了掌上高铁"2+8"业务线，通过行程服务、高铁餐饮、高铁影院、极速出行等一系列智慧化服务，改变着人们的高铁出行方式。

网络购票、电子客票、刷脸进站等一系列科技元素的应用，不断刷新着旅客对高铁出行的印象。作为中国铁路官方出行服务提供商，国铁吉讯也于2018年9月推出了掌上高铁App，为亿万乘客提供站车一体化、线上线下协同的出行服务。2020年10月底，掌上高铁App已更新至3.0版本，累计用户超过6000万人，电子客票绑定数超3300万次。掌上高铁App3.0已全面覆盖高铁出行的吃、住、行、游、购、娱各个方面，潜移默化地改变着人们的出行方式。围绕高铁出行场景，掌上高铁App进行了一系列行程服务探索，如推出电子客票卡片、行程分享、历史行程统计、行程足迹、语音报站功能，以及车站大屏、时刻表、爱心服务、失物找回等服务。如今，我国铁路全面应用电子客票，旅客经历了"从掏票到掏手机"的行为转换，在掌上高铁App上查看行程信息成为旅客的新习惯①。

---

① 资料来源：国铁吉讯：两周年再出发，让铁路出行更美好！https://www.sohu.com/a/406267745_608451。

02.
构建科学的新基建体系

1 确立新基建思维：用数字化的方式建设新基建体系

构建科学的新基建体系要采用互联网思维，建设与运营并重。构建科学的新基建体系，首先需要创新新基建理念，突破传统基础设施项目制的建设方式。传统基础设施往往以项目为载体，重建设、轻运营，其作用受到物理空间限制。在西藏修建的一条高速公路，即使没有太多的车辆通行，也很难将该路网设施提供给其他省份使用。而新型基础设施是典型的数字技术驱动的，通过平台化和网络化的方式对外提供服务，其服务可拓展、可复用，技术即服务的特征明显。新基建的思维方式是立足建设后的长期运营，尤其是通过社会化和市场的方式，与用户深入互动，不断挖掘用户新价值。比如，工业互联网作为产业转型升级的新型基础设施，最重要的是平台建设后的长期且专业的运营。当前，很多地方政府资助企业建设了各类综合性或专业性的工业互联网平台，却没能很好地发挥其作用，关键原因是地方政府仍将工业互联网作为一个示范性项目来建设，忽略了建成后的长期且专业的运营，使工业互联网促进产业转型升级的作用没有真正发挥出来。

构建科学的新基建体系要引入社会化新基建体系和能力。政府要摒弃一切靠自建的思维，要按照市场化原则，通过政府购买服务的方式，升级政府新型基础设施。比如，现在越来越多的政府并不是通过建设"私有云"升级政府基础设施的，而是通过购买专业云厂商的服务，将公共云作为政府基础设施，为政务和社会提供技术支持。随着未来技术更新步伐的加快，政府越来越需要通过购买的方式升级政府基础设施，将政府的部分基础设施纳入整个社会范围内的基础设施网络中，以相对经济的方式，保证政府新型基础设施的技术领先性。

构建科学的新基建体系要动员市场化资源与力量。新型基础设施建设需要突破政府包办一切的思维。与传统基础设施不同，数字基础设施本质上属于新技术驱动的新产业，需要充分发挥市场主体的决定性作用，遵循市场规律和产业规律，避免政府过度的产业政策干预。政府要发挥引导作用，通过财政资金引导，起到"四两拨千斤"的效果，带动社会投资建设新型基础设施。

2 重视传统基础设施的数字化改造

新基建并不是要摒弃传统的基础设施，反而需要更加重视传统基础设施的数字化和智能化改造。以新型基础设施建设带动传统基础设施的数字化、网络化、智能化改造升级，拓展传统基础设施促进经济增长的作用范围，通过数字化赋能，提高传统基础设施的边际报酬或降低其边际报酬递减的速度，从而推动经济长期、包容性增长。

中国改革开放四十余年来，经济和社会发展取得了重大成就，重要的原因之一是大规模投资基础设施建设，包括高速铁路网、高速公路、电网、水利工程、机场、城市道路等，很多领域从规模上已经实现了全球第一。面对我国城镇化、工业化、数字化"三化"叠加的现状，我国需要对传统基础设施进行数字化和智能化改造，其未来的发展空间巨大。首先是城市管网基础设施智能化改造。建设城市物联网感知网络体系，进行城市摄像头智能化改造及智慧灯杆、水电煤气等管网智能化改造，这些都是建设数字城市的需要。此外，建设智慧交通、智慧能源等，需要对全国的铁路、高速公路、电网、机场等基础设施进行大规模智能化改造，实现物理基础设施自动感知、实时监控、智慧运行。此外，大量的水利基础设施、海洋基础设施、气象基础设施等也都需要智能化改造，通过数字科技实现传统物理空间的升维，提升国家治理现代化水平。

3 面向云服务建设新一代数据中心

过去几年，我国很多地区建造的"数据中心"，其实是打着"数据中心"名义的传统"物理机房"。这种"物理机房"占用了国家大量信息技术的投入，难以提供真正大规模的计算服务，造成大量资源浪费，这是工业思维下的产能过剩。我们真正需要的是新一代云数据中心，而不是传统物理机房大规模重复建设、工业时代传统物理硬件的堆砌。新一代云数据中心依照新一代云计算标准建立并运营，实现云服务的功能，为社会提供源源不断的云服务能力。所谓云服务，是指通过服务器、存储、软件、网络、安全等软硬件设备的一体化，根据用户的实际需求提供的弹性极高的服务。云服务能够向数字经济的基础设施延伸，高效支持数字经济的发展和产业的数字化变革。

新一代云数据中心遵循规模集约、整体高效、绿色节能的整体目标，是一种基于云计算架构的计算、存储及网络资源耦合的，能够完全虚拟各种信息技术设备的，模块化程度较高、自动化程度较高、绿色节能程度较高的新型数据中心。比如，阿里云数据中心大规模部署飞天云操作系统、含光800芯片、神龙服务器、自研云交换机、高性能低延时网络、大计算系统集群等核心自研技术，通过技术的创新，不断降低能耗，实现数据中心绿色低碳；在数据中心内部，阿里巴巴研制基于专用硬件芯片虚拟化的神龙架构服务器，实现性能和资源的零损耗，其计算效率相比物理机提升20%。阿里巴巴各地云数据中心在实际生产运行中的全年平均数据中心能源效率PUE值低于1.3，远远低于业界平均水平。

4 构建服务数字治理的平台型新基建

新型基础设施的概念在不断拓展，由铁路、公路、机场、电力等物理基础设施，向城市治理和政务服务等领域迈进。

（一）数字政府平台

地方政府基本职能包括经济发展、市场监管、公共服务、环境治理、应急管理。治理现代化背景对地方政府履职能力也提出了现代化的基本要求，包括领导决策科学化、公共服务便捷化与社会治理精准化，这就要求政府构建推动治理现代化的新型基础设施建设。目前，以浙江、广东、上海为代表的省（市）积极推进的数字政府，正日益成为政府办公、政务服务、社会治理等新型基础设施建设的主要内容。通过部署统一的云底座，为全省（市）提供集中的数字技术基础设施服务，是地方部门业务创新的技术基础，通过建设业务中台、数据中台、能力中台与协同中台，将政府业务和办事标准化、流程化、数据化和平台化。政府内部组织更加透明与高效，老百姓与企业可以像"逛淘宝"一样办理服务，让天下没有难办的事。通过统一不同终端，实现政务服务多端受理、内部统一办理，让"群众少跑腿，数据多跑路"。建设数字政府有利于政府改变传统的决策方式，通过运用大数据、人工智能、区块链等数字技术来建立较为精准的决策机制，最大限度地掌握决策信息，不断提高决策的精准性、科学性和预见性。数字政府平台作为政府治理的新型基础设施，是一个多元共治的协同开放平台，为公众提供"一站式"和"一体化"服务，对内高效组织，对外便捷惠民，有效提升政府治理能力。

（二）城市大脑平台

2020年3月31日，习近平总书记调研了杭州运用城市大脑推进城市治理体系和治理能力现代化的情况，对杭州运用城市大脑提升交通、文旅、卫健等系统治理能力的创新成果表示肯定。习近平总书记在调研中指出，推进国家治理体系和治理能力现代化，必须抓好城市治理体系和治理能力现代化。运用大数据、云计算、区块链、人工智能等前沿技术推动城市管理手段、管理模式、管理理念创新，从数字化到智能化再到智慧化，让城市更聪明一些、更智慧一些，是推动城市治理体系和治理能力现代化的必由之路，前景广阔。随后，杭州出台了《杭州城市大脑数字赋能城市治理促进条例（草案）》，以立法形式明确将城市大脑定义为数字杭州的基础设施。城市大脑作为城市治理现代化的样板，为政府数字化转型提供了重要路径和方法论，其核心为中枢系统、系统和平台、数字驾驶舱，均需要通过城市大脑的云数据中心底座输出相关能力，推动社会治理、经济发展、民生服务的场景化应用。数字治理的核心是全社会的数据互通、数字化的全面协同与跨部门的流程再造。

5 构建未来产业数字化的新型基础设施

工业互联网作为数字基础设施，其本质是以数据作为驱动，化解数字时代复杂环境的复杂问题，并驱动新价值网络的生成，即利用数据进行信息交换与传递，利用数据洞察生产与商业的运行规律，利用数据驱动全价值链、全要素的网络化协同，产生新价值、新模式、新业态与新产业。

工业互联网是数字技术的集大成者，是以云计算、大数据、物联网、人工智能、5G、区块链为代表的数字技术与传统工业技术的叠加与融合。伴随工业互联网技术的成熟，未来的每一台设备、每一条产线、每一座工厂、每一件产品都将实现数据化，并实时映射到数字世界，形成一一对应的数字孪生。在数字孪生世界中，利用数据、算力、算法与模型，对物理世界发生的一切行为进行描述、分析、诊断、决策，以最低的试错风险与成本，指导物理世界的生产运营活动。例如，钢铁企业借助大数据与人工智能技术可有效降低炼钢过程中脱硫环节铁的损耗，每年节省上千万元的成本。农机生产企业一改过去售卖机械设备的单一模式，转为农作物生长管理服务商，为用户带来卓越的服务体验。而一家电机模具生产企业，在疫情期间则通过接入工业互联网平台上的复工复产工业App应用，提升复工管理效率50%。

工业互联网在技术、架构、模式、生态等方面都将发生升级、迭代或重构。下一阶段，工业互联网的发展将呈现以下三大主要特征。

第一，工业互联网与消费互联网将形成双轮驱动、横向耦合，最终达到供给侧平衡。例如，以淘宝天天特卖工厂为代表的C2M模式，可有效推动消费端数据注入供给侧，帮助制造企业实现以销定产，并同时拉动金融、物流、电商等消费端资源，整体推动中小制造企业端到端的转型。

第二，更多制造企业将启动数字中台战略，利用基于互联网架构的中台体系对企业核心业务能力进行解构、重构，以微服务化、SaaS化、App化的方式提供大量面向细颗粒场景的解决方案，快速响应前端业务变化。

第三，打造共生、共赢的工业互联网平台生态体系。工业互联网平台的建设是一项复杂而又漫长的系统工程，中间涉及众多门类的学科、技术、人才与能力。工业互联网平台建设的逻辑不是单打独斗，而是共生共赢。只有当工业互联网平台学会将边界能力之外的产品、技术、服务、市场交给合作伙伴，相互信任、相互成就，才能构建一个共生、利他的生态系统，从而产生巨大的协同效应。

6 公共卫生、应急与治理体系建设也是重要的新基建

2020年2月14日，习近平总书记主持召开中央全面深化改革委员会第十二次会议，强调完善重大疫情防控体制机制，健全国家公共卫生应急管理体系，提出建立和完善多项体系、机制和制度。完善的公共卫生和应急治理体系是现代社会重要的基础设施，是经济社会良性运转的基础。此次疫情充分说明，一个国家要是没有完善的公共卫生应急体系，在面对重大突发事件时容易出现大"翻车"事故。国家要利用数智化和平台化的思维重塑国家公共卫生应急管理体系，创新建设理念。国家公共卫生应急管理体系的建设要由"应用导向"向"大数据支撑"转变，由"管理型导向"向"服务驱动型"转变，由"政府组织协同"向"全社会大协奏"转变，由政府主导向政府企业共建转变，重点建设全域覆盖的应急感知网络、统一的数字基础设施平台、强大的数据智能支撑体系、智慧协同的业务应用体系。完善公共卫生应急管理数字化支撑体系，包括完善统一全面的标准规划体系、完备的各级信息化支撑体系、纵向立体化的应急资源支持体系和安全可靠的运行保障体系。

【第6章】
数字治理的"横梁":九大体系之"三横"

数字治理 DIGITAL GOVERNANCE

在新基建之上,数据资源体系、开放创新体系、协同治理体系这"三横",好比是屋子的横梁,连通着数字治理创新体系的大厦。之所以说数据资源体系、开放创新体系、协同治理体系是"横向"的,是因为从数字政府架构、数字治理结构来说,这三个体系都需要打通不同的部门、跨越不同的领域,同时,它们自身所体现的价值,也会渗透到各个部门、各个领域。

数据资源体系是数据的蓄水池，也是数据价值的挖掘机。数字治理的重要内涵，就是运用基于数据化的智能化来优化治理，因此数据资源体系将尽可能发挥大数据优势，对来自不同部门、不同领域的数据进行集中化存储、集约化处理，为数字治理提供数据支撑。开放创新体系演绎数字时代"开放即创新"的全新内涵，政府的数据开放、资源开放、场景开放，将孵化出数字时代独特的创新形式。协同治理体系为基于数据的协同与开放提供具体的组织载体，既包括政府内部的横向协同，也包括政府与社会、政府与个人的协同。

01.
数据资源体系：挖掘数据资源价值

数据资源是实现数字治理的关键要素，在数字经济环境下，数据作为新的生产资料，正在被新的劳动主体创造性地利用，孕育了全新的商业模式和经济范式。它不仅是对原有经济体系的补充，更为底层生产力带来了深刻的变革，正在重塑全球经济图景。

1 数据是数字时代的关键生产要素，数据资源是国家战略资源

当前，全球正处于大数据变革的新时代，数据正逐渐成为推动经济转型和社会发展的新动能，以及实施社会治理的关键要素。英特尔公司称，2020年全球数据使用量将达到约44ZB，涵盖经济社会发展的各个领域，仅中国产生的数据量就将达到8ZB，大约占据全球总数据量的五分之一[①]。深入发掘和释放数据资源的潜在价值，将深刻改变传统社会的生产力发展模式，重构生产关系和组织方式，提升产业效率和管理水平，提高政府治理的精准性、高效性和预见性。

2019年10月，党的十九届四中全会正式把数据与劳动、资本、土地、知识、技术、管理等并列，纳入生产要素范畴，并由市场评价其贡献，按贡献参与报酬分配。这不仅说明数据的价值已经在国家层面得到广泛认同，而且也体现出我国推动数字经济发展的坚定决心。将数据定位为生产要素意味着我国要最大限度地发掘和利用其内在价值，数据将成为相关制度建设的首要目标。目前，以产业互联网为核心特征的互联网"下半场"已经开启，而数据是推动传统产业转型、提高生产效率的必备要素。以制造业为例，麦肯锡研究报告称，制造企业在利用大数据后，其生产成本能够降低10%～15%。可以预见，随着产业互联网的发展，市场对于数据资源的需求将越发突出，数据也将发挥类似工业时代中石油和电力

---

① 资料来源：英特尔预测2020年全球数据量达44ZB：中国占据五分之一，https://www.sohu.com/a/192946472_114760，2017年9月。

的作用，成为驱动各行各业发展的基础性动力。此外，"用数据说话、用数据决策、用数据管理、用数据创新"，也已经成为政府实现国家治理体系和治理能力现代化转型的重要手段。

如果说在工业时代，资本成为实现工业化的前提和条件，人们通过资本来建立工厂、开发矿业或购买生产资料进行生产和销售等，是工业时代最为核心的特征，那么当人类社会进入数字经济时代后，数据资源的重要性日益凸显，能源、资源、资本、技术与数据协同，共同构成了数字经济时代物质财富创造和生产力提升的关键。在此背景下，能否通过良好的制度设计，促使数据资源不断扩大增量、盘活存量，并通过完善的要素市场配置体制机制，实现数据资源的优化配置，让其蕴含的丰富价值得以充分释放，将成为数字经济时代下，数字治理目标能否顺利实现的关键。

2 正确认识数据资源的价值特征

（一）数据资源的价值取决于数据规模

从物理属性上看，数据是以电子形式记录的信息。如果数据是相互孤立的，数据控制者对于数据的使用，也只是为了获得数据直接记载的信息内容，那么此类数据的使用价值与以非电子形式记录的信息并无本质区别，其价值密度较低，不足以被上升为一项资源。

只有当数据聚集达到一定规模，以至于数据控制者可以借助技术手段，在其直接记载的信息内容背后，发掘出新的有价值的信息时，此种"数据集"才能作为资源发挥价值。以病历数据为例，如果医生对于电子病例的使用是为了个案的诊断，那么与纸质病历在使用价值上并无本质区别，只不过更便于查询和存储而已。只有当医院收录的病例达到一定数量，以至于医生可以通过对大量样本的分析和汇总，对既有诊疗方法进行改良和创新时，电子病历数据才真正实现了"资源化"转变。这也是舍恩伯格教授在其开创性著作《大数据时代》中，将规模性

（Volume）作为大数据的四大特征之首的主要原因。

当然，数据资源需要具备的规模要件，不仅是数量上的"大"，还需要使用者关注数据价值的深度和用途的广度，后两者往往才是决定数据资源价值和质量的关键。需要注意的是，数据资源的价值浮现虽然是一个聚沙成塔、集腋成裘的过程，但此种从量到质的"蜕变"过程却并非线性的，往往是当数据规模达到临界点后发生的"跃迁"。

（二）数据资源具有价值多元、可复制性、非排他性特征

数据资源的价值来自其记录的信息，而信息往往蕴含着十分丰富且多元的价值，不同主体基于不同场景、使用不同方法，可以从中发掘出不同的价值。从某种程度上说，数据像是一座冰山，数据收集者在收集数据时直接指向的价值目标只是冰山一角，海面之下还可能蕴藏着巨大的潜在价值。以个人信息数据为例，对于信息主体来说，个人信息数据的价值主要表现为对个人隐私和人格尊严的保护；对于政府部门来说，公民个人信息数据则是政府依法履行各项职责，开展社会治理活动的重要工具；对于企业来说，企业通过对用户个人信息数据进行分析，可以准确洞悉市场发展趋势，进而创造巨大的商业价值。

与此同时，数据在物理属性上的可复制性，使其蕴含的多元价值可以被多方主体同时使用，而不会因此发生耗损，这也构成了数据资源与资本、土地、自然资源等实物资源在价值实现上的最大差异。具体来说，实物资源的物理属性决定了其在权利归属上具有唯一性，只能被特定主体排他性地占有，特定主体在垄断其全部潜在价值的基础上，选择某一特定用途进行使用。然而，数据却可以通过复制被多个主体同时获取并用于不同用途，在各自用途不存在直接冲突的情况下，各方主体可以并行不悖地享有数据价值，构成数据资源价值的帕累托改进。

当多元价值与可复制性相互叠加后，数据资源的价值将呈现出非排他性特点。因此，对于数据资源产权制度的构建，不宜再简单延续以保护稀缺性为目标

而构建的传统产权制度，以"全有"或"全无"的方式将数据资源的所有价值排他性地归属于某一特定主体，可能造成数据潜在价值的巨大浪费，不利于数据资源实现最优配置。从某种程度上说，构建数据权属制度的主要难点，不是解决"公地悲剧"，而是消除"反公地悲剧"的威胁。

（三）数据资源稀缺性需要相应的激励机制

数据不会自然而然地产生，需要相应的主体，为了一定的目的，采取相应的技术手段和设备进行采集、存储和处理。数据资源的形成，需要一定的投入与成本，而数据资源具有一定稀缺性的原因主要有以下几方面：第一，数据的源头被特定主体实质性控制，如企业对其生产设备进行控制，就会使该设备在生产过程中形成的数据具有稀缺性；第二，法律法规的明确规定，如涉及国家秘密或企业商业秘密的数据，就只可被特定主体获取和使用；第三，收集或存储数据需要耗费较高成本，如对城市地图中商家位置和经营情况数据的采集，需要大量人力、物力成本，数据因此具有稀缺性。正因为收集数据需要技术支撑、资金投入，这也意味着我们需要对数据资源进行合理规制，以保障为了获得稀缺性数据资源而付出代价的权利人，能够获得合理的回报，从而激励其继续收集此类稀缺性数据，扩大社会数据资源总量。

（四）数据融合能产生价值倍增效果

实物资源的价值通常会随着资源数量的增加而线性增长，但是，数据资源的价值往往会随着数据规模的扩大或数据类型的丰富，在超过某一临界点后迅速发生"化学反应"，出现非线性增长乃至指数级增长，特别是当不同来源的数据相互融合后，所得数据资源的整体价值，往往明显高于融合前各部分数据资源价值的叠加，具有"1+1>2"的效果。这主要是因为数据资源的价值是其所有可能用途的总和，而当数据总量达到一定规模，或数据类型足够丰富时，数据资源的潜在用途将可能被极大地拓展，进而使数据资源的整体价值出现倍增效果。

（五）数据的实时性决定数据资源的价值

数据的价值取决于其记录信息的质量，而在瞬息万变的现代社会中，只有持续保持数据的流动性，不断用新数据替换旧数据，用更为准确的数据替代错误或模糊的数据，才能使数据资源实现保值和增值。一旦数据资源发生固化，其价值就将迅速缩水。以城市治理中所需的各项数据为例，只有当城市活动能够在这些数据中得到同步反映时，基于数据进行的分析对科学决策才真正具有价值。反过来说，当技术的进步使监管机构能够针对监管事项持续获取最新数据时，其监管模式也将实现从静态向动态的转变，从主要依赖事前的准入审批，向在事中根据实际需要对监管资源进行合理分配转变。

3 构建完善的数据资源体系，最大限度释放数据资源价值

数据的可复制性和非排他性决定了数据资源并非是如石油、电力等物理资源一样的消耗品，数据使用的主体越多、次数越多、范围越广，数据创造的价值越大。因此，为了实现社会福利的最大化，我们要完善法律规范，在合理范围内推动数据资源的开放与共享，释放数据资源价值。

（一）完善数据治理领域的体系性立法

目前，我国尚未对个人数据专门立法，个人数据相关法律规定分散在《网络安全法》《民法总则》《刑法》《消费者权益保护法》《电信和互联网用户个人信息保护规定》等诸多法律法规的个人信息保护规则部分，普遍存在监管职责不清的问题，这导致在实践中多头管理情况较为严重。网信、工信、市场监管、公安、检察院等部门均曾以不同形式开展检查活动，企业负担较重。

我们要对现行数据相关制度规范进行系统性梳理，对其中存在的法律概念不统一、制度规范重复冲突、规范内容模糊、超越上位法权限、执法权责不明等问题进行清理，为数字经济发展提供一个条理清晰、规则统一、权责明确的制度环境。

（二）构建保护与利用兼顾的个人数据法律制度

我们要调整个人数据法律制度的建构思路，从如何为信息主体赋予更多权利，转变为如何根据不同场景，对个人数据的收集和处理行为设置合理规范。例如，在个人数据收集环节，可对敏感个人数据与一般个人数据进行区分，对于前者的收集和使用应设置较为严格的限制条件，而对于后者则可采取底线监管模式，以禁止滥用为标准，对其收集和使用进行规制。再如，在个人数据的用途方面，应允许信息控制者在保障信息主体知情权的情况下，根据业务发展对个人数据的用途进行适当调整，以促进数据价值的发掘和商业模式的创新。针对个人数据多头监管问题，有必要从体制机制建设方面，借鉴国外成熟经验，明确一个专门的个人数据保护机构，重塑个人数据监管格局。

（三）以提升数据利用效率为导向，推动政务数据开放

政务数据是全社会数据中最重要、最核心的组成部分，数据量极大，具有极高的增值效益。公共数据虽然是公务机关在依法履行职权过程中获得的，但其价值却不应被公务机关垄断。公务机关应取之于民用之于民，通过向全社会释放数据红利，鼓励社会各方主体共同发掘和利用公共数据的价值，方可实现公共数据的价值倍增。2015年8月，国务院印发的《促进大数据发展行动纲要》将"推动政务数据开放共享"纳入了国家战略范畴。截至2020年4月底，我国已有130个省级、副省级和地级政府上线了数据开放平台，其中省级平台17个，副省级和地级平台113个。公共数据开放平台已然成为数字政府建设和公共数据治理的标配。

政务数据开放的核心目的是鼓励社会主体充分发掘和利用数据中蕴含的潜在价值，因此，政府应始终围绕如何提高开放数据的利用效率构建制度。第一，在数据开放范围上，政府应明确"以开放为原则，以不开放为例外"的基本原则，创造条件尽量扩大数据开放范围，同时以社会和市场需要为导向，优先开放那些社会经济发展急需、具有较高附加值的数据。第二，在数据开放的方式上，政府应建立统一的政务数据开放平台，对不同部门的各类政务数据进行整合，为公众

提供"一站式"的数据检索、分析和下载服务。同时，政府还应提高开放数据的结构化程度和可机读性，方便数据分析技术的应用。对于需要批量、实时获取的数据，可采取设置数据调用接口的方式进行开放；而对于较为敏感的数据类型，则可以创设独立的数据开放域，允许数据利用者接入算法模型并反馈计算结果，以"可用不可见"的方式兼顾安全和利用。第三，政府应通过建立覆盖政务数据全生命周期的质量管理机制，保障开放政务数据的可用性、准确性、完整性、及时性和可获得性，除非确有必要，不对政务数据的用途和使用者进行限制。此外，政府还应建立激励和反馈机制，一方面通过优惠政策，吸引更多社会主体积极利用政务数据；另一方面通过建立制度化的沟通机制，对数据开放工作的实施效果进行评估及针对性改进。

（四）政府以规范化和法制化的方式要求企业报送信息数据

政府应在充分尊重企业自主意愿和合法权益的基础上，构建一个激励相容、利益共享的数据共享机制，使政企双方能够共同开发利用数据资源。第一，政府应从制度层面对数据报送规则予以细化，对提出数据报送要求的法定条件，以及数据报送的范围、周期、程序、形式、用途等事项进行明确规定。政府可通过政府采购或合作开发等方式，与企业共同利用数据资源。第二，数据报送要求应遵循"最小够用"原则，政府应以履行职务所需为限向企业索要数据，避免超范围索要。同时，在数据报送的形式上，应尽量以分析结果替代原始数据，从源头上防止商业秘密和个人数据的泄露。第三，政府在获得相关数据后，应采取必要措施保障数据安全，未经企业允许不得擅自改变数据用途，亦不得将数据向第三方披露。

02.
开放创新体系：用开放促创新

数字治理通过数字技术赋能国家治理，实际上是运用现代科技实现治理创新。数字治理之于创新，有两层含义，一是治理本身的创新，政府在国家治理中充分运用数字技术，实现治理的优化、升级、更新迭代，比如"健康码"、智能交通、城市大脑等，都是治理的创新。另一个比较深层的含义，则是运用数字治理促进创新。数字时代是一个创新的时代，数字技术渗透到各行各业，数字经济延伸到生活中的各个角落，会产生创新的指数级增长，构建数字治理生态正是为了最大限度地激发数字时代的创新活力。

在数字时代，"开放"将成为一个鲜明的标识。随着万物互联、万物上云、万物皆数逐渐实现，我们这个社会的每一个个体，无论是一个有生命的人，还是无机的商品、物品，或者是企业、政府部门、社会组织，都将广泛地连接起来，产生密切的信息交互。这在客观上造成了一个边界模糊、接近于无限开放的社会。万物相互开放，神奇的事情就会自然发生。比如，政府数据开放会极大地促进数字经济的创新，互联网平台开放可以更快地扩大用户规模、建立生态体系。这些都说明，数字治理必须建设开放创新体系。

1 开放与创新

（一）开放：数字时代的创新钥匙

开放即创新。在数字时代，人们认识到，开放本身就是实现创新的方式，这是一个巨大的思维方式的突破。传统的工业文明体系很大程度上是一个"保守秘密"的文明体系。一家企业掌握某一项核心技术，并向世界"保守秘密"，就可以一直坐享专利带来的"超额利润"。创新的激励就在于创新让人们掌握别人不具备的独特技术，从而获得技术红利。这样一种逻辑在将来仍然有存在的价值，但数字时代正在改变这种基于封闭和秘密的创新逻辑。

在数字经济中,用户规模及建立在用户规模上的生态体系,具有决定性意义,人们能够凭借生态体系产生各种创新。而要构建生态体系,开放是最好的策略。最经典的例子可以说是谷歌建立安卓生态。当时,移动互联刚刚兴起,谷歌收购了安卓系统,就安卓系统是否要收费的问题,谷歌内部爆发了争论。后来,谷歌决定向全球用户免费开放,他们认为迅速获得大量用户比专利费更重要。事实证明,谷歌开放安卓系统的决策是正确的,短短几年时间,安卓成为全球最大的移动互联生态,而手机上数不清的创新都来源于此,谷歌获得了远超专利费的战略收益。所以说,在数字时代,开放是实现创新的不二法门。

开放是协同创新的基础。正式组织尤其是等级森严的科层制组织,具有天然的封闭性,所以往往难以根据外在环境变化而快速适应调整,从而抑制了创新。政府数字化转型,正是在科层制的官僚制内部,通过数字技术实现赋权、赋能、服务外包、社会参与等,促使多元治理主体处于开放、协同、对话、平等、互助的网络式创新环境中。数字时代的创新,正是通过更加开放的政府、更加多元的社会、更加畅通的网络和更有弹性的组织,实现更加协同有效的创新。

开放创新是数字时代的标志。在互联网刚诞生时,管理学大师德鲁克就大声疾呼,"数字时代唯一不变的就是变化本身"。高速流动的信息、快速迭代的知识、即时匹配的资源、自由切换的时空,已经使开放创新成为信息社会中和知识经济环境下鲜明的时代标志。凯文·凯利也认为,不同于工业社会的标准化和大规划生产、封闭型组织和等级化结构,数字时代带来的是一种个性化、分布式、网络状、扁平化的全新的社会结构和创新生态体系。在这样的条件下,封闭的个人和组织,极容易在快速演化的社会生态环境中被淘汰出局。

(二)数字时代的创新

创新是数字时代的典型特征,数字技术的广泛应用,缩短了各领域的创新周期，新的技术创新周期从过去的5～10年缩到2～5年，基于技术的创新应用加速。此外，数字技术大大降低了大众创新的门槛，任何一个个人或小微企业都可用利用与世界500强企业一样先进的数字技术资源和创新要素，这激发出了整个社会的创新活力。与传统的工业文明相比，数字时代的创新表现出很多全新的特征。

突破专业分工的"无关联"弊病，实现多学科、多技术的大交叉。在工业文明时代，专业分工、分科研究、分类推进是创新的基本逻辑，也是人类认知世界、改造世界的普遍范式。然而，在大数据时代，这种专业分工、分科研究、分类推进的科学研究范式，越来越呈现出其弊端和局限性。首先，学科越分越细，学科间高筑的壁垒，局限了研究人员的研究视野、研究领域和研究想象力，这与数字时代万物互联、跨界融合，以及社会问题跨领域覆盖的客观现实不符。其次，大数据本身作为一种重要的研究方法，正在整合各个学科固有的研究范式，并逐渐将它们统一到牛顿和伽利略等开启的实证研究范式之下，尤其是大数据量化技术的发展，使原先极为复杂而难以量化的人类行为、社会心理等社会科学问题，可以被精准、多维、全面地测量，从而出现学科间边界模糊化、软科学硬化、社会科学与自然科学趋同化的整体趋势。最后，就科学与技术间的关系而言，科学验证知识真伪的过程，往往离不开基础技术，尤其是现代高端科学与技术间的距离越来越近，直到两者间的边界日益模糊，进而融为一体。所以，多学科、多技术的交叉融合成为推动创新发展的重要条件。

众人参与形成无边界、无止境的"众创工程"。与工业文明时代不同，数字文明时代呈现出迥然不同的创新逻辑，最为典型的就是基于网络平台的众创模式。1991年，芬兰的林纳斯·本纳第克特·托瓦兹推出了开源代码、没有版权的Linux操作系统，这是一款向世界各地技术社群开放的，全球程序员都能自由参与、自由创造、免费使用的软件开发平台。Linux操作系统与工业社会中基于私有产权保护的传统创新模式有了根本的不同，一方面，创新者不再为了私人利益最大化，而是出于公益、兴趣、爱好等多元动机参与创新；另一方面，组织形式的创新使创新实践不再是受制于物理空间而集中于少数精英群体的内部创作，而是社会大众广泛参与的"众创工程"。Linux的开放式创新模式带来了良好的效果和广泛的影响，截至2018年9月，该平台上的代码已经突破2500万行，Linux操作系统也成为影响最大、最为稳定的操作系统之一。

并行、协作、分享激发创新潜能。Linux操作系统只是基于网络平台的创新模式的一个案例，之后的Java、R、Python等编程语言，以及维基百科、社交媒体和网络购物平台等，大都呈现出基于网络平台的创新模式的新特点。在虚拟的平台空间内，无数参与者可随时随地进行互动、交流，创新的思想、行为、技术等在一个范围巨大而边界无限的虚拟场域内相互促进、激发、迭代，大大加速了创新的过程。以抖音等短视频平台为例，平台上的艺术创作者不再是职业演员，而是日常生活中的普罗大众，视频生产者和消费者之间的边界变得模糊，平台呈现出低门槛、广参与、并行性、协作性、多任务等特性，形成一个不断创新的网络生态系统，创新实践在相互激发和相互迭代的过程中，促进新的艺术作品不断产生。

2 多维度、多层次的开放创新体系

数字治理离不开多维度、多层次的开放创新体系，即数字治理要通过数据开放、资源开放、场景开放和政策开放，推动技术创新、模式创新和制度创新。

（一）四个维度的开放

第一，数据开放。就像农业社会的土地、工业社会的石油一样，数据已经成为信息社会的基本生产要素。然而，由于组织边界的限制和数据产权的阻碍，"数据孤岛"大量存在，数据红利难以释放，这不但与互联网的"开放、平等、协作、快速、分享"的理念相违背，而且阻碍了社会创新的整体步伐。所以，我们亟须打破"数据孤岛"，促使信息互联互通，实现数据开放。

政府数据开放。政府掌握了社会大量高价值密度数据，包括自然人、法人、地理空间、宏观经济、医疗教育等各类格式化数据。政府数据具有的公共性、公益性、公平性等基本属性，决定了政府数据应主动对外开放，以发挥更高的社会价值。一是数据开放有助于打造透明政府，政府在接受公众对公权力运行实时、有效和全方位监督的同时，社会监督也会倒逼政府改进工作方法，优化业务流程，创新制度环境。二是政府数据开放有助于带动企业数据开放，只有企业数据开放才能构建起有效、有序、法治、健全的数据市场，激发全社会创新的动力。三是开放公共数据能有效引导社会数据流动和开发，以一带百地引领全社会数据要素实现高效配置，进一步激发全社会的创造力和市场的活力。

以交通运输行业为例，如能打通路网物流上下游数据，联通第三方物流公司、互联网公司数据，实现包括车辆的基本物流信息，车辆出发点、途经路线、终点，以及车辆所载货物基本属性等数据的全网物流车辆数据汇聚，便可形成全国高速路网物流热力图，政府由此可制作全国高速路网物流景气指数、区域经济热力图等，并将这些数据进一步开放给社会，吸引服务商、资本和人才汇聚，有望形成全新的未来路网经济发展格局。

第二，资源开放。互联网尤其是移动互联网的到来，从根本上打破了资源利用的限制。共享经济是资源共享的典型代表，其主要特征表现为使用而非占有，共享而非独有，协作而非竞争，成为新一代互联网经济环境下资源开放、效率提升的重要体现。

政府资源开放共享。由于职能分割，政府拥有的大多数资源没有被充分利用。数字技术使政府资源的开放共享变得更加便利。一方面，政府内部不同部门间可以实现资源开放共享。例如，网格员、城管、交警等共享执法设备、人员、技术等资源，可以大大提高执法效率，降低执法成本；再如，通过技术中台等形式，推动不同政府间共享同样的数字技术平台和底层数据库架构等。另一方面，政府拥有的大量闲置资源，包括酒店、固定资产等，都可以通过市场化的方式，通过互联网平台实现资源开放共享，提高资源利用效率。

私有物品开放共享。从最初的优步、滴滴和爱彼迎，到后来的共享单车、共享汽车、共享酒库、共享医疗、共享教育等，共享经济迅速崛起，已经成为数字经济发展的新兴领域。2019年，我国共享经济交易额达32828亿元，在出租车、餐饮、住宿等领域的占比分别高达37.1%、12.4%、7.3%，而网约车、外卖餐饮和共享医疗在网民中的普及率则分别高达47.4%、51.6%和21%。可以看出，在数字时代，信息高效配置和互联互通，激发出的私有产权开放和共享，已经成为吸纳民生就业、推动产业结构升级、经济新旧动能转换的重要推动力量。

第三，场景开放。政府通过开放政府政务、民生服务、产业发展等各类应用场景，让社会企业参与到城市发展管理中，优选龙头企业和创新型企业，培育发展新方案、新技术和新模式。场景开发应以解决产业升级、城市管理和民生服务中的难点、痛点，支持中小企业公平参与，推动新技术、新产品迭代升级、示范应用，形成可复制、可推广的商业模式，打造具有黏性的产业生态系统。加强应用场景建设，一方面有利于提升政府管理服务水平，增强群众获得感；另一方面有利于带动企业底层技术应用，培育新模式、新业态。比如，北京于2020年7月30日举行了《北京市加快新场景建设培育数字经济新生态行动方案》的发布会，公布了第二批30个应用场景建设项目，主要聚焦产业升级、城市管理、民生服务等重点领域，总投资额为52.9亿元。

第四，政策开放。数字技术让越来越多的人在线，中国网民已超9亿人，人与人之间的联系比以往任何时刻都更加深入。政府的任何一项关于通信、互联网、网约车、互联网金融等的新技术及新经济产业政策，都与亿万人民的生产与生活息息相关。因此，数字治理的开放性也越来越要求政府更加科学地制定政策，其中重要的方式是开放。政策的开放性应贯穿到政策的全生命周期中，包括调研、咨询、文件起草、广泛征求意见、监督实施、评估等，通过程序与内容的开放，运用数字化平台吸纳群众参与、汇聚众人智慧，任何涉及数亿人的政策都会因此更加科学合理。例如，深圳南山区开门编制"十四五"规划，邀请专家、人大代表、政协委员、业内人士集中参加评审，敞开大门征求各方意见。此外，我国出台的各类政策都会通过网站、微博、小程序、邮件等多种形式广泛征求群众意见，以提高政策的科学性与合理性，防止出现政策的制定初衷与实施结果背道而驰。

（二）三个层次的创新

数据、资源、场景和政策的开放，带来的是政府、平台和社会三个层面的创新。

第一，政府主导的开放式创新。数字时代的政府，越来越像一个开放透明、汇集众智、促进共享共治与治理能力互补的大平台，通过政务数据的实时开放共享，实现信息、物质、资源、能源、人才等各种要素在全社会范围内的自由流动和高效搭配，由此形成了全新的开源式创新平台，激发出无穷无尽的社会创新能力。数字政府带来的是一个政府主导的开放式创新机制。政府主导的开放式创新形式比较多样，上文阐述的关于数据开放、资源开放、场景开放和政策等开放，都是政府推动的开放式创新，能有效激活全社会的创新活力。而这些创新，都要基于政府制度不断创新的大前提。在数字时代，政府要创新组织模式、制度体系、法律法规，以适应快速发展的数字世界的需求，用数字治理为数字时代的创新保驾护航。

第二，科技与产业领域的开放式创新。数字时代同样带来了科技与产业领域全新的创新模式。一方面，传统的"产、学、研"一体化创新模式，会在社会内部形成更加有效、有序、紧密配合、密切分工又能互动协作、利益普惠、价值认同的创新研发共同体；另一方面，越来越多的创新，需要在开放、共享、透明、参与、公平的开源式网络平台上实现。例如，阿里平头哥正是通过云和端两个层面的软硬件开放，推动数据和计算能力的协同共享和共同参与，打造出新时代最有创新力和影响力的企业。再如，天堂游戏辅助系统可以同时运行多任务、多线程的游戏，实现更多由兴趣、爱好、价值等激励、驱动的大规模网民参与创新。

第三，全社会参与的共享式创新。参与式政策创新范式。与传统封闭式的政策产生流程不同，基于社交媒体、网络环境和数字政府的政策议程设定具有明显的公众参与特性和民意回应特性。一方面，技术赋能公众，让公众有更多的机会参与到政策制定、执行、评估与反馈中；另一方面，技术助力政府，借助网络社会调查、舆情大数据分析、公众参与留言等形式，政府也会主动吸纳民意，实现民情民意汇聚和社会风险感知，并基于此形成更具弹性化、创新性和参与性的政策创新范式。

共享式服务创新机制。数字时代，生产者与消费者、政府与企业、企业与社会、高层管理者与普通员工、社会精英与普罗大众等的联系越来越紧密，互动越来越密切，信息交流越来越频繁，整个社会像是一个极为复杂又自发、高效运转的生态系统。公共服务的供给也催生出政府、平台式企业、众多商家、网民群众、非正式组织、社会团体、行业协会、邻里朋友等多方主体广泛参与和互帮互助的新型创新机制。

3 平台基础设施＋开放创新体系

（一）平台是开放与创新的载体

开放与创新是平台的天然属性，平台也是数字时代推动开放创新的重要基础设施。平台通过开放合作的方式，最大范围地连接不同生产要素和不同主体，构建一个创新的生态体系。平台已经成为当前我们经济发展、科技创新、政务服务、人民生活最重要的载体。在平台经济方面，在全球市值前10的企业中，有7家是互联网科技企业，其中6家是典型的平台型企业，聚集了全球最主要的创新资源。2020年6月，波士顿咨询发布了《2020年全球最具创新力公司》，上述平台型企业全部入选榜单，代表了全球最优秀的创新能力。在数字治理方面，政府也着力建设城市大脑和政务服务平台，城市大脑和政务服务平台日益成为政府治理与服务创新平台。在科技创新方面，以企业主导的各类技术开源社区开放平台及政府扶持的科技创新平台，共同推动数字经济不断创新。

（二）基于数字政府平台的开放创新体系

数字政府建设是构建数字治理体系的重要抓手，也是实现治理现代化的重要手段。在数字治理中，数字政府本身就是一个平台，汇聚各方资源、赋能各行各业。当前全国各地推进的数字政府建设，就体现着平台化的思维，与过去的电子政务项目有很大区别。传统电子政务主要是信息化项目，由某个公司分期承建，如国家部委层面建设的"十二金"重大信息化工程。过去电子政务项目对于提升政府智能效率和信息化水平具有重大的作用，但却产生了一个个数据"烟囱"，导致数据共享与业务协同难，业务创新也不够。而现在各地推进的数字政府，是一个系统性工程，由政府统一规划顶层设计，通过与技术公司深度合作，搭建一体化的数字政府平台，建设数字治理创新生态。政府通过数据共享开放平台，将公共数据安全、有序地开放，激发市场创新活力，引入市场主体力量，以解决经济社会发展中的痛点与难点。以浙江为例，截至2020年10月底，浙江已经开放9429个数据集，包含4800个应用程序编程接口（API）、41490项数据项和20.5亿条数据，并通过举办数据开放创新应用大赛，聚焦百姓欢迎、社会需要的普惠金融、交通出行、社会服务、市场监管、医疗健康五大领域，努力挖掘一批群众获得感强、社会效益明显、促进治理效能提升的优秀应用。

（三）基于城市大脑平台的开放创新体系

城市大脑是指基于云计算、大数据、物联网、人工智能等数字技术构建的，支撑经济、社会、政府数字化转型的开放式智能运营平台，是数字城市建设的重要基础设施和综合应用工具。城市大脑是城市治理的操作系统，通过数据资源整合共享，推动政治、经济、文化、社会、生态等领域数字化建设应用，实现城市运行态势监测、公共资源配置、宏观决策指挥的数字化治理。在当前各地建设的城市大脑中，已经涌现出了一批城市治理的创新实践。杭州已经建立了市区（县）纵向全贯通、横向全覆盖，全市统一、多级互联的政务数据共享体系，搭建起杭州市公共数据工作平台，实现全市66个单位、2000余个接口、千亿条数据的汇聚，支持城市治理各类创新应用。杭州城市大脑让杭州成为第一个实现"用一部手机治理一座城市"、第一个实施"无杆停车场"、第一个实现"急救车不必闯红灯"、第一个利用数据计算有序放宽"限行措施"、第一个利用"延误指数"辅助交警工作、第一个创设"数字公园卡"、第一个实现"入园入住无须排队"、第一个实施"医后最多付一次"的城市。城市大脑平台可以衍生出很多治理的创新应用，也能促进社会创新活力迸发。

（四）基于科技及产业平台的开放创新体系

科技和产业创新是建设创新型国家的核心，也是国际竞争的制高点。我国正处于经济发展动能转换期，实现创新驱动、通过科技创新提升全要素生产率，是我国实现高质量发展的题中应有之义。当前我国面临的国际环境具有极大的不确定性，美国对中国技术实施封锁与打压，更说明我国应该加大力度推进科技创新，掌握核心技术，突破卡脖子技术，摆脱在核心技术上受制于人的被动局面。从当前已有的科技创新开放平台看，其中既有市场主导的各类技术开放社区平台，也有政府打造的各类科技及产业创新平台。市场主导的科技及产业创新平台和政府支持的科技及产业创新平台的发展重点各有不同。市场主导的平台，一般由行业龙头企业主导，具有较强的生态构建能力和创新活力。比如全球最大的开源社区Apache软件基金会（Apache Software Foundation，ASF），目前拥有300多个开源项目，涵盖人工智能和深度学习、大数据、云计算、物联网、边缘计算等众多领域。政府也越来越多地选择支持一些企业建立的开放创新平台，以支持行业发展。

案例：阿里supET工业互联网平台推动区域产业创新发展

（1）背景。在国内外大环境的驱动下，2018年，由阿里云牵头，联合浙江中控技术股份有限公司、之江实验室，共建了supET工业互联网平台试验测试环境。2018年11月7日，第五届世界互联网大会发布了supET工业互联网平台成果，supET工业互联网平台获得了本届世界互联网大会领先科技成果奖，也是唯一获奖的工业互联网平台。浙江省围绕supET工业互联网平台率先提出打造"1+N"的工业互联网平台体系，即建设一个具有国际水准的跨行业、跨领域的基础性工业互联网平台，培育一批行业级、区域级、企业级工业互联网平台。2018年12

月,supET工业互联网平台入选工信部工业互联网试点示范项目,2019年入选国家级工业互联网十大双跨平台(跨行业、跨领域)。截至2020年7月底,supET平台包含8个行业级工业互联网平台,连接各类工业设备161万台,工业App 5.1万个,服务企业总数4.1万家,注册用户数300万人,开发者数量14万人,每天活跃开发者2000人以上。

(2)打造全国领先的国家级工业互联网创新中心。2019中国(杭州)工业互联网大会在余杭临平新城召开,在大会上,浙江省宣布中国工业互联网小镇正式落户余杭。阿里云supET工业互联网创新中心作为中国(杭州)工业互联网小镇(以下简称"小镇")的核心也同步启动。

中国(杭州)工业互联网小镇位于杭州余杭临平新城核心区,规划建筑面积约78万平方米,首期建筑面积约26万平方米。截至目前,小镇的投资已超过亿元。以阿里云supET工业互联网创新中心为引擎,小镇集聚5G技术、信息软件、工业App、人工智能、云计算、大数据、物联网等领域的服务商——打造面向长三角地区的工业互联网产业聚集区。

小镇将在国家深入实施工业互联网创新发展战略等政策利好下,致力于打造工业互联网的示范区。"在功能定位上,小镇致力于拓展'智能+',为制造业转型升级赋能。"小镇计划在三年内实现全行业链100家服务商的入驻,并打造10个全行业的行业级工业互联网平台,为浙江省乃至长三角地区的大型企业和诸多产业带的中小企业实现数字化转型。

(五)基于互联网平台的开放创新体系

互联网的深度应用,以及大数据、云计算、人工智能、区块链等数字技术的发展,推动了开放创新的深入发展,不仅产生了众包、平台创新、协同创新、参与式创新等新的研发模式和商业模式,也在一定程度上改变了供应链上下游之间、产学研之间、竞争对手之间的合作或竞争关系。数字等信息技术改善了交易成本下降和信息不对称的情况,创新者之间的合作更密切,合作范围更广泛,合作效率更高,如在开源社区中,用户也可以生产内容。分享成果、开展合作已经成为一种文化,如维基百科将自己定位为"人人可编辑的自由百科全书",赫芬顿邮报坚持"把读者变为记者"的理念。人们使用数字桌面工具设计新产品并制作模型样品("数字DIY"),并将设计发送给制造商或自行制造。例如,宝洁的"技术型企业家"计划,使全球50多万名独立发明家成为宝洁的创新服务提供商,只要提出技术问题,宝洁就可以从世界各地得到建设性解决方案。

天猫新品数字系统——新品创新平台

2019年9月,天猫正式发布战略级产品——天猫新品数字系统。这个系统将助力天猫品牌孵化新品和新品牌,并将新品研发时间从2年缩短到6个月。天猫平台上有7500万名重度新品消费人群,数量超过英国人口总数,他们一半的消费额与新品相关,平均每人全年在服饰以外的品类中消费17.3单新品。此外,新品对商家的重要度也不言而喻:2019年天猫的新品销售额占所有商品销售额的31%。一款超级新品带来的销售额,可以占到店铺整体销售额的30%。

天猫新品数字系统将商家孵化新品的时间大大缩短。例如,2018年强生集团旗下以辛辣闻名的漱口水品牌"李施德林",和天猫新品创新中心一起定制了两款花香漱口水,一举拿下原本缺失的女性市场。因大数据能够精准定位目标消费人群,这款新品的推出周期,从以往的18~24个月,缩短到9个月。天猫新品创新中心是2017年9月上线的产品,其前身是天猫的试用调研团队,以"人肉"收集、调取、分析数据的方式服务品牌商。截至2019年9月,天猫新品创新中心签约了37个集团,覆盖近300家一线品牌。

截至2019年9月,亿滋、立白、高露洁等7个集团的30家品牌和天猫合作打造"创新工厂",以孵化新品。商家开辟的新生产线能够小批量制造新品,加速了产品的更新迭代。以往，一个新品投入生产的起步数量是 4 万件，通过大数据指导决策后，创新工厂使用新的原材料、设计、仪器，一款新品的起步生产数量下降至2000件①。

4 构建立体式的开放创新体系

（一）推动政府内多维度开放与共享

数据开放共享。政府数据开放既要考虑社会效益最大化，同时也要保护公民隐私和国家安全。在开放的大趋势下，应该说，政府数据开放需要在确保公民信息安全和国家信息安全的底线基础上，实现最大限度的开放共享。政府内部遵守共同的制度与纪律，数据内部共享总体上是安全的。但在实际中，一些地方及部门的本位主义思想比较严重，它们将部门数据占为己有，不愿意把数据与其他部门共享；此外，政府部门往往缺乏专业的技术人才、缺乏有效的数据安全共享技术保障，导致数据难以共享。推动政府部门内部的数据共享，要通过意识、制度、机制及技术四个维度，解决"不愿""不敢""不会"三大难题，实现内部数据的开放与共享。

业务与技术开放共享。政府内部业务整合可以优化政府业务流程，提升对外服务效率。技术共享可以有效集中政府技术能力和资源，为不同业务部门提供统一、先进的技术服务。对于不同政府部门而言，虽然业务不同，但支撑不同业务的很多组件是相同的，这些共性的业务组件被称为业务中台。业务中台起到了承上启下的作用，包括服务支撑、共享支撑、应用支撑三个方面。服务支撑包括服务认证、服务路由、服务管理（调度等）、网关服务、智能服务（智能搜索/推荐）等功能。共享支撑及应用支撑实现了政务应用系统中常用的用户、事项、表单、流程、办件、电子签证、支付、物流、通知、权限等方面的技术统一等。业务中台能大大提高政府内部流转及对外服务的效率。一般而言，政府的技术能力

---

① 资料来源：天猫发布战略级产品：可将新品研发从2年缩短到6个月，https://baijiahao.baidu.com/s?id= 1645505728779007105&wfr=spider&for=pc。

或人才多集中在少数部门，如各地的数据中心或信息化部门，这些部门是具有技术输出能力的。其他部门虽然具有强烈的技术应用需求，但缺乏专业的技术能力与人才，这就需要政府建设技术能力共享中心，也就是技术中台，以提供语音识别、机器视觉、大数据分析、区块链平台等共性技术，为政府各部门及业务赋能。

（二）加快政府的数据和平台开放

从信息公开到数据开放。从信息公开到数据开放创新，是政府开放创新体系的深化，能发挥数据资源作为生产要素的价值。数据取之于民，用之于民，政府要借助社会主体力量开放政务数据，并将其用于产业发展、政务服务、民生服务等领域。2009年，在美国推出《透明开放政府备忘录》后，数据开放运动在全球范围内兴起，美国联邦政府通过Data.gov开放的数据集由最初的47个增加至18.3万个，超过其他国家和地区数据开放量的总和，覆盖部门扩大至57个。时至今日，中国各级政府已经积极融入世界数据开放的大潮。上海市和浙江省等地的地方政府已经通过数据开放条例推动数据开放。浙江省于2020年6月发布了《浙江省公共数据开放与安全管理暂行办法》，通过立法方式推动数据开放。

通过数据开放实现治理优化和产业创新的双赢。数据是创新的基本要素，数据开放能够激活社会创新活力，推动产业创新发展。政府拥有高质量的数据，而企业具有技术开发的能力，二者恰好可以形成优势互补，形成数字时代新型的政企合作创新模式，实现治理优化和产业创新的双赢。政府拥有大量关于自然人、市场主体的基础数据，若能与企业合作，合理共享数据，则能运用数字技术解决政府在某个领域的治理难题，同时还能促进产业创新。比如，高德地图致力于联合各地交通运输主管部门，发挥国民出行平台的数据、生态和科技优势，融合公共服务数据和互联网数据，综合利用公交地铁、航空铁路、客运班线、步行、共享单车、网约车、自驾等全方位的交通出行服务动静态信息资源，匹配用户行为习惯，建设一体化出行即服务平台（MaaS平台），精准迭代特征集和算法模型，智能推送百姓所需的行前智慧决策、行中全程引导、行后绿色激励等全流程、一站式、"门到门"的一体化出行服务，打造绿色、普惠的百姓出行服务数字化助手。在这个过程中，政府一分钱都不用花，只需要合理开放政府掌握的数据，就能实现交通领域的治理升级，同时还间接推动了数字交通的各种意想不到的创新。这可以说是数据开放环境下，政府与企业全新的合作共赢模式。

通过平台开放聚合行业创新力量。政府是创新发展的重要推动者，除了出台各类鼓励创新的政策，激发企业社会创新，政府还通过建设不同类型的服务平台，以政府购买服务的方式，降低企业社会创新的门槛。中小企业面临着创新意愿强烈与创新资源不足的矛盾。一方面，中小企业只有通过快速的市场创新，才能在激烈的市场竞争中找到差异化的竞争优势，从而生存下去；另一方面，中小企业由于缺乏专业的人才和充足的资金，创新能力不足。对于市场主体而言，中小企业难以购买创新资源，导致纯市场行为的平台无利可图，市场供给不足。因此，政府作为市场失灵的有益补充，应支持第三方创新服务平台的建设，通过政府补贴与平台让利的模式，让中小企业仅需支付较低的费用，就可享受到丰富的资源与服务。比如，各地方政府通过支持平台型企业建立工业互联网平台，支持本地企业上云，同时聚集开发者社区、人才培训、金融服务、创新大赛等各类创新资源，服务中小企业转型。

（三）构建双向开放的数字化渠道

渠道畅通是开放创新的重要前提。依托数字科技建立政府与社会双向沟通的数字化渠道，政府能快速、便捷地了解民情民意，企业也能便捷地参与社会治理，这要求我们在政府与社会间建构起双向互动的数字化渠道。一方面，政府要将网络平台建设成公众自下而上参与公共事务、影响政府决策、获取公共服务的基本渠道。比如，政府通过微博号、抖音号、头条号、微信号，对外及时发布各类政务信息，建立政府与公民沟通的数字化平台。另一方面，政府要将平台发展成政府自上而下汇聚民情民意，感知社会风险的"温度计"和"晴雨表"，以此实现更加有效、有序、良性的政民互动机制和双向开放的创新渠道。比如，网民可以通过互联网平台的"民意直通车"，直接将诉求触达政府各部门，并在一定时间内得到反馈，这大大提高了公民参与社会治理的积极性。

（四）构建开放的制度创新体系

开放的制度创新包含两个层次：一是建设和完善推动开放创新的制度法规；二是解决制度法规自身建设的开放性问题。有法可依、有规可依是推动政府数据开放的前提。在数字时代，基于数据的开放、场景的开放、资源的开放和政策的开放等各类新型开放的需求日益上升，要求政府加快构建上述新型开放的制度法规体系。比如，要加快建立和完善政府数据的开放共享条例，做到政务数据依法依规开放，既能保障数据的安全，也能充分激发社会的创新性。制度法规自身建设的开放性问题，也是未来数字治理开放创新体系的重要内容。构建开放式的制度法规体系，能充分吸纳不同主体充分参与政策的起草、讨论、实施、监督，使政策更加开放、包容与稳健。

（五）鼓励行业开放创新平台

充分鼓励企业建设各类开放创新平台，通过市场化的方式提供服务，极大地丰富社会创新资源。一方面，政府要鼓励具有专业技能优势和数据资源优势的平台型企业参与产业创新、公共服务供给等社会治理平台的建设、管理和运营，以提高开放创新平台的整体运作效率；另一方面，政府要强化市场监管，创新监管策略，提升监管能力，探索针对平台型企业的监管模式。

03.
协同治理体系：基于数据的协同合作

"治理"概念通常强调治理主体的多元化，"协同治理"则是"治理"的一个分支。相较于"治理"，"协同治理"更加强调以下三点内容：一是多方治理主体全过程参与治理活动；二是多方治理主体展开跨部门合作，共同分享治理权力，承担治理责任；三是多方治理主体致力于解决单一组织不能或难以解决的问题。简而言之，政府、企业、社会、个人等多方治理主体之间的"协同合作"关系是协同治理体系的关键所在。

1 协同治理的两种形式

大体来说，协同治理有两种表现形式：一种是政府内部协同，另一种是政府与社会协同。

（一）政府内部协同

虽然"治理"和"协同治理"都强调治理主体的多样性，也就是说，政府不再是唯一的治理主体，但是，不能否认，政府依然在公共治理活动中发挥着必不可少的作用。因而，政府内部各部门之间的协同合作是协同治理体系的首要形式。

通常来讲，政府按照分工和专业化原则设置部门，而公众对政务服务和公共服务的需求则以整体性、系统性的方式呈现。政府供给侧碎片化与公共服务需求侧整体性之间的矛盾，是当前政府治理改革的主要内容之一。比如，浙江省"最多跑一次"改革，体现出了政府内各部门、各层级协同合作的改革思想。

首先，浙江省是全国最早建立行政服务中心的省份，但是在"最多跑一次"

改革之前，这些行政服务中心大多数停留在"物理聚集"的阶段，也就是每个部门分别在办事大厅开设一个窗口。2016年9月，衢州市启动"一窗受理、集中服务"的改革试点，行政服务中心前台全部变成受理窗口，受理后的各项流程在后台进行。2017年3月，浙江省所有县市的行政服务中心都完成了"一窗受理"改革，为"最多跑一次"改革奠定了部门协同的组织基础。

其次，数字技术为"最多跑一次"改革奠定了部门协同的技术基础。政府通过网络技术平台和政务数据资源汇集共享，将各种审批流程集中起来，加速推进服务共享和跨部门并联办公。不同层级、不同职能部门之间的壁垒被拆除，前台界面和后台服务融为一体。在数字技术的帮助下，各部门之间可以实现跨距离、跨层级协同办公，而不必增设专门的实体性协调机构。

最后，在数据流的引导之下，业务流程再造得以实现，串联审批变为并联审批，进一步促进了部门协同。以不动产登记为例，在并联审批模式下，房管、国土、地税三个部门协同办公，房管部门将房屋交易确认信息同时交给国土部门和地税部门，国土部门负责登记，地税部门负责办理税收手续，三个部门协调配合，按照各自责任审核把关，群众只要在一个窗口就可以办理全部业务。

（二）政府与社会协同

政府与社会协同是协同治理的另一种形式。电子督查系统是基于数字技术实现政府与社会协同共治的典型案例。

2019年4月22日，国务院办公厅设立国务院"互联网+督查"平台，开通国务院"互联网+督查"小程序，企业和群众可以登录平台或小程序提供线索、反映问题、提出建议。国务院办公厅对收到的问题、线索和意见建议进行汇总整理，督促有关地方、部门处理。随后，地方政府按照国务院关于"互联网+督查"的工作部署，建设电子督查系统，快速实现政府与社会的协同共治。

举例来说，2019年8月，浙江省"互联网+督查"平台"浙里督"在浙江政务服务网和"浙里办"App上线运行。"惠企稳企督查系统"是"浙里督"的一个重要业务系统。近年来，各级政府越发重视对企业的政策扶持，出台了不少服务企业、帮扶企业的政策措施，然而，这些政策措施究竟落实得怎么样，有没有形形色色的政策死角使政策红利大打折扣，有没有各式各样的"玻璃门""旋转门"使政策一直徘徊在路上，这些问题直接关系到政策落实情况和企业切身利益。谁来评价惠企政策？"惠企稳企督查系统"的设计理念便是将评价权交给企业[①]。

案例："浙里督"四大模块惠企稳企

"浙里督"身后的惠企稳企督查系统，以惠企政策"好差评"为导向，紧紧瞄准政策落地见效，并对稳企业防风险重点工作开展效能监督。该系统由以下四大模块组成。

一是政策清单模块。该模块一站式汇聚了省市县三级惠企政策事项。目前，170项省级惠企政策和11个市、89个县（市、区）的5400多项惠企政策已完成采集入库。大家在浙江政务服务网"浙里督"专区，可以点击"重点督查/督查线索征集"专栏的"浙江省惠企政策清单"，查询近年来全省惠企政策类别、所属层级、责任单位等，并进行网上申报和在线咨询。

二是双随机调查模块。政府工作人员依据政策事项清单，通过线上双随机抽查——随机抽取政策和随机抽取企业，对惠企政策落实情况开展对账式调查。被抽中的企业可根据收到的短信链接直接填报问卷，也可进入"浙里督"专区的"重点督查/督查线索征集"专栏填报问卷，据实反映政策的落地情况。浙江省政府督查室将针对相关问题开展线下核查。

三是政策综合评价模块。该模块对双随机调查情况进行汇总分析，根据企业

---

① 资料来源：惠企稳企督查："浙里督"后台的在线调查系统，https://www.sohu.com/a/338590286_648787。

对政策知晓度、惠及度、便利度、满意度等调查结果，形成按星级分类的政策评估画像。同时，该模块在适当范围公布综合评价指数，推动各地、各部门相互比一比、学一学，使政策的含金量更充分地传递到企业手中。

四是行政绩效督考模块。行政绩效督考模块将稳企业防风险的核心量化指标、年度重点工作纳入系统进行动态监测，及时汇总问题清单，重点加强对薄弱环节的督查。同时，该模块整合相关风险监测数据，并逐步建立起经济运行实绩与政府部门业绩评价的挂钩机制。

"惠企稳企督查系统"搭建了政企协同共治平台，利用数字技术跟踪企业受惠效果，驱动政策持续优化及配套机制不断调整，有效推动政府政策和决策部署多级落地，实现政策落地、见效、实行的全闭环管理，营造出更加公平、良好的营商环境。

"浙里督"不仅实现了政企协同共治，还实现了政民协同共治。例如"民生地图"专栏设有"意见征集""网络投票""完成情况""公众评价"四个专题，省政府承诺的年度民生实事的推进和完成情况在"民主地图"上一目了然，每位用户都是民生实事的阅卷人，形成民生实事由人民群众"一起提、一起定、一起督、一起评"的共治局面。

2 数字时代的协同治理

（一）数字时代协同治理的关键特征

上文讨论了"协同治理"概念的内涵，进入数字时代，协同治理呈现若干新特征。

一是开放。开放具有多方面含义：第一是合作开放。多元主体合作是协同治理的核心要义。政府、企业、公民、社会组织，其中任何一个治理主体都难以单独胜任数字时代的治理任务，因此，开放合作，形成主体间的互惠关系是协同治理的基础。第二是平台开放。数字化平台是多主体合作必不可少的载体。没有数字化平台，多主体合作举步维艰。因此，无论政务平台还是商业平台，都要坚持开放原则，为多元主体参与、互动、合作提供技术支撑。进一步讲，平台之间也要相互开放，形成更大的数字治理协作体系。例如，平台间的数据互联互通，实质上就是开放原则的体现。在新冠肺炎疫情防控中，国家政务服务平台和地方政务平台开放共享数据和信息，进而实现"健康码"全国互认，体现出平台开放化的思路。第三是数据开放。数据资源具有公共属性，政务数据尤其如此。开放政府数据资源后，多元主体可共同参与政务数据的开发与利用，充分释放数据潜能，形成协同治理模式。

二是参与。与开放相伴而生的是参与。数字时代，政府治理的开放程度越来越高，政务数据开放是其中一项重要内容。例如，点评网站Yelp在美国十分流行。该网站不仅提供用户对餐厅服务质量、菜品口味的打分，还基于政府提供的卫生检查数据，发布了一项权威信息——"卫生得分"。政府部门在官方网站上以数据表的形式公布餐厅卫生检查时间、餐厅名称、餐厅详细地址、餐厅提供的食物范围，以及餐厅在本次卫生检查中的得分情况和发现的问题。这种开放数据集为公众参与开发App提供了基础。有人开发了一个名为"Don't Eat At"的App，用户在允许App读取地理定位信息后，一旦进入一家卫生有问题的餐厅，App就会跳出警示，提醒用户这家餐厅的潜在卫生问题。甚至，在国外，政府会举办专门赛事，为公众参与数字治理搭建专门平台。例如，"公众黑客马拉松"（Civic Hackathons）又被称为"App竞赛"，政府以组织比赛的形式动员社会力量参与应用程序的开发。这些应用程序多为公共服务、公益类项目，比赛获胜者将获得一定数额的奖金。在国内，类似的竞赛也开始兴起。下文将以"浙江数据开放创新应用大赛"为案例做详细介绍。

三是平台。平台化建设是协同治理的发展趋势，主要包括两方面内容：一方面是指政府内部各部门之间协同办公，提高工作效率，"浙政钉"即典型案例；

另一方面是指政府和社会基于数字平台协同治理。例如，湖北省黄冈市横车镇防汛的案例显示，政务钉钉既方便村委及时发布和传播汛期信息，收集受灾情况，又方便村民及时获取汛情信息、反馈受灾情况，实现村委和村民协同共治①。

案例：政务钉钉刷新防汛应急速度

湖北省黄冈市横车镇数字化乡村共有24274个用户，48个村以户为单位入驻政务钉钉，村里发的消息能直达到每一户村民，同时，为了打破村与村之间的信息"壁垒"，横车镇还创建了"横车镇圈子"。"横车镇圈子"强大的地方就在于它能同时关联48个村，即48个村所有村民能同时看到在"横车镇圈子"上发布的防汛信息，大大加快了信息传播的速度。横车镇用数字化、智慧化手段为乡村治理赋能。

在汛情日益严峻的7月，各地防汛防洪工作都在有条不紊地开展，横车镇村党总支副书记许向东表示："2020年雨量大而急，防汛工作很紧张，但是现在村干部都能够及时掌握汛期信息，驻村干部和村干部齐心协力，驻守在村里，密切关注汛情，一旦有危险，及时做好疏散撤离工作。"这是横车镇的防汛反应速度。

政务钉钉中的数据成为村民的关注焦点，每天汛情信息的传达率都会在钉钉组群内显示，大家都喜欢用日志详细地写出面临的困难及自己身边的汛情，村委防汛小组根据日志定时开展走访，了解汛情的具体影响，连屋顶漏水等小事都可以第一时间被发现。

有一次，村委收到钉钉消息，消息说明了农田被淹没的情况。没了收成怎么办？防汛小组迅速展开行动，除了走访，还在全员群内发布补种粮种统计，将镇里各村分成若干小组，组长根据实际情况进行核实、登记、补偿，有效地减少了农

---

① 资料来源：横车镇用钉钉刷新防汛应急速度，https://page.dingtalk.com/wow/tianyuan/act/toufang? spm=a213l2.13951850.list.4.7e75537a7Prl34&wh_showError=true&caseId=MjY0Ng==&aa=1。

民的损失。

钉钉的信息传达帮助村民能够及时跟上防汛的步伐，其中最大的功劳要归功于表单的信息收集功能、钉钉信息传达功能等，这些功能打破了以往借助短信平台的单一操作方式，防汛工作也得到了快速落实。

（二）数字时代为何要协同治理

从国家战略规划角度看，协同治理是"数字赋能"的必然要求，符合技术进步的基本规律，也是网络强国、数字中国、智慧社会建设的必然选择，是推进国家治理现代化的重要组成部分。2017年12月8日，习近平总书记在中共中央政治局第二次集体学习时指出，"要以推行电子政务、建设智慧城市等为抓手，以数据集中和共享为途径，推动技术融合、业务融合、数据融合，打通信息壁垒，形成覆盖全国、统筹利用、统一接入的数据共享大平台，构建全国信息资源共享体系，实现跨层级、跨地域、跨系统、跨部门、跨业务的协同管理和服务"。上述重要论述是我们理解数字时代协同治理的重要参考，也是回答为什么在数字时代要协同治理的重要依据。首先，互联网、大数据等数字技术在国家治理、政府治理、社会治理中的作用不断凸显，已经成为国家战略规划的重要组成部分。其次，为顺应数字技术的固有属性，充分释放数字技术的潜能，必须以数据集中共享为途径，打破壁垒、实现融合，即实现"数字赋能"。最后，"数字赋能"的最终目标是实现协同管理和服务，也就是提高政府管理社会、服务社会、服务人民的能力，这是国家治理现代化的必然要求。

从治理实践角度看，数字时代协同治理在实践中展现出巨大的治理效能，通过"数字技术+主体协同"，许多治理难题被攻克，许多治理瓶颈被突破。灾害治理是这方面的典型案例。传统灾害治理依靠的是自上而下的科层制逻辑，对于数据不够重视，很多情况下也未能与专业传感器数据连接。数字时代的灾害治理发生了很大变化，强调灾害治理的主体多元化，提倡在主体间建立多中心、平等及合作关系，注重精英智慧与公民智慧的结合；高度重视应用数字技术，利用大数据分析技术及数字平台对灾害做出高效反应，以达到有效监测、预防、应对及恢复等目的。

实际上，利用数字技术协同抗灾已经有将近十年的历史。2012年北京"7·21"暴雨发生时，被困人员通过微博平台求助，公民对相关人员、时间、地点等信息进行读取，同时在微博上添加位置数据进行地图定位，为救灾提供信息；2013年四川芦山发生地震，成都高新减灾研究所链接全国震警系统，为雅安主城区争取逃生时间5秒，为成都主城区争取逃生时间28秒；2015年云南沧源发生地震，公民通过链接预警数据库终端设备上传地表晃动、房屋损坏和人员伤亡等情况，为昆明主城区争取逃生时间93秒，同时绘制"烈度速报"和"人工灾情采集"应急数据图；2016年贵州降雨强度大，城镇内涝严重，依靠"水利云"洪水大数据预测，灾害预警时间从过去的20分钟提前至24小时以上；2018年9月，"山竹"台风登陆广州，社交媒体及社交大数据也在抗灾与救援中发挥了重要作用。

3 构建内外结合的协同治理体系

（一）方法论：理念先行、需求导向、路径设计、技术支撑

构建协同治理体系，需要以清晰的方法论意识作为指引。概括起来，构建协同治理体系应坚持"理念先行、需求导向、路径设计、技术支撑"的原则。

理念先行的要义在于理解什么是协同治理体系。协同治理的核心内涵是构建多方治理主体之间平等、互惠的合作关系，让多方治理主体共同参与公共治理的全过程。政府是公共治理的核心主体，应秉持开放心态，主动寻求、积极引入与社会主体的合作关系，为合作共治搭建平台。

需求导向的要义在于回答为什么要构建协同治理体系。归根结底，协同治理体系要服务于国家治理体系和治理能力现代化的战略目标。具体地说，构建协同治理体系就是要提升政府、企业、社会、个人治理或参与治理的能力，实现国家、社会和个人的协同演化，打造和合共生的全新治理图景。

路径设计的要义在于回答如何构建协同治理体系。路径设计主要包含两方面内容：一是分工，二是合作。分工是指政府、企业、社会、个人等治理主体各司其职，在协同治理体系之下，承担各自任务，履行各自职责。合作是指各方治理主体通力合作。

技术支撑的要义在于从技术角度回答如何构建协同治理体系。数字技术为构建协同治理体系提供了前所未有的技术支撑。数字技术、数字平台、数字工具是促进多主体协同的催化剂和驱动力，使政府内部协同及政府与社会内外协同成为现实。

（二）政府内部协同治理体系：对内办公与对外服务

构建内外结合的协同治理体系，政府应发挥先行示范作用，打造内部各层级、各部门协同一体、高效运转的现代政府治理结构。基于上述方法论，我们可将政府内部协同治理体系拆解为两个方面。

一是对内办公体系，以"协同办公平台"为代表。政务钉钉作为一款典型的协同办公平台产品，在实践中显著提高了政府移动协同办公能力。例如，浙江省宁海县的645位村级综治网格员需要经常走村串户，平均每天上报各类事件信息500余条，依靠传统方式需要使用几部手机和十几个不同的App。而在使用"政务钉钉"后，网格员只需要一部手机、一个App即可完成所有信息的报送工作，工作交接更加方便。再如，河北省唐山市曹妃甸区行政审批局率先在唐山市审批系统推广使用政务钉钉，工作人员在日常应用中切实感到了工作效率的提高。重要的事可以发送语音、文字，通过电话或短信，实现100%送达。几十人、上百人的会议能够实现一键通知到位，参会人员还可以设置日程提醒，合理安排时间。涉及重点任务的工作，可以指定任务人员，抄送负责领导。即时布置、到期提醒、全程督办等功能把工作人员从繁杂的事务中解放出来，让工作节奏更快、效率更高。

总之，协同办公平台通过技术手段提高信息报送、决策反馈、沟通协调等多方面的效率，将政府部门宝贵的人力资源解放出来，走出低效治理的困境。

二是对外服务体系，以政务服务平台为代表。2018年7月，国务院出台《关于加快推进全国一体化在线政务服务平台建设的指导意见》，提出要"更好为企业和群众提供全流程一体化在线服务"，要"坚持协同共享"，"以数据共享为核心，不断提升跨地区、跨部门、跨层级业务协同能力，推动面向市场主体和群众的政务服务事项公开、政务服务数据开放共享"。这清楚地表明，建设服务型政府，提升为民服务能力，是构建政府内部业务协同治理体系的关键目标。如文件精神表明的一样，一体化、平台化是提升政府业务协同服务能力的重要内容。

2020年2月25日，国务院召开常务会议，明确了增值税税收优惠、社保费减免等五项举措，支持广大个体工商户在做好疫情防控的同时加快复工复业。次日，中共中央政治局常务委员会会议召开，强调要在全国一体化政务平台上建立"小微企业和个体工商户服务"专栏，使各项政策易于知晓、各类业务一站办理。2020年3月4日，该专栏上线运行，为全国小微企业、个体工商户提供"一站式"查询和办理服务，助力疫情防控和有序复工复产。该专栏设置了"政策通""办事通""互动通"三大版块，面向广大小微企业和个体工商户等办事群体，提供"一站式"服务入口，推动实现各类便民利企政策一站知晓、服务事项一网办理、诉求建议一键反馈。

全国一体化政务服务平台是政府构建的对外服务协同体系的典型案例。该平台实现了三个方面的协同功能：一是横向跨部门协同。例如，在"留学服务"功能中，该平台协调公安部、国家移民局等有关部门，推动公民出入境记录等相关信息共享互认，支撑国外学历学位认证的一站式办理。二是横向跨地区协同。以优化营商环境为例，以往企业跨省迁移需要来回奔波于迁出地和迁入地的行政审批、市场监管、税务、银行等至少8个部门，一般需要15个工作日。现在通过长三角服务专窗，线上线下融合办理业务，企业迁移变更、税务迁移、银行开销户、公章注销等在1个工作日内就能完成。三是纵向跨层级协同。例如，在抗疫期间，全国各地向国家政务服务平台共享本地区"健康码"信息，同时，国家政务服务平台汇集卫生健康、移民管理、民航、铁路等部门的多源数据，与地方共享，通过"让数据多跑路"，为常态化疫情防控期间群众健康安全出行搭建起了一条"数字抗疫"的便捷通道。

（三）释放协同治理效能：引入市场力量和社会力量

构建内外结合的协同治理体系，必须引入市场力量和社会力量，这既是协同治理体系本身的内在要求，也是必然选择。基于上述方法论，释放协同治理效能，应从以下两个方面入手。

一是引入市场力量。毋庸置疑，数字技术是提升治理效能的有力工具。全面迈入信息时代之后，离开技术加持的治理现代化之路是不可想象的。根据分工合作原则，政府与企业在技术进步中扮演不同的角色。企业是研发技术、推动技术创新、促进技术转化的主体，但往往缺少具体的政府治理应用场景；政府面对日益复杂的治理环境，也越来越依靠技术手段实现治理的科学化、精准化、高效化。若想全社会充分享受技术进步带来的红利，则需要政府与企业建立合作关系。

例如，在新冠肺炎疫情防控工作中，地方政府与企业合作，将技术进步成果应用于疫情防控攻坚战之中，有力地保障了全体人民生命健康安全。2020年1月23日，浙江省在全国第一个启动重大突发公共卫生事件一级响应。为保障防疫信息的准确性、及时性，浙江省卫生健康委员会立即与阿里巴巴展开合作，要求阿里巴巴尽快开发出政府内部使用的疫情信息采集系统和面向公众（公共服务）使用的新型肺炎防控公共服务管理平台两大平台。

疫情信息采集系统仅用2天时间就开发完成，覆盖浙江全省11个地市卫健委、90个区县卫健局、上千个基层防控工作小组，并于2020年1月29日在"浙政钉"正式上线，使用人员超过1200人。该系统可以提供十多个表单，实现物资、疫情等数据直报，协调物资供给和疫情反馈，快速响应疑似人群重点监测和隔离转诊。从确诊和疑似病例来源与上报、防控用品日消耗量，到各医院发热门诊的工作情况等，该系统都会自动进行归类统计，实时显示动态记录。同时，相关政府部门还可以获得直观的数据支持，掌握防控工作中病例收治、物资调配、居家隔离、随访报告等的最新进展，及时调整防控策略和应急资源管理方案。

新型肺炎防控公共服务管理平台的开发仅用时1天，在支付宝和"浙里办"App上线，并向超过3000万注册用户开放。该平台包含"主动申报与疫情线索提供""互联网医院新型肺炎通道""网上智能问诊与人工服务""居家医学观察服务与管理""集中医学观察服务与管理""信息发布与健康教育""新型肺炎患者同行程查询""新型肺炎心理健康服务"八大功能版块。公众可以在平台上查询自己是否曾与新冠肺炎病患同行，或在线问诊一线医生。上线3天内，该平台收到申报线索超过500条。随后，该系统被国家卫健委推荐到全国十多个省市，十万多个医疗平台启用了阿里巴巴的联防平台。

一方面是政府秉持数字治理思维，积极寻求与企业合作；另一方面是企业提供有力技术支持，承担社会责任。双方合作，研发并推广两大平台，为抗疫工作赢取了宝贵的时间，把握住了应急处理的"黄金窗口"，捍卫住了人民群众的生命健康防线。

二是引入社会力量。党的十九届四中全会提出了"社会治理共同体"的概念，强调要"建设人人有责、人人尽责、人人享有的社会治理共同体"。通过人人参与激发人们的社会责任感，实现社会赋能，释放巨大社会能量，最终建成社会治理共同体，实现从治理体系向治理效能的转化。数字技术为构建社会治理共同体提供了强有力的数据支持和平台支持，目前在许多城市开展的智慧社区建设正是利用数字技术实现政府与社会协同共治的实践探索。

第6章 数字治理的"横梁":九大体系之"三横"

案例:上海徐汇凝聚多方力量,共建"智慧社区"

上海市徐汇区田林街道成立于1985年,人口密度较高、人群结构复杂、人员流动性强。"2014年的上海徐汇区田林十二村,小区设施陈旧、道路破损严重、夜间通道昏暗、盗窃案件频繁发生,被本区列为治安挂牌小区",居民区书记赵国庆说。糟糕的硬件条件和治安环境让居民平添各种烦扰。2017年,田林街道启动智慧社区项目,并于2018年年初在10个小区推广智慧社区应用。

田林十二村智慧社区平台是在综治中心、网格中心等城市综合管理平台的基础上,融合了党建、信访、热线等实务操作系统的平台,目前已经整合市、区、街道共26个数据库、11个实战系统,这些数据库和系统在平台的数据感知界面全景式展示。智慧社区建设充分体现了"龙头—战斗堡垒—旗帜"的三级联动引领作用,街道党工委履行直接责任,居民区党组织履行具体责任,居民区共建单位和社区自治力量履行志愿义务,通过大数据库,实现三级信息互联互通。一旦居民区发生火灾等紧急事件,智能系统即会第一时间发现、响应,及时施行预案,自动发送处置短信至三级责任人的手机,一键推送,一呼百应。

智慧社区能为居民区带来什么变化?田林十二村的智慧小区系统刚刚装好不久,62号楼102室的老奶奶每次一烧水,楼道里就会响起刺耳的警报声,物业人员几次到楼道内检查都没有发现原因,但警报声还是每天照常响起,严重影响了楼道居民的生活。于是,十二村居委会联系了智慧小区设施的施工方,施工方到102室上门检查。经过仔细排查,施工方发现,这家人家卫生间的电线老化、裸露,存在严重安全隐患。发现这个情况后,小区物业立即采取了应急措施,并联系老人的子女对电线进行彻底更换。更换后,楼道里的电弧警报声就再也没有响过。两位老人为此特地到居委会表示感谢:"我们都80多岁了,要是没有这个智慧小区,说不定哪天就闯大祸了!"

另外,开放和开发数据资源是数字治理的大势所趋,尤其需要全社会的共同参与投入，才能最大限度地释放数据价值。于2020年5月11日启动的2020浙江数据开放创新应用大赛进行了有益的尝试（见图6-1）。该赛事的宗旨是依托公共数据平台和开放数据，打造面向政府、企业、高校、科研院所和其他社会创新群体的公共数据众创平台，邀请（浙江）省内外数据英雄共同挖掘数据价值。各类企业、研究机构、科研院所等机构，以及高校师生、科研人员、团队、个人开发者等均可报名参赛。

大赛介绍

2020浙江数据开放创新应用大赛以"开放数据力提升数治力畅享数生活"为主题，依托浙江省公共数据平台，鼓励企业、社会组织和个人参与探索开展数据开放创新应用，以推进政府治理体系和治理能力现代化，激发市场和社会活力为目标，助力数字产业化，加快数字经济、数字社会融合发展，推进"数字浙江"建设，为浙江建设"新时代全面展示中国特色社会主义制度优越性的重要窗口"贡献力量。

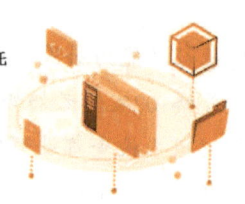

图6-1　浙江数据开放创新应用大赛

2020浙江数据开放创新应用大赛将优先开放百姓欢迎、社会迫切需要的五大领域数据：一是普惠金融领域，重点是小微企业贷款难、个人企业金融画像、防范P2P金融风险等。二是交通出行领域，重点是解决停车难问题、提高导航路线规划准确性，提高公众出行满意度等。三是社会服务领域，重点是社会救助、精准扶贫、家政服务、空巢老人生活安全等。四是市场监管领域，重点是食品药品安全监管、提高市场透明度等。五是医疗健康领域，重点是疫情数据的应用、医疗报销难报销慢、医疗大数据辅助诊断等。

第6章 数字治理的"横梁":九大体系之"三横"

2020年7月,初赛落下帷幕,该赛事共收到来自全国众多企业、社会组织、大数据从业者、大数据爱好者提交的993份参赛作品。后续,主办方将把初赛作品分批交给政府侧、学术侧、企业侧评委进行考查和评价,选取综合评价靠前的队伍进入复赛[①]。该案例表明,政府开放内部数据资源,主动搭台,为社会参与创造机会,有利于形成全社会协同治理的繁荣局面。

---

① 资料来源:浙江数据开放创新应用大赛,https://odic.zjzwfw.gov.cn/#/。

【第7章】
数字治理的"立柱":九大体系之"六纵"

数字治理 DIGITAL GOVERNANCE

作为数字治理创新体系这座"大厦"的"立柱","六纵"是三根"横梁"乃至整个建筑的支撑,它体现了贯通垂直领域的深度整合。政策法规、组织领导、标准规范、数据治理、安全保障、建设运营这六个方面构成了思考、建构数据治理创新工作的一个闭环方法论。

在实践中，不同省市根据自己的政情、商情、民情，在"六纵"中会有不同的侧重点，也有可能会拆分为"八纵"或融合为"五纵"等不同组合，但核心价值点都是必不可少的。其中，政策法规体系是对现有法规体系的理念、流程和服务的全面升级，体现出全新的制度哲学与立法思路。组织领导体系构建横纵协同的网络协同体系，既包括自上而下与自下而上的双向互动，也包括跨领域、跨地域、跨层级的协同。标准规范体系贯通物理世界与数字世界，通过构建涵盖数据、安全、业务、服务等多层面的标准体系，升级基础设施标准，实现降本增效，促进形成数字治理的新秩序。数据治理体系是一套涵盖数据全生命周期的管理体系，不断发掘和释放底层数据资源的价值，促进数字技术深入融合到国家治理的各个环节。安全保障体系是融合技术、管理、文化等多种要素于一体的大安全体系。建设运营体系是一个"多面体结构"，在其内部，部门之间信息及时互动、高效流通；在其外部，政府与社会、企业、公民等多元主体共同参与建设运营。

01.
政策法规体系：营造开放创新的政策土壤

建立数字治理政策法规体系，难点有两个：其一，如前所述，数据作为核心关键生产要素，其内在规律显著区别于土地等传统生产要素，因此，数字经济的组织方式会显著区别于传统经济的组织方式，对应的治理方式也会发生根本性的重构；其二，由于数字技术不断革新、数字经济日新月异，治理方式究竟应该进行怎样的重构，依然未知大于已知。

面对这样的特点，建立数字治理的政策法规的核心思想是守底线、促创新，即在守住法律、经济、道德、安全的底线基础上，营造一个宽松的创新环境，促进数字经济不断创新、迭代，进而推动政策法规不断演化、完善。数字治理的政策法规体系的关键特征可以被分解为包容、迭代、开放和科学四种特性，其落实体现在政策的理念、体系、流程和服务四个层次上，形成了"4+4"的方法论结构。

1 守底线、促创新成为政策法规体系的新特征

（一）包容与发展：为创新预留空间

建立政策法规体系的主要目的是服务创新、服务发展，好的政策法规就是最好的服务。

数字技术以数据作为生产要素，以算法和算力为生产工具，每时每刻都在创造新事物、催生新业态、孕育新模式。在这样的背景下，原有的制度规范可能不适用于数字时代的公共管理与经济发展，甚至会掣肘、束缚发展。为了更好地为数字技术的创新和数字经济的发展保驾护航，政策法规需要在审慎的同时具备更多的包容性。

一方面,我们要对发展中的风险进行科学评估,避免简单的"一刀切"。对网约车、远程医疗、在线教育、网络直播等数字经济新业态,政府要探索建立定性与定量结合的风险评估机制,逐步化解发展中的问题。目前,重庆、安徽等地出现了"直播带货"进乡村,通过线上销售农副产品助力脱贫增收,但也引发了不少担忧,"数字泡沫"为乡村的可持续发展埋下隐患。这就需要政府对风险进行审慎评估,让政策法规在鼓励和规范之间寻找到平衡点。

另一方面,我们要允许新的政策在一段时间内的"看不见、看不清"。正如《大数据时代》的作者舍恩伯格所言:"技术创新可以很快,但是社会适应总是需要时间的。"相较于技术发展的一日千里,制度发展往往相对平和、缓慢。因此,在总体风险可控的前提下,政策法规要对发展中的一些"未知"抱有宽容的心态,用一定程度的"滞后"来为创新预留空间。比如,人脸识别作为一个受到较多争议的应用,一方面,在许多国家已经得到大量应用,给消费者创造了便利;另一方面,生物特征数据的安全性和道德风险为人们所担忧。在这种情况下,更理性的政策选择,是采取一段时间的观望窗口期,而不是直接考虑禁止3~5年内在公共场所发展人脸识别。

(二)迭代与创新:具备升级进化能力

数字治理的政策、法规需要与数字经济、数字技术形成协同演化的模式。已经确立的政策设计大多数解决的是已知领域的"已知"问题,而随着各领域跨界融合发展,很多创新都突破了原有的行业和领域,出现了大量已知领域的未知问题和未知领域的未知问题,政策法规在此时的适用很可能会变成彼时的不适用。

进一步地,对于已经确定的数字治理政策法规,政府需要根据执行的效果及时调整,这里的难点在于速度。例如,我国的跨境电商正处于快速发展的阶段,需要政府及时调整品类限制、购买额度、税收政策、安全监管等相关标准。以零售进口税收政策为例,2016年,相关政策订立的跨境电商单笔交易限值为2000元,年度交易限值为2万元,但随着经济发展,该额度已经不再适应电商的发展要求。短短2年内,财政部就将单笔交易限值提升至5000元,将年度交易限值提升至2.6万元。政策的快速迭代有利于培育贸易新业态、新模式,引入适度竞争,促进国内产业转型升级。

案例:网约车法规

网约车自诞生以来就赢得了人们的欢迎,随着中国百姓的出行需求日益庞大,网约车的发展更是突飞猛进。据相关统计,2016年网约车单日成交量已经达到1000万单以上。为了能够适应这种新的市场需求和新兴业态,我国同年出台了全世界第一部国家层面的网约车法规,肯定了互联网共享经济的模式,让网约车开始有了"合法身份"。然而,网约车并未停止发展的脚步,截至2020年3月,我国网约车用户规模已经达到3.62亿人,未来这个数字还将持续增加。如何在促进网约车行业平台欣欣向荣的同时,更好地监管网约车平台、保障乘客的安全、规范司机的服务,现有的法规和政策还有待进一步创新,这将成为网约车行业下一个阶段的新考题。

(三)开放性与服务性:提升公平与效率

开放是政策法规最好的纠错(Debug)。公共决策最忌"闭门造车",惠及民生的政策要倾听群众的呼声,优化营商环境的政策要考虑企业的主张,不同群体的代表会从不同角度审视政策法规,能够为其严谨性、公平性、公正性提供有力支撑,避免政策"不接地气""考虑不周""不能操作"。

此外,政策法规编制过程的开放也是一种重要的沟通形式。一方面,政府在发布政策时,也要配套公布政策编制的背景说明文件,以提前引导受众群体深入了解政策背景;另一方面,政府可以从受众群体的反馈方面评估政策的有效性和可操作性，有些政策的市场反应冷淡是因为其出发点不利于受众，或者政策内容不可行。目前，我国已经建立起包含问政留言、意见征集、政策公示等在内的多种政策参与的制度化渠道。以《退役军人保障法（草案）》为例，约13.3万人参与了意见征集，共提出82.1万条建议，使政策的开放性和科学性有了一定的提升。目前，政府主要在政策研讨的两端征集意见，未来则将在更多环节让企业、组织、公众更加广泛、深入、多角度地参与政策制定、修订、执行、评估过程，社会力量和社会智慧将会被最大限度发挥出来。

在提升社会参与感方面，互联网技术服务开放的特征将越来越显著。互联网本身就服务于开放的技术，依托各类政务网站、政务App、问政平台，各类制度法规在意见征求时，能触达更广泛的人群，征集上来的意见无须层层转发，反馈意见的收集也更便利、更透明。比如《网络安全法》的出台，政府先以草案形式公开征求意见，在全国人大网上共收集了3191条社会意见，涉及网民对个人信息泄露、垃圾信息、诈骗信息的各类看法。公众帮助政府制定更加人性化、合理化的网络安全保障制度，与传统方式相比，效率大大提升。

（四）精准性与前瞻性："量体裁衣"与"未雨绸缪"

政策法规更高的目标是科学性。对于数字治理这样一个方兴未艾的事物，科学性首先体现在精准性和前瞻性。所谓精准性是指精准施政，即政策可以深入触达到具体的地点、企业甚至个人，微粒化的数字世界让精准施政变成可能。比如，想要改善小微企业融资难的问题，政府可以先对企业进行精准画像，再通过自动化流程降低小微企业小额贷款的服务成本。给"街边经济"商家发放无接触贷款"免息券"，让这些小微企业在支付宝上直接领取，就是一种借助金融科技和大数据方法实现精准施政的方案，能让小微企业真正地"回血"、受惠。

虽然数字治理面对的是大片未知领域，但政策法规还需要找到更为积极的角色定位，发挥"因势利导"和"引领风尚"的作用，这就要求政策法规具备前瞻性。比如，针对工业互联、"互联网+"、无人驾驶、智能决策等领域，政府需要提前做好政策服务的准备性工作，为创新发展留出余地、腾出空间，也要适时设置底线，为数字治理的健康发展打好基础。另外，数字技术的预见能力可以不断提升政策的前瞻性。当前，在全球范围内，通过分析政务数据、社交媒体数据、传感器监测数据、卫星图像数据等，政府能够感知和预防自然灾害，防控治安风险，预见社会问题。比如，在2020年的洪灾中，浙江省利用数字技术绘制疏散路线、定位受灾区域、制定救援策略等。

2 构建包容、迭代、开放、科学的政策法规体系

为适应数字治理的现在与未来，政策法规体系需要从政策理念、政策体系、流程机制、政策服务四个方面全面升级。

（一）政策理念升级

理念是制度的精神内核。开放的制度理念能够解除发展的枷锁，先进的制度理念可以促进创新的成长。面对数字治理日新月异的发展形态，我们首先需要更新政策法规体系的理念，实现包容、迭代、开放、科学。

发展观与底线思维相结合。木桶原理说明了短板决定一个木桶能装多少水，长板让木桶未来有机会装上更多的水。短板就是底线思维，也就是政策明确规定不能做的事情及政府在关键环节采取的必要措施，这些是保障各领域创新活动异彩纷呈的基石。创新的过程中也可能存在违法违规的行为，比如电信欺诈、P2P非法集资等，可能会扰乱市场秩序，侵害个人、组织，甚至是国家的利益。为此，政府需要在政策层面树立底线，采取主动防御风险的策略，对突破底线的行为坚决予以打击制止，对底线以上的创新给予支持鼓励。

而在促发展方面，政策法规要关注长板。越是优势产业、先进模式、新兴业态，越需要相关政策去激励。各地区要结合自身区位优势、经济文化特点等选定重点支持的产业，或以城市群的形式形成多层次的产业发展互补格局，扩大自身

优势，培育核心竞争力。

全局观与数字思维相结合。政策法规要发挥"指点江山"的作用，既需要明确总体发展方向，也要兼顾各地区（或机构）落地的差异性。数字孪生世界的微粒缩放，让人们既可以总览全局，也可以细致入微。比如利用大数据对经济进行实时监测，既可以把握宏观经济运行态势，也可以掌握微观企业主体经营情况，帮助政府做好科学宏观调控和企业精准扶持。第一章提到的"预测现在"的概念，就是依靠实时分析的技术，更精准、更全面地构建超时空预测能力。

在政策设计的理念中融入数字思维，意味着政策在设计和迭代的过程中，可以得到更多数据支撑，比如宏观审慎和微观审慎管理相结合，既着眼防范系统性风险，又关注具体机构的健康可持续发展。

未来观与开放思维相结合。在一个快速多变的环境中，任何决策都有可能影响跨行业与跨边界的多个群体与利益相关方，因此，政策法规必须树立开放思维，开门立法、兼听则明，充分听取各方的利益诉求和表达。现如今，数字技术为社会各方开放性参与政策制定搭建了便捷的平台，可以实现多方意见、表达、诉求的快速汇总和集聚，帮助政策制定者从不同视角审视同一个问题，最大限度地为政策降低不确定风险。

在以开放的方式广泛吸纳"众声"的基础上，政策法规还需要建立未来观，政策制定者不能以一时的利弊作出决策，要具备一种长期发展的眼光。19世纪英国限制机动车行驶的"红旗法案"，要求汽车在行进前方50米处以红旗开道，这项政策当时看起来保护了马车夫群体的利益，后果却是让英国的汽车产业停滞了近三十年。可见，评判一个政策的好坏，不能仅凭当下得失。同样的道理，当前看起来有争议的政策，到了未来的某个时候，可能就是正确、科学、合理的。因此，政策制定者必须从面向未来的角度看待和思考政策，要"让子弹飞一会儿"。

（二）政策体系升级

政策体系建设的基本思路是按照政策理念，对现有的政策进行完善，对缺失的政策进行补充，达到"废止一批，更新一批，建立一批"的目的。

优化现有政策体系，提高适配性。对于业已出台的政策法规中那些制约新技术、新产业发展的部分，相关部门要及时修订完善。比如，随着新型基础设施建设的全面铺开，原有的互联网IP地址资源管理政策已落后于时代，无法适应行业发展对IP网络自动化、智能化、稳定性的新要求。在这个背景下，中国互联网络信息中心适时发布新修订的管理办法，加快推进IPv6的规模部署，提高了政策适配性，促进科技应用带动产业腾飞。

制定符合数字时代要求的新政策法规。对那些发展迅速但还处于"政策真空"的领域，政府要加快出台支持新业态、新模式的政策法规。在后疫情时代，平台经济、灵活就业、跨境电商、科技创新、网络直播等新兴经济形态持续升温，要求政策法规打破传统惯性思维、创新加强制度供给，为相应领域提供政策支持。政府还要抓紧制定关键性的制度法规，弥补现有法律法规的不足。

健全数字世界的政策法规体系。数字世界的运转同样需要规范，而且数字世界的规则并非独立的存在，而与现实社会的规则体系存在一定的联系。人们不能简单地以"二元论""二分法"对待两个世界的政策法规体系，而是需要将现有政策法规体系向数字世界合理延伸。比如，在现实社会中，聚众赌博会受到法律的制裁，那么互联网彩票、网络赌博等行为应当如何规范、如何打击、如何量刑，则需要将物理世界的法规延展到数字世界之中。

（三）流程机制升级

为了适应数字治理不断创新发展的特点，政策流程需要保持足够的开放和弹性，做到全程开放、全程监测、动态迭代。

确立全流程的开放模式。在数字治理时代，每一个时间节点都可能成为关键节点，因此，政策流程的开放要渗透到政策法规的全生命周期。一方面，利用新技术优化前期调研、专家论证、社会听证、公开征求意见等工作流程，可充分发挥龙头科技企业在认知、视野、技术上的优势，引导其参与建立具有前瞻性的规范和标准；另一方面，在政策法规的实施过程引入开放理念，政府能够根据各类政策执行的反馈情况进行政策法规的迭代、升级或废止。政府不仅要进行事后的政策绩效评估，还要进行聚焦过程改善的政策中期评估，让政策全流程的评估都向社会公众开放，推广政务服务"好差评"等做法。

建立全过程的监测体系。实现政策的开放、动态，关键在于效果监测。数字化的关键是数据，政府要对政策实施和公共权力运行的每一个流程和环节构建监测机制。在互联网时代，无处不在的网络大数据可以实现对政策过程的全方位追踪和监测，能够弥补官方信息的不足、探测网络情绪、紧扣社会关注焦点。借助数字技术完善监测机制，使数字时代对政策的全过程监测成为可能。

探索动态迭代机制。在参与机制、评估机制、监测机制的基础上进一步升级，就可以形成迭代机制的闭环。政府在政策的演进中充分融入数据思维和数据方法，将数据决策与经验决策相互补充，利用技术推动政策各流程机制的科学化、专业化和多元化，从而建构起发展有依、迭代有据、面向未来的政策法规动态迭代机制。

（四）政策服务升级

数字技术的应用能够显著提升政策服务社会的能力，政府可以从政策宣传普及和政策实施效率两个方面，积极探索建立服务型政府的路径。

在政策宣传普及方面，政府要依托政务服务网站和各类在线渠道，做好政策的汇编、解读、宣传等服务，帮助企业和个人了解政府各项扶持政策，用好、用足、用活政策。

在政策实施效率方面,一种常见的思路是政府把政策法规条文数字化,在合规审查中引入数字技术,避免政策繁多、规定冲突、人工失误导致的"审批难"问题。比如深圳市住建委开展建筑工程人工智能审图试点工作,利用人工智能和大数据等技术研发智能化施工图审查系统,提升审查效率和质量,也为施工图审查改革和工程建设项目审批制度改革工作提供了可复制、可推广的范例。

另一种思路是政府以数字化方式简化过程、优化流程、降低壁垒、精准对接,实现政策落地的"保姆式"服务,主动回应各方的呼声和诉求。例如,在杭州上线的面向教育服务的"亲清在线"数字平台,接入税务、社保、住保、市场监管等多个部门的数据,整合政策解读、政策发布、政策兑付等一系列功能,优化政策服务方式,通过将18条惠企政策在同一个平台集中兑付,实现政策补贴的精准发放、"火速到账",以解企业的燃眉之急。截至2020年6月8日,该平台累计上线100条政策,实现15.6亿元兑付资金的"秒达",惠及15.9万家企业和66万名员工[①]。

---

① 资料来源:杭州"亲清在线"开创惠企政策落地新模式15亿元兑付资金是如何"秒达"的,http://csj.xinhuanet.com/2020-06/09/c_139125090.htm。

02.
组织领导体系：实现最大化的组织协同

在数字时代，数据充分流动，数据价值逐渐被激活，人和人、人和组织、组织和组织之间的关系都不断被重塑。构建顺应数据治理趋势的组织领导体系，是数字治理创新的重要保障。

1 数字化促进大组织、大协同趋势的形成

数字治理的组织领导体系，其核心特征在于政府与社会的"双轮驱动"，通过数据流和信息网络，实现社会的自组织，在最宽泛的意义上实现协同治理。

（一）横纵交错的组织与协同

总体而言，在数字时代，统一调度的需求不断增加，横纵协同的场景不断增多，组织领导体系日益呈现出统筹性与合作性兼备的特征。

纵向贯穿的领域一体化。在数字时代，技术赋权的特性越来越明显，各类组织和个人的个性化和对社会事务的参与度都空前高涨，公众参与社会事务的能力越来越强，依托数字技术的基层创新也将越来越活跃。也正因如此，政府越需要将分散和集中统一起来。

各级政府可以充分利用数字技术精准性的优势，建立自上而下的统一指挥调度体系，对内促进多条线的协作，对外可以将各类组织和个人分散化、多元化、碎片化的诉求与行动有机整合起来。同时，自下而上的协同调动需求也与日俱增。例如，一些基层组织充分发挥主观能动性，利用数字技术解决了很多社区停车、垃圾分类等公共服务的小问题和小矛盾。需要跨部门解决的复杂问题，则需要上级管理部门统筹解决，数字技术可以让这种"分级就诊"式的协同模式更加

高效和顺畅。比如北京的"接诉即办",市政府通过"12345"热线24小时汇总市民来电,把市民反映的问题派给相应街道,让街道统筹市、区级职能部门,快速响应、协同办理。

横向打通的跨部门大协同。数字治理是一种综合性的治理,现实中很多治理难题,比如交通管理、环保治理、自然灾害等,往往是跨区域、跨层级、跨部门的,也往往不是单一的职能部门可以解决的,需要跨区域、跨层级、跨部门协同解决。如跨省医保、异地就医等公共服务在一些省市已经成为现实,但这种满足"三跨"的横向协同在全国层面还未打通,其需求将会不断增强。

近年来,随着政府的数字化转型,政府内部业务流程逐步整合优化,外部政务服务向"一站式"转变,业务和服务也开始出现交叉和融合的趋势。这种趋势带来政府整体化、一体化、集约化的建设,比如浙江省的"最多跑一次",上海市的"一网通办",广州市的"一卡通行",以集约式的服务实现了"让群众少跑腿"。行政资源的统筹、政府数据的共享、条块部门的联动、统一平台的搭建,四位一体推动了横向大协同的实现。

(二)政府主导下的全开放协同网络

如前所述,开放本身就是一种组织协同方式和驱动力。

通过开放政府数据,将一些信息公开给公众或特定行业,能够达到政府与社会协同治理的目标。比如,在开放交通管制信息后,群众在出行的时候自然会"绕道而行",避开施工、禁行地带,这就是通过信息开放实现了公共交通的有效治理的案例。再如,在向酒店开放身份识别的接口后,酒店在录入宾客的入住信息时,就可以辨别宾客中是否有在逃犯罪嫌疑人,能够协助公安部门破案。

通过开放组织,政府不再拘泥于传统的组织形式,开始鼓励多元化的治理参与。政府以问题、任务为导向,以激活社会、动员参与为目标,吸纳最广泛的资源和力量,服务公共治理。比如引入商业机构参与垃圾处理、旧物回收,就是以商业化的方式实现社会公益和环境保护。

通过网络和数字技术，提高政府的效率。如前所述，互联网和数字技术是重要的工具和手段，通过让数据和信息"多跑路"优化流程，可以减少政府在协调分工上花费的时间，让政府集中力量去办好疑难、重要的事项，达到事半功倍的效果。以青岛市自由贸易试验区为例，青岛市自由贸易试验区全面推行"六个一"（一门、一窗、一网、一链、一号、一次）和"五个办"（马上办、网上办、就近办、一次办、帮办代办），将涉及多个部门的审批事项集中处理，把审批企业开办事项的时间压缩至1个工作日以内。

（三）特定规则体系下的社会自组织

数字化赋予了个人、群体前所未有的信息交互能力，促进了社会自组织的形成，这是数字化生态最鲜明的特征之一。

在数字化生态中，传统的产业组织将发挥更大的作用。由行业主管部门设立或由行业机构发起的各类行业组织，如行业协会、产业联盟等，在行业健康发展过程中发挥了重要作用。一方面，行业组织服务行业机构，维护行业共同利益，建立联合创新平台，研制新技术应用规范；另一方面，行业组织服务主管部门，引导行业机构实施行业自律，采集行业机构运行数据，加强消费者保护，是政府监管不可或缺的有力补充。在数字时代，行业组织将进一步强化技术服务能力，实现更多跨行业、跨组织、跨机构的链接和协同，在社会治理中发挥举足轻重的作用。

与此同时，新兴的平台型企业的公共服务属性日益凸显。随着数字经济的蓬勃发展，平台型企业的服务范围不断扩大，它们具备大规模组织不同主体的能力和配置不同资源的能力，责无旁贷地承担起了公共服务的任务，还可以与政府优势互补、"强强联合"。比如疫情期间，阿里巴巴实施驰援武汉行动，调动大量社会资源采购海内外医疗物资，通过菜鸟绿色通道运送抗疫物资，并以人工智能诊断、钉钉直播等数字基建助力疫情攻坚，充分彰显大企业的技术实力、动员能力与社会责任感。

此外，社会组织能够更加积极地参与社会治理与服务。围绕一些重要的社会问题，如抗疫、扶贫、妇女儿童权益保护等，各类非政府组织、非营利组织、慈善组织、社区志愿者组织的行动越来越多。在数字技术的帮助下，这些社会组织的规模日益扩大，管理日益规范，形式日益丰富，日益具备动员社会参与的号召力。疫情期间，社会各界的公益慈善组织，发挥了动员和汇聚民间力量的重要作用，为全民抗疫行动注入了正能量。

2 组织领导体系升级的三部曲：组织在线、业务协同、社会协同

实现社会大联动、大协同需要政府领导的组织和社会组织实现数字化升级，在此基础上，实现业务协同和社会协作，最终为数字治理创造前所未有的、更大规模的组织力。

（一）组织数字化与数字化组织

组织在线是数字治理的起点。基于协同软件，将组织各部门的分工协作实现线上化的过程，包括任务分派与督办、文件流转与审批、在线会议协同等，不仅包括固化组织的在线，也包括临时性、项目制组织的组建，其组织方式更加弹性灵活，不再受时空局限。

组织在线能够高效运转的一个重要前提是领导在线，各类组织的"一把手"在线，有助于形成自上而下的统一指挥，减少层层汇报的延迟，降低信息的不对称性，实现上下交流的即时性。同时，领导"坐镇"工作群，工作过程更加透明，有助于激励中层人员和基层人员加快工作节奏，避免工作推诿。

组织网络是进一步提升协同效率的必要路径。传统组织的交互以文件、会议等作为依据，为落实中央关于减少文山会海的要求，无纸化办公逐步流行，媒介

的变化促进了信息的流通，构建横纵交织、互联互通的组织网络成为可能。在实践中，浙江省等地的地方政府数字化运行的成功经验是以服务群众为核心，牵住"一件事"的"牛鼻子"，倒逼政府打破部门樊篱，重构行政流程，明确以"事件"为核心的牵头部门、责任部门和协调部门，提高群众的服务体验，基于数字化转型实现横纵网络的重构。

用好网络化的组织协同工具。组织协同工具是数字时代新兴组织架构的技术支柱，政府不仅要善于利用，还要推陈出新。比如浙江省在全省推行统一的"浙政钉"，整合了办文办会办事、督察督办、财政预算、绩效管理等多个数字化办公应用。据统计，截至2019年年底，"浙政钉"接入机构6.9万个，激活用户122.6万人，建立各类工作群29.4万个，汇聚整合各类应用1037个；2019年全年累计发送和接收"钉消息"1.17亿次，较2018年增长122%，累计召开视频会议15.8万余次，较2018年增长147%；累计传输电子文件2.1亿件次，较2018年增长347%。"浙政钉"成为综合性办公与管理平台的成功范例。

（二）组织协同与业务协同

在组织数字化的基础上，人们可以针对不同的应用场景设计灵活的组织方式、协同模式。由于数字化创新具有多样性，支持大量场景的有效手段是构建一个强大的数字政务中台，从而形成了大中台、小前台、灵活组织、敏捷"开发"的模式。

第一，从场景出发灵活设计组织方式和协同模式。在数字时代，环境多变、任务多变、目标多变，组织方式和协同模式也要从场景出发。比如，面对新的任务，临时组建各类"钉群"能够快速将不同部门组织起来，形成基于任务的"虚拟"组织。第二，通过政务中台实现网络和数据的通畅。网络通则组织通，数据通则业务通。长期以来，各机构的信息化项目是以业务为单元的，一个业务一个系统，一个机构拥有几十个、上百个系统很常见。过渡到移动办公时代，基层公务员需要登录多个App办公。政府可以对网络和系统进行重构，将各部门通用的办文、办事、办会等功能抽取出来，形成政务中台，基于中台支撑具体应用场景，为跨部门的协作和服务的创新、调整提供便利。同时，系统的重构可实现数据的统一采集、存储和处理，为汇聚数据和统一服务提供了环境。

（三）社会化协同与社会化组织

"社会"在"政府—社会—个人"的治理结构中扮演着承上启下、由下及上的角色。在这个多元、自组织的系统中，促进社会组织发挥更大作用，从方法论上分为三个层次：单个组织赋能、多个组织合作、整体社会进化。

第一，以开放的方式接入社会资源网络。政府要引导社会和企业开放自有数据，建构起一个更多元、多维度的数据开放共享格局，在治理中把企业的公共数据、社交媒体数据充分运用和分析起来。政府还可以通过数据、流程、决策、反馈的开放透明，引导公众参与社会治理，激活公共数据价值，接入社会资源网络，进而汇聚众智、共治共享，发展数字经济。

第二，以赋能的方式整合社会治理力量。以对社会大众赋能的方式引导公众参与社会治理，是一种低成本而高效的治理方式。比如多个城市实施的"随手拍违章"，让每个市民都有权举报发生在身边的交通违法行为，参与交通管理、维护交通秩序。再如在政府考评与监督过程中，"晾晒台""好差评"等制度公开展现了政务服务的质量，让群众参与对政府的绩效评价和监督。

第三，以合作的方式释放社会组织潜力。疫情期间，诸多民间组织和社会力量在募捐和物资调配等方面发挥了巨大作用。在后疫情时代，政府应以灵活、有效的激励机制和政策手段，鼓励行业协会、公益组织、医疗组织、教育组织等企业和社会团体参与社会治理，为社会力量提供稳定的参与渠道和资金来源。比如，政府可通过建立分层分级的社会组织税收优惠制度、放开公募权、发展公益信托、倡导社区公益等，完善多元主体的协作平台与共治机制。

第四，以市场化的方式鼓励社会化治理创新。政府依托市场机构的资源协调组织能力，构建互利共赢的商业模式，由此实现社会化的公共治理。比如，废品回收对垃圾处理、环境治理、资源优化处置都有重大意义，以旧衣物回收为例，因渠道分散、回收标准和技术不成熟，大量旧衣物被填埋或焚烧，造成污染和浪费。2018年，阿里巴巴旗下闲置交易平台闲鱼推出"旧衣回收服务"。闲鱼联合专业回收机构，通过专业人员上门回收旧衣物的方式，在科学分类的基础上，对大量衣物进行再生处理，将它们加工成工业用品或出口国外，使它们持续发挥价值。由此构建起的整条旧衣回收产业链，成为有盈利潜力的商业模式。

第五，以数字化的方式构建智能协同网络。传统模式下跨地域、跨领域、跨层级的资源整合往往周期长、成本高、收益低，而数字技术可以构建多方协同的网络，实现跨领域的资源整合。比如菜鸟通过"自建+合作"的方式，在全国构建起智能物流骨干网，同时，借助大数据、物联网等技术，建立数据应用平台，向更多的制造商、电商、物流、快递企业开放平台，促进海、陆、空等物流信息的共享，形成高效协同的智能网络，确保物品以低廉的成本、安全高效的方式运送到世界各地。

（四）提高大协同下的领导和指挥能力

抗击新冠肺炎疫情的胜利又一次证明，越是在重大、突发、危机的事件中，政府"集中力量办大事"的优势就越能够凸显出来。探索利用数字技术在大协同、大联动下建立覆盖全局的大指挥体系将成为后疫情时代的重要目标。

其一，数字世界看"大图"提高了政府的全局指挥能力。数字世界有全方位的信息、无限大的图层，能够将物理世界"看不见"的不同维度的信息进行全景展现。比如对于一个产业园来说，在数字世界中，除了园区建筑层面的信息，政府还可汇总公安、市场监管、税务、社保等信息，对其中的企业基本信息、运行情况、从业人员信息、园区税收情况等进行汇聚，进而结合区域的经济运行情况提供公共服务，或者在极端情况下有序启动应急处置，立足全局进行指挥。

其二，智能技术有"大用"提高了政府的科学决策能力。通过深度挖掘各类政务大数据，建立人工智能模型预测、数据智能决策的应用场景，政府可以绘制疫情监测、社会问题预测等方面的动态民情图。政府在进行资源调配、精准施策、监测分析等环节的工作时，可以采用这些技术，以发挥其资源整合、技术赋能、辅助决策的作用。

其三，从"仪表盘"到"驾驶舱"提高了政府的应急指挥能力。当前，部分机构依托云计算、大数据等技术设计了面向中高层管理人员的"仪表盘"，他们可以通过"仪表盘"直观地看到机构经营情况，并可就部分专题进行逐层下钻和展开。在智能时代，这将实现政府决策从单向的数据分析呈现向双向的互动和指挥操控转变，"仪表盘"最终变为"驾驶舱"。

（五）加强人才队伍建设，提升组织战斗力

强化政府数字领导力。政府的数字领导力依托"多元人才聚合"的数字化人才队伍，不仅需要大批精通基础数据资源的业务型人才，也需要了解数字技术、能够理解数字政府建设的技术型人才，还需要善于管理、能够协调生态建设的管理型人才。

加强公务员数字技能培养。政府要将数字化技能水平纳入公务员特别是基层政府部门广大公务员的培训体系中，发展公务员"互联网+"教学和数字技术技能培训，积极采用移动技术、互联网、虚拟现实与增强现实、人机互动等数字化教学培训手段，推广微课程、线上线下混合式教学、在线直播等新型教学培训模式，让公务员真正把数字技术应用到对公共事务的管理和服务中。

探索双向人才流动机制。实现人才的交流互通，一是探索政产学研人才"旋转门"机制，让智库、企业、学界的数字化人才进入政府任职，参与政策制定，打造数字化团队，推动数字化建设；二是支持公务人员停薪留职，进入企业工作，提升政府官员的数字素养和技术能力；三是加强基础教育，建立适应数字化时代的基础教育体系，培养创新型人才，优化社会教育，帮助社会人员接受数字化理念、学习使用数字化工具，为实现社会共治打好基础。

03.
标准规范体系：加速新技术向生产力的转化

确定准则对于世界有序运转的重要性不言而喻。秦始皇在统一六国时期，便通过"车同轨、书同文"的治理举措实现了国家统一，通过制定统一的标准，形成了中国在历史上的超大规模优势。

数字治理领域的标准化有助于释放数据处理的规模效应，可促进数字治理最佳秩序的实现，可实现治理成本降低及效率提升，有益于推进数字治理组织的协同合作进程，并为数字治理实践提供优秀经验。

1 标准化、规范化的任务空前增加

数字治理重塑和变革社会治理方式，需要构建与数字时代相适应的标准规范体系。

（一）数字时代需要与之适应的新标准

1. 标准化加快技术的发展与演进

就数字治理技术的标准化而言，数字治理标准规范既是数字技术进步的突破口，又是数字技术演进的助推器。古语有云："欲知平直，则必准绳；欲知方圆，则必规矩。"首先，基础技术类标准是针对基础问题及关键性技术的规范，其制定有助于形成技术领域内共同遵守的技术依据。其次，应用类规范的制定可实现对数字治理产品及服务的规范，促进相应产品、设备等之间的互联互通。再次，建立包括团体标准、行业标准、国家标准在内的多层次标准体系，有利于促进创新、保护创新，提高市场效率，降低消费者适应成本，促进产业健康发展，并为防范风险提供基线。最后，参照标准规范开展的新兴技术开发及应用活动形

成的结果及反馈,将成为标准进一步完善的依据,进而促进数字治理技术的更新与迭代。

2. 新技术、新产品、新应用需要新标准

建设数字治理新应用及新产品的标准规范,既是治理规范化的要求,又是提升治理水平的关键。新技术、新产品、新应用层出不穷,为了尽快使其规范发展,并迅速推广,政府需要制定新的标准规范。例如,人工智能、物联网已在智能家居领域形成诸多新产品及新应用,而《物联网智能家居数据和设备编码》《物联网智能家居设备描述方法》《智能家居自动控制设备通用技术要求》的发布及实施,有效促进了智能家居人机交互、通信统一、设备互联的实现。

3. 新业态、新模式需要新标准

首先,新业态、新模式在发展之初需要被合理约束。许多新业态在发展初期存在乱象,如P2P业务、非法集资及直播带货产生的虚假乱象,新兴零售食品存在安全问题,在线教育存在信息安全问题等,这些均需要政府通过系统的标准化建设布局,在行业初期通过标准规范进行合理约束。其次,行业的发展需要标准规范加以引导。如在自动驾驶领域,目前仅有由美国高速公路安全管理局和国际自动机工程师学会提出的汽车自动驾驶分级标准得到行业认可,但对于自动驾驶的实现路径及硬件标准,这些文件并未提及,也就是说,该领域仍然缺乏行业规则。对此,宝马与戴姆勒希望通过共同制定自动驾驶汽车领域的行业标准提升行业效率。最后,新业态、新模式标准规范的制定有助于促进行业监管。以直播带货为例,为应对虚假宣传、隐私侵害、价格炒作等问题,中商联媒体购物专业委员会计划围绕直播购物、网络购物,牵头起草两项标准,旨在为监管机构提供监管规则与依据,最终实现行业内的最佳秩序。

案例：自动驾驶领域龙头企业加强行业标准制定合作

自动驾驶作为未来交通领域的发展方向，是各个国家及各个车企角逐的重要舞台，但由于自动驾驶的研发成本高昂，车企之间的合作同样不可或缺。宝马与戴姆勒，作为传统车企巨头，于2019年2月签署了谅解备忘录，旨在共同开发下一代自动驾驶技术。在之后的日内瓦车展上，双方高管提出希望制定自动驾驶汽车领域的行业标准。自动驾驶领域的潜在责任风险则更突出了制定技术标准的必要性，技术标准能够为监管机构制定监管规则提供依据。宝马与戴姆勒在制定行业标准上合作，一方面通过合作分担了投资，降低了成本；另一方面弥补了自动驾驶领域标准规则的缺失，为行业的规范化提供了依据。

4. 新业务、新服务需要新标准

在数字技术与行业领域深度融合的背景下，推进数字化转型成为各行各业的当务之急。完成数字化转型的标准化工作，首先要针对新业务、新服务在发展中面临的新问题，做出新的规则，对其加以定义和规范，以适应新情况和新需求。以疫情期间兴起的无接触服务为例，美团外卖针对无接触配送服务制定了操作规范。制定针对新业务及新服务的新标准可实现对其内容、行为、技术、运行等方面的规范，以提升新业务、新服务的水平。在在线教育领域，在线教育国家标准能够对在线课程平台进行规范，涉及平台内容、平台数据、平台安全及平台运行等，同时也可用于规范平台的用户行为。在此方面，VIPKID已在服务标准和测评体系方面进行了初步探索。

案例：无接触配送服务规范制定

春节期间，美团外卖推出无接触配送，即用户下单时可通过订单备注与骑手协商商品放置的位置，商品送达后由用户自行领取。为了对无接触配送中的操作规范进行明确界定，美团外卖于2020年1月发布了《无接触配送服务规范》，对术语定义、平台信息服务能力、服务流程、服务质量方面进行规定。紧随其后，2020年3月，由美团发起、中国贸促会商业行业委员会立项的《无接触配送服务规范》团体标准正式发布实施，该文件成为国内无接触配送领域首个团体标准。在此基础上，中国商业联合会、北京三快在线科技有限公司、中国国际贸易促进委员会商业行业委员会、中国标准化研究院等单位负责起草的《无接触配送服务规范》国家标准，于2020年4月进入征求意见阶段。

（二）数字孪生不断深化，需要跨越二元世界的标准体系

1. 物理世界标准体系延伸至数字世界

近年来，数字孪生的热度不断攀升，数字孪生也被视为行业市场中新的竞争点。数字孪生借助传感器、大数据、人工智能等技术，在虚拟空间中实现对物理实体的数字化表达，以便人们对物理世界进行更为智能化的管理。在此意义上，数字孪生实现了物理世界与数字世界之间的连接，二者之间的衔接被视为真正的全生命周期。

一方面，数字孪生中的虚拟实体是对物理实体的映射，物理实体是数字孪生中虚拟实体的生成基础。无论是波音777上300万个零部件还是人类的心脏，抑或是NASA阿波罗项目中由实物转化而来的孪生飞行器，其物理实体与虚拟实体间的映射关系都决定了物理世界的规则是虚拟世界的内在继承。另一方面，物理世界与数字世界间的交互与连接是数字孪生的核心，由于物理世界和数字世界的交互加深，人们需要考虑原本适用于物理世界的标准规范体系是否能够适应数字世界，原先制造领域中产品的设计、制造、运营等规范是否可完全移植到数字孪生应用中，在交通领域针对汽车、飞机、火车等的标准是否适用于数字化环境。

正如物理世界的运作及发展自有其标准规范体系加以约束，在数字世界中，

人们同样应当构建数字孪生的标准规范体系，以实现数字孪生基础、共性、技术、工具、测评、安全及行业应用的规范。

2. 数字世界需要一套完整的标准体系

数字孪生的核心在于对全生命周期管理的实践和贯彻。为充分发挥数字孪生的优势，促进其应用及发展，我们需在数字世界构建完整的标准体系，以支撑数字世界的有序运转。构建数字世界的标准规范体系，首要应当构建数字孪生的基础共性及关键技术标准，这些标准不仅能够为数字孪生的发展及应用提供基础支撑，还能够破除数字孪生的技术壁垒、促进数字孪生利益相关方之间的对话与交流。其次，数字孪生致力于实现数字世界与物理世界的联动，涉及生产、生活的方方面面，如数字孪生能够对制造流程、建筑结构、医学实验、城市管理等方面的资源进行优化配置，缩短救护车的行车时间以提高救援成功率，降低汽车、飞机等制造业的模拟测试成本等。因此，数字孪生在不同行业、不同场景的应用规范不可或缺。此外，安全标准是确保数字孪生顺利实施的重要规范，明确数据安全、系统安全、功能安全等，将有效提升数字世界的安全保障程度。总之，数字世界的标准规范体系应当覆盖数字孪生的全生命周期，以实现数字世界的协同高效。

2 构筑立体式的数字治理标准规范体系

构建全方位、多角度、多层次的标准规范体系，要升级基础设施标准规范，以开放的方式构建新型标准体系，提升数字治理水平。

（一）建立健全多层次的数字治理标准体系

一是完善数据标准。数据标准是数据资源发挥价值的重要前提。首先，在数据标准的顶层设计方面，由于数据资源的融合性、流动性趋势渐强，治理的主体、工具及客体日益复杂，治理活动已然超越了单一领域。因此，我们需要对数据标准体系框架进行整体规划和管理，即结合数据全生命周期开展整体设计。

其次，在标准体系的关系协调方面，数据标准体系与业务标准的边界如何确定、大数据处理标准与传统数据处理标准如何衔接等问题，均是有待明确的议题。

再次，在数据标准组织方面，由于数据标准的重要性日益凸显，国际标准组织ISO对其内部工作组进行了整合优化。我国各领域标准制定部门在按照业态划分的组织架构方面也存在调整优化的空间。

最后，在实践方面，数据的交互和共享依赖分级分类管理，这类基础性标准的滞后，让很多机构对基于数据共享交换的应用及服务望而却步。因此，针对制约数字治理实践发展的痛点集中力量推出关键标准，是促进数据价值发掘的必然要求。

案例：贵州省地方标准《政府数据 数据分类分级指南》

（DB 52/T 1123—2016）

政务数据共享和交换是数字政府建设的关键环节，但由于数据分级分类标准的滞后或缺失，一方面政府部门无法全面掌握所有数据的业务类别属性，另一方面政府无法针对数据的敏感等级制定数据应用及保护策略。在贵州省开展"云上贵州"建设的过程中，为有效推动大数据治理及数据资产管理，云上贵州大数据产业发展有限公司、贵州中软云上数据技术服务有限公司、工信部电子工业标准化研究院和贵阳市信息产业发展中心于2016年联合编制了贵州省的地方标准——《政府数据 数据分类分级指南》（DB 52/T 1123—2016）。该标准对贵州省范围内的政府数据资源按照主题、行业及服务进行分类，并按照数据敏感程度进行分级，指导政府部门开展数据分类，为数据定级提供支撑，实现最大限度挖掘数据价值，促进政务数据共享和交换。

二是贯彻安全标准。在数据价值不断受到重视并发挥巨大影响力的过程中，数据安全的威胁及隐患层出不穷，如个人信息遭泄露和倒卖的新闻屡见不鲜，实施数据融合引发隐私保护问题，技术外包模式中存在数据安全问题等，数据安全和数据保护体系亟须建立。

数据安全标准是实现数据安全与保护的重要组成部分，主要包括三个方面。首先，我们要建立覆盖数据全生命周期的数据安全标准，对数据采集、存储、处理、应用、处置等全过程进行规范。其次，我们要更新原有的安全标准以应对新技术带来的安全问题，如《网络安全等级保护条例》就充分考虑了各类新技术应用及风险管理的理念，结合技术落地过程中和项目生命周期中的安全要求，对技术、管理、数据提出了新的要求。部分重点行业将在该文件的基础上，强化行业属性，制定本行业的安全监测标准。最后，我们要关注新技术在安全保障方面能力的提升。如区块链、加密技术等的应用范围逐步扩大，对原有的安全管理措施和技术管理措施都提出了新的要求，政府要围绕安全保护技术的应用等提出数据安全保护方面的规范。

三是升级业务标准。数字技术的发展及应用催生出诸多新兴业务与服务模型，如电子政务领域的数字政府建设、政务服务，城市生活领域的城市大脑、未来社区场景，公共卫生领域因疫情防控而兴起的无接触服务，金融领域兴起的开放银行等。围绕新兴业务与行业应用开展行业标准规范制定与发布，在行业范围内形成共同遵守的准则与规范，对于推进新兴业务与应用发展至关重要。

对此，首先要实现传统业务标准的数字化升级。数字化转型过程会涉及管理规则升级、组织重组、流程重构、新技术或新业务创新，因此，传统业务领域的标准升级应针对数字化转型业务活动展开。其次，各业务领域要围绕新业务的业务流程、活动展开制定新业务标准。数字治理模式下的新业务往往以数据服务形式出现，相关的标准主要是接口类标准和基础数据标准。以金融科技创新为例，跨境交易国际标准的差异增加了交易成本，全球经济和贸易的不确定性增强，因此，全球数据交换的标准化亟须实现，各国及国际化组织同时加强了对金融科技标准化战略的规划。

四是推广服务标准。当前数字技术与行业的融合加剧，各行各业均在推动数字化转型，数字教育、数字医疗、数字旅游等数字服务逐渐繁荣。为规范服务内容、优化服务过程并提高服务质量，各行各业均需制定并推广数字服务标准，实现数字服务的标准化。制定服务标准，首先，明确数字服务的对象及具体需求，确立服务标准的基本原则及相关定义，在此基础上，形成对服务过程、服务要素、服务质量、具体操作的规范。其次，数字服务支撑技术、支撑平台的功能与能力共同构成数字服务开展的有效保障。最后，政府借助数字服务标准规范实现对数字服务行业生态的构建与培育。以英国为开展数字政府建设发布的《数字服务标准》为例，该项服务标准坚持以用户需求为中心，规定了推行数字服务的原则、工作过程及技术工具等。该项服务标准的推行及实施有助于提升数字服务的普及性及普惠性，从而实现数字政府建设的目标。

案例：英国数字政府建设《数字服务标准》更新

英国的电子政务发展在全球处于领先位置，这与英国政府发布的一系列数字政府战略及标准密不可分。2019年，英国政府网对《数字服务标准》进行更新，重点突出了对用户的理解、源代码的开放、开放标准与组件、产品迭代与敏捷开发、多学科团队合作等内容。《数字服务标准》明确了英国政府数字服务标准的内容、原则与具体要求，有助于促进跨组织边界、跨渠道的服务融合，实现提升英国公民、企业及其他用户在线服务体验的目的，最终推动英国数字服务的建设及发展。

（二）升级基础设施标准规范

一是升级传统基础设施数字化的标准规范。对于传统基础设施，如交通、环保、通信、能源、水利、建筑等领域的基础设施，由于云计算、大数据、人工智能、物联网等数字技术与其融合不断加强，其数字化进程加快。在当前数字治理的趋势及要求下，数字技术对传统基础设施的改造升级催生出以基础设施的互联互通为核心的增量型数字业务及数字活动。对既有基础设施进行升级改造，需要对数字化相关的内容加以规范，进而形成更为完善的标准规范体系。

以智慧高速公路标准规范建设为例，这不仅需要新增监控数据采集、设备测试、协同管理、智慧服务等标准，还需要与公安、测绘、气象等部门实现标准互认和数据共享，通过梳理、升级已有标准，新增数字业务及数字活动标准，为传统基础设施数字化运行提供保障。

二是构建新型基础设施标准规范体系。新型基础设施以搭载于硬件载体的软件应用为重点，并以数据处理及应用服务为核心业务。由于此类基础设施规模巨大、结构复杂、模式创新、形态多样，其标准规范体系的构建需要围绕建设、业务、技术、管理等进行，需要形成利益相关方共同遵守的标准规范。同时，由于新型基础设施的建设方式为市场化和生态化，更加需要通过标准化保障项目群顺畅协作和高质量建设运营，以加快新型基础设施建设。

以中国的5G标准规范建设为例，中国移动、华为积极向国际电信标准组织提交标准化提案和技术解决方案，地方政府同样积极部署5G网络基础设施建设，共同促进5G应用场景及细分领域的培育，最终促进5G生态系统的形成。

（三）以开放的方式构建新型标准体系

一是逐步实现多级别标准的对接与融合。在传统电子政务时代，信息系统的分散建设阻碍了信息的自由流通，造成信息孤岛、数据壁垒的出现。数字技术的发展及应用则为业务整合、数据整合及系统整合提供了技术工具。与此同时，数字治理的推行对数据资源的互联互通提出了更高要求。为促进数字治理的整体实现，一方面，政府要加强现有标准体系之间的对接与协同，全面梳理现有标准规范，针对共同议题构建标准规范之间的联系与体系结构，同时在利益相关方之间搭建协同的管理及实践机制。另一方面，政府要针对新兴的融合现象制定标准规范，如数字政府实践推行的"最多跑一次""一网通办""单一窗口"等。制定针对多部门的协同标准规范，需要梳理业务流程、数据资源等，研究制定多部门可通用的交互标准，如业务术语标准、服务接口标准等。在彼此交互的界面，各方参照协商一致的标准，形成标准规范之间的衔接与协调，才能够实现多方的互信互认、互联互通。

二是发挥社会组织的标准创新能力。作为治理的新模式与新趋势，数字治理的覆盖范围已然超越了单一主体、单一领域，数字治理的标准化工作自然无法仅靠单一组织完成。对此，吸纳社会组织参与数字治理，发挥其标准创新能力，将有助于推进数字治理的标准化进程。社会组织由某一领域的专业组织和专家组成，社会组织不仅掌握该领域的专业知识，而且可为机构提供专业咨询服务。同时，与正式的标准化组织相比，社会组织推进数字治理标准化的积极性更高、动机更强，与行业实践的结合更紧密，在标准化工作中的创新能力更突出，有助于减少标准化过程中的阻力和障碍。以欧洲塑料和橡胶制造商协会为例，该组织在塑料加工行业实现了不同组织间的协调一致，并发布了首个工业4.0数字化标准，该标准有助于促进不同制造商之间的对话，通过制造商设备间的数据流通，形成完整的信息流，实现行业内连续的数据交换，使工业4.0真正由设想走向实践应用。

案例：欧洲塑料和橡胶制造商协会推出首个工业4.0数字化标准

工业4.0开启了智能化时代的新篇章，其核心是互联，而制定数字化标准规范是推进互联的重要举措。在塑料加工行业，欧洲塑料和橡胶制造商协会于2018年公布了Euromap 77标准，该标准旨在促进注塑机与制造执行系统之间的标准化通信，与之相关的其他标准也正在布局，如Euromap 82：注塑机和温度控制装置之间的数据交换，Euromap 79：注塑机和机械手之间的数据交换，Euromap 84：挤出机和制造执行系统之间的数据交换。这些标准赋予不同制造商共同运作设备与交换信息的能力，通过完整的信息流促进了行业内资源的优化配置，是标准规范制定推进工业4.0实现的一次有益尝试。未来推进工业4.0发展，仍需促进全球性标准规范的研制。

三是鼓励企业构建标准化生态体系。由于企业直接面向市场提供产品与服务，企业对市场有着强烈的敏感度及洞察力，这使企业成为数字治理中最为活跃的参与主体。龙头企业参与构建标准化生态体系，是承担社会责任的一种体现。

龙头企业在数字治理业务活动中积累了实践经验，不仅在行业内部具有一定的示范作用，而且对行业规范化的需求强烈，因此，龙头企业应当积极贡献自身的解决方案与典型实践。如阿里巴巴率先针对数字政府及城市大脑展开探索，大疆在无人机领域贡献先进实践，比亚迪打造新能源汽车新标杆，滴滴在网约车领域积累经验，这些都是龙头企业研制标准规范的重要实践。

对企业在数字治理技术、产品和解决方案中的经验进行提炼固化，可形成企业标准，若企业实践成为行业最佳范例，则可将其升级为团体标准或行业标准。同时，对于我国具有足够优势并积累了丰富经验的数字治理领域，如第三方支付、5G、人工智能等领域，龙头企业则可进一步贡献中国治理经验与中国解决方案，推动数字治理国际标准的研制。

（四）促进标准规范研制的国际参与协调

在当前人类社会发展高度全球化的背景下，闭门造车已然背离世界发展的趋势。一方面，世界各国在数字治理领域的新兴探索层出不穷，各国在竞争关系中的摩擦和争议不断。另一方面，数字治理领域的未知挑战不断涌现，这为各国间构筑合作关系预留了空间，国家间的协商与配合有待加强。

当前，我国在5G、导航、人工智能领域具有一定优势，一些先进企业在行业领域贡献了出色的解决方案，同时积累了丰富的实践经验。我国应当注重数字治理领域的国际影响力提升，尤其需要在我国处于领先地位的领域加快构建新技术、新产业的标准规范体系，以积累经验及最佳实践为基础，参与新兴技术应用及数字治理的国际标准研制，这不仅有利于消除技术壁垒，同时有助于增强国际交流与合作。

04.
数据治理体系：将数据变成真正的"资源"

数据治理这个概念最早来自企业，强调的是从企业的高级管理层及组织架构和职责入手，建立企业级的数据治理体系，自上而下推动数据相关工作在全企业范围开展，从而实现数据增值。

但随着数据开放和流通技术及渠道的逐步完善，数据的跨组织乃至跨境流动已经发生，并呈现出日益普及的趋势。我们需要意识到，对数据的治理涉及个人、企业、政府，行业内和跨行业，区域内和跨区域，全国乃至全球多个层次，只有通过多层次的协同才能实现[1]。

1 数据治理是数据资源化的必经之路

（一）数据治理是对数据资源的"提纯"

如同只有在原油冶炼技术出现之后，石油才真正成为一种自然资源一样，数据的资源化也离不开数据价值的"提纯"。如果人们对数据的使用方式仅停留在信息的电子化层面，那么数据带来的效率提升将只能停留在量变层面，至多表现为信息存储容量和查询效率的提升，而数据作为一种新型资源蕴含的丰富价值并不能得到充分开发和利用，数据无法实现从信息载体到数据资源的彻底蜕变。

数据治理的目标是通过对原始数据进行"提纯"，使它成为一种能用、好用和易用的资源，使其潜藏在"海面之下"的价值得到充分开发和利用。如果将原始数据比作一条河流，那么数据治理就是在河流上修建的水力发电站。水力发电站通过一系列复杂的工程和组织结构，将水流蕴含的势能转化成电能，这样水流

---

[1] 资料来源：《数据大治理》研究报告，阿里研究院与毕马威联合发布，2020年7月。

就成了一种具备不同用途的通用型资源。反之，如果没有水力发电站对水流势能的转化，人们对其价值的利用恐怕只能停留在饮用和灌溉阶段。

（二）以数据治理保障数据资源利用降本增效

除了释放数据价值（增加收益），控制数据风险、降低数据成本也是数据治理工作的重要目标。具体来说，随着数字技术的快速发展，数据匮乏的年代正逐渐过去，获取数据的门槛正大幅降低。在缺乏有效管理手段的情况下，数据规模的急剧增长非但不能为组织带来按比例增长的收益，反而可能成为沉重的经济负担。一方面，存储巨量数据本身就意味着高额的成本，如果不能及时清理垃圾数据，组织的经济压力将越发沉重，数据安全隐患也越来越多。混乱的数据调用和拷贝，还可能导致重复建设和资源浪费。另一方面，数据规模的扩张还可能给数据质量的控制带来挑战，而数据质量的失控将极大影响数据驱动型业务的正常开展，并带来大量的数据安全隐患。例如，多源头获取数据情况的增加，就可能加剧企业内部数据标准不统一的程度，增加跨部门数据查找和调用的难度，企业也难以对数据资源的利用效率进行合理评估，最终导致重复投资和资源浪费。

总而言之，数据的获取、存储和计算等都是需要成本的。实现数据资源的投入产出比最大化，正是数据治理的最终目标。为此，我们需要站在顶层设计的高度，在组织内部建立数据治理的组织架构，明确各层级、各部门的职责要求，并通过制定和实施系统化的制度、流程和方法，让组织内部的数据从"无序"状态回归"有序"状态，以实现数据资源利用率的系统性提升，并有效控制数据风险的外溢。

2 数据治理的组织机制建设

（一）将数据治理内嵌于组织治理机制之中

数据治理并非只是一套单纯的技术解决方案，而是从决策层到技术层，从管理制度到工具支撑，自上而下贯穿整个组织架构的完整链条，是建立在数据存储、访问、验证、保护和使用等数据全生命周期各个环节之上的一系列程序、标准、指标和规则，并通过持续性的评估、指导和监督予以保障，从而促成富有成效的数据利用，最终为数据控制者充分发掘和利用数据价值创造便利条件。

在初始的意义上，数据治理就是一种以公司治理为摹本的资产管理，需要从组织战略层面自上而下推动，通过建立组织架构，明确董事会、监事会、高级管理层及内设部门等职责要求，制定和实施系统化的制度、流程和方法，确保数据统一管理、高效运行，并在经营管理中充分发挥价值的动态过程。例如，2018年5月21日中国银行保险监督管理委员会正式发布的《银行业金融机构数据治理指引》，要求银行业金融机构将数据治理纳入公司治理范畴，建立自上而下、协调一致的数据治理体系；监管机构根据数据治理情况评价公司治理水平，评价结果甚至与监管评级挂钩。

因此，只有将数据治理体系内嵌于组织的治理结构，让数据治理的理念和职责转化为各部门乃至各组织成员的基本职责，方可为组织真正注入数据驱动基因，在实现数据资源顺畅流转和高效利用的同时有效管控风险，最大限度发掘数据的潜在价值。

（二）构建数据治理"三道防线"，实现数据闭环管控

所谓数据治理"三道防线"，是指组织内部对数据资源进行有效管理的组织架构，是数据管理全面化、体系化的具体体现。目前，正有越来越多的领先企业将"三道防线"机制视为构建数据治理组织架构的最佳实践。

第一道防线：业务管理条线。业务管理条线主要负责本业务管理条线的数据治理，实施数据源头管控，负责相关业务制度的制定、执行、日常检查和持续改进，管理业务领域数据源，落实数据质量控制机制，执行数据治理相关工作要求，及时收集业务管理条线的数据问题和数据需求，动态调整制度、流程、数据

控制措施，提出数据治理体系和数据管理工作提升建议。

第二道防线：数据治理条线。数据治理条线主要负责实施数据治理体系建设，协调落实数据管理运行机制，制定和实施系统化的制度、流程和方法，发挥其对一线部门的设计、管理、控制、指导和监督作用，实现数据统一管理和有效运营，推动数据在组织经营管理流程中发挥作用；并对自身的风险进行识别、计量、监测和控制，将数据治理融入业务流程、产品创新和日常管理当，提升穿透式数据风险管控效果。

第三道防线：审计监督条线。审计监督条线以促进组织运营目标和数据战略的实现为出发点，强化以数据问题为导向的内部审计和检查，对重点业务和管理领域开展检查，揭示重大违法违规数据问题和重大数据风险，对组织的数据治理效果和健康度进行再评估；对第一、第二道防线的管理措施和效果进行再评估、再监督；对数据治理的整体有效性进行再评估，并向上层管理部门提出独立的建议和报告，由此建立常态化的整改持续跟踪机制，强化审计成果利用。

数据治理"三道防线"融合了组织内部前、中、后台的部门和人员，只有相关人员各负其责，加强"三道防线"的沟通联系，形成合力，实现信息共享、联动互动、合理覆盖，才能建成有效的全面数据治理体系，切实提升数据管理水平，充分释放数据价值。

在"三道防线"的架构中，组织还需要建立包括战略制定层、管理层和业务执行层在内的多层次、相互衔接的运行机制。以企业为例，第一，董事会作为数据治理的最高决策机构，应在宏观层面制定企业的数据发展战略，明确数据资源在驱动企业发展过程中的地位与价值，并对数据治理承担最终责任；第二，高级管理层负责建立数据治理体系，制定和实施问责和激励机制，组织评估数据治理的有效性和执行情况，保障数据治理资源配置，并定期向董事会报告；第三，在董事会或高级管理层下设立的数据治理委员会和首席数据官，负责审批数据战略及与数据治理相关的重大事项。最终，业务部门、数据治理牵头部门、内部审计等部门共同组成"三道防线"，形成完整的数据治理架构体系，各司其职、分工合作，有效发挥作用。

3 数据治理的关键：可见、易用、好用、放心

在数字时代，在组织生产活动的各个环节中，数据资源的管理都发挥着至关重要的作用。组织可以通过构建科学高效的数据治理体系，保障组织内部的数据清晰、高质量和安全合规，以便通过提高数据获取和数据分析的效率，加速数据价值传导，最终通过数据驱动业务发展和模式创新。

（一）可见：盘点数据资产，形成数据地图

对于一个组织来说，要想实现对数据资源的高效利用，首要任务就是从全域角度了解自己手中的数据，包括数据的来源、规模、类目、质量、用途等，形成关于数据资产的一张全图。为此，组织需要以对元数据的治理为基础，基于统一的方法和标准，对来自不同渠道、以不同格式记录的数据进行结构化处理，并通过对数据进行多维度的打标和分类，绘制出一张覆盖各业务条线和数据利用周期的数据资产地图，实现数据资源的可视化。

一方面，数据资产的可视化有助于组织内部不同部门快速查询和调用相关数据，并在数据地图的基础上，建立覆盖全链路的数据血缘系统。组织内各部门通过追踪每一条数据的全生命周期，掌握数据从哪里来、到哪里去、如何被使用，以及被使用后的价值发挥情况，最终达到准确解析数据上下游依赖情况、产出、使用信息、数据价值的效果。另一方面，数据资产的可视化，可以帮助组织更为清晰、准确地发现数据资源在获取和利用过程中存在的短板和瓶颈，主要包括范围差距识别，即从业务需要和同业对比的角度，识别组织在数据资源获取方面存在的"缺口"；标准化差距识别，即对数据的结构化和标准化水平、是否存在阻碍数据利用的情况进行识别；质量差距识别，即从数据自身的完整性、真实性、可用性、保密性等角度出发，对数据质量能否满足业务需要并符合国家、行业标准进行识别。此外，通过对组织全域数据资源情况的掌握，组织可以有效减少在

数据获取和存储方面的重复投资，充分利用数据的可复制性提升数据资源的投入产出比，尽量避免"重复制造轮子"的情况发生。

（二）易用：以数据中台打通内部壁垒，加速数据价值传导

在实践中，组织的数字化转型往往始于具体业务的发展，而在此种自下而上且具有一定自发性的数字化进程中，业务部门大多会根据本部门的业务特点，对涉及的数据进行单独定义、存储和使用。

长此以往，组织内部将形成一个个数据孤岛，各孤岛之间既存在物理上的樊篱（数据单独存储、维护、使用），也存在逻辑上的互斥（数据标准不一、存储格式不同、字段描述各异）。数据孤岛现象的存在，让组织难以从宏观层面掌握数据资源的全貌。组织应通过对数据获取、存储和使用等各个环节的统筹规划，提高数据资源利用率，并使其潜在价值在融合和流动中得到充分释放。

为有效应对数据孤岛困境，打通组织内部的数据壁垒，组织首先需要在治理结构层面做出对应安排，建立专门部门从全局角度对组织各部门掌握的数据资源进行统筹管理，并制定适用于整个组织的数据管理制度，明确参与部门、职责分工、工作流程、支撑工具等。与此同时，在有效建立组织保障机制的基础上，组织还应通过技术手段确保数据治理规则能够得到有效执行，可通过引入数据中台机制完善数据登记、数据申请、数据审批、数据传输等相关环节的标准规范，将来自不同部门的数据按照一定的主题或类型进行汇聚，并将数据标签化、产品化，形成不同的主题数据库，进而根据各部门的职能范围和数据调用权限，设置相应的数据访问和获取接口，以自动化、智能化的方式提升数据的可获得性，提高数据资源的复用率，满足不同业务的个性化需求，最终实现在不颠覆组织内部部门专业分工的基础上，在数据资源层面突破部门之间的边界，为实现业务流程的优化与再造创造条件。

案例：数据治理支撑政务中台建设运营

浙江省"最多跑一次"改革通过引入数据中台机制，打通了各部门、各层级之间林立的"数据烟囱"，让原本因涉及多个部门而"碎片化"的办事流程，得以从办事者的角度实现"一站式"归口。办事者只需一次性提交相关材料，即可让数据代替他在各部门之间"跑路"。浙江省实现了一站式的多事项联办，在大幅减轻办事人负担的同时，也为政府部门内部办事流程的优化和再造提供了契机。最为典型的代表是"出生一件事"小程序（见图7-1），该小程序将新生儿出生后需要在卫健、人社、公安等多个部门办理的各类事项（包括办理出生证、落户、社保、市民卡等）进行整合，让办事者只需在App端提交一次资料，即可完成多证联办。

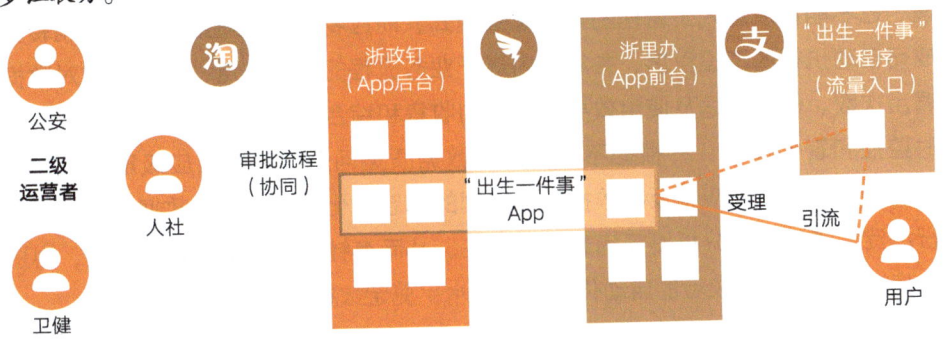

图7-1 "出生一件事"小程序运作原理示意图

支持跨部门数据联通的正是数据治理工作。政府通过梳理全省各委办局的数据资源，形成动态维护的数据资源目录，明确数据认责机制，确保数据主责单位保障数据质量，细化数据共享标准，对齐数据指标口径，搭建数据共享交换平台，实现权限控制下的数据顺畅交互。经过幕后一系列的数据治理工作，政府才能够以市民、企业为中心对数据资源进行整合，形成对同一主体的多维度服务。

(三)好用：落实元数据管理，统一数据标准，提升数据质量

随着数据采集方式和来源渠道的日益多元，数据的复杂程度将随数据规模的扩大而呈指数级上升。为解决上述问题，组织需要建立一套与自身需求和所处领域相适应的数据质量监控规则，从数据源头加强对数据质量的控制，并形成覆盖数据全生命周期的数据质量管理体系，实现数据向优质资产的转变。

对于数据质量的严格控制，一方面，组织应建立统一的、覆盖数据采集、存储、传输、调用等各生命周期的质量标准，通过督促组织内各部门在从事数据活动时遵循统一的规则和流程，保障数据资源的可用性、准确性、完整性和一致性。另一方面，面对海量的数据规模和调用频率，组织对数据质量的检测与管理，已不能再沿用人工管理的传统思维模式，而应将对数据质量的监测机制转化成可自动执行的预设程序，并将其内嵌于业务流程的关键节点，从而通过对数据调用次数、使用用途及使用效果等数据的收集和综合评估，实现对数据质量的实时监控和智能校验，并根据不同级别的数据质量问题，触发相应级别的应对措施。此外，组织还应将反映数据质量问题的信息转化成结构化的数据并对数据进行沉淀，通过统计分析发现问题症结所在，从而有针对性地提出解决方案，为进一步提升数据质量校验的自动化、智能化水平奠定数据基础。

(四)放心：保障数据安全合规

近年来，一系列数据安全事件的爆发，使数据安全的重要性被提到了前所未有的高度，数据安全与国家、社会乃至个人的切身利益息息相关。因此，可以说，保障数据安全是数据治理体系的底线，组织需要通过制定完善的数据安全策略、建立体系化的数据安全措施、执行数据安全审计，全方位进行安全管控，确保数据获取和使用合法合规，为数据价值的充分挖掘提供安全可靠的环境。

在风险无处不在的时代，数据安全风险无法绝对避免，数据治理需要在底线思维的基础上，平衡好数据安全和发展之间的关系。要实现这一目标，关键要

让数据安全能力与数据资源的使用权限相匹配，建立以数据为中心、以组织为单位、以能力成熟度为抓手的安全保障机制。

以数据为中心是数据安全治理的核心技术思想。数据全生命周期的不同阶段存在着不同类型的安全威胁，对应的安全手段也有所不同。数据采集阶段存在着数据被攻击者直接窃取，或者个人生物特征数据因不必要的存储而面临泄露危险等问题；数据存储阶段存在存储系统被入侵导致数据被窃取，或者授权用户在无应用场景支持访问用户敏感数据，或者存储设备丢失导致数据泄露等问题；数据处理阶段存在算法不当导致用户个人信息泄露等问题。把不同阶段存在的风险放到一起进行综合考虑，建立强调整体而不是某个环节的安全能力，是以数据为中心的数据安全观念之核心。

以组织为单位是数据安全治理的核心管理模式。在传统的数据安全观念中，数据安全治理主要保护的是数据系统自身的安全，此种思路在数据处于静止状态时是适用的。随着数据在不同系统、产业和业务环节之间的快速流转逐渐成为常态，单纯以某个系统的安全为中心的思路已经无法满足保障数据安全的需求。因此，以拥有和使用数据的组织为单位，通过对其安全能力的要求实现对数据安全的保护是数据安全治理的新思路。

以能力成熟度为抓手是数据安全治理规则最终得到落实的关键。这主要表现为建立数据安全等级保护机制，根据数据的类型、敏感程度、数量规模及数据用途等特征，设置与之相应的数据安全保障要求，避免组织因缺乏数据安全保护能力造成安全隐患。

正是基于上述理念，在全国信息安全标准委员会的指导和管理下，阿里巴巴联合中国电子技术标准化研究院、国家信息安全工程技术研究中心、中国信息安全测评中心等业内权威机构、学术单位、企业，共同起草了国家标准——《信息安全技术数据安全能力成熟度模型》（以下简称"DSMM"，见图7-2）。该模型将数据安全按照生命周期分为数据采集安全、数据传输安全、数据存储安全、数据处理安全、数据交换安全、数据销毁安全六个阶段；同时从组织建设、制度流程、技术工具、人员能力四个维度，对组织在不同阶段的安全能力进行评估，最终将组织的能力成熟度划分为五个等级，形成一个三维立体模型，全方位对组织的数据安全进行能力评估。

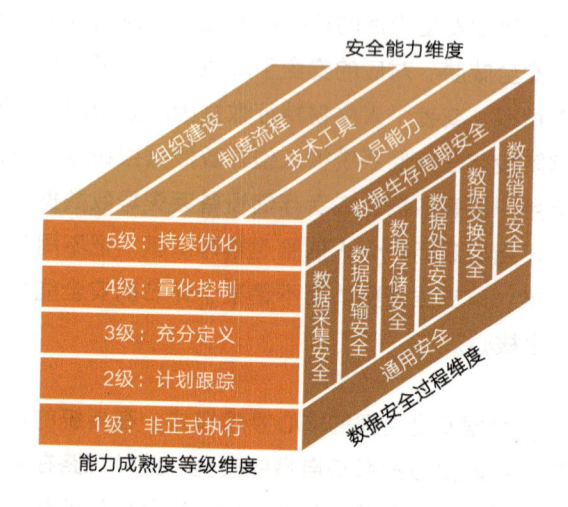

图7-2　DSMM示意图

05.
安全保障体系：数字时代安全新基石

在过去二十年里，信息安全问题层出不穷，从早期的设备安全问题，演变到网络安全问题乃至今天的数据安全问题。这些问题严重威胁了数字世界和物理世界的创新发展，在安全隐私、生物特征数据等热点领域引发了法律上、道德上的争议。仅2019年就有多个城市因基础设施受到攻击而形成长达数天，多家国际大型企业因遭受网络攻击形成亿级用户数据泄露。

因此，解决数字时代的安全问题，是一项完整、独立的工作，是数字世界的一体两面。在实践中，完全解决安全问题是不可能的，如同数字治理的其他部分需要与时俱进、不断迭代一样，安全保障体系也是一个动态发展的体系。我们需要从数字安全的范畴和标准入手，明确当前阶段的重点风险和可接受的安全标准，进而建立一套切实可行、鼓励发展、守住底线的安全保障体系。

1 不断扩大的数字安全范畴

（一）相互交织的数字世界与物理世界的安全问题

数字技术可以让物理世界变得更安全。数字技术可以帮助我们监测、模拟、评估生产生活过程，实现对物理世界实时、精准的描述和预判，及时部署、优化相应的安全防护措施，达到最优的安全防护目的。比如，基于物联网技术的安防监控体系，可以在控制人力成本的同时，提升各类数据中心远程、实时监控水平，且7×24小时不间断运行，能够满足重要设施不间断运行的要求；基于人工智能技术的疲劳识别系统可以对司机疲劳驾驶行为进行识别和预警，降低交通事故发生概率；基于区块链的食品溯源体系，可以建立田间到餐桌的食品供应体系。上述应用已在多个国家经过市场检验，初见成效，未来将进一步完善。

但与此同时，数字技术也给物理世界带来了新问题。首先，数字世界自身的安全问题往往比较复杂、隐蔽。当前，我们的生产生活高度依赖各类数字技术，精彩纷呈的数字世界也呈现出脆弱的一面。比如，程序漏洞导致购票程序无法正常使用，用户密码被盗造成用户资金被窃，黑客攻击、病毒侵害或电缆被挖断等原因造成网络瘫痪或数据丢失及政务服务和企业运营停摆。由于数字世界的技术壁垒高，网络环境瞬息万变，软硬件资源的关联复杂，攻击者从遥远、隐蔽的物理位置就可以攻击一个组织的网络安全短板，进而对大范围网络和重要系统进行破坏。可以说，数字世界的安全问题更具复杂性和隐蔽性，一段代码就可能引起轩然大波。

随着5G万物互联时代的到来，数字世界和物理世界安全问题的关联度也被加强。物联网将城市运行的各类设施和人员连接起来，人们可以对家庭电器、城市电网、消防监控、地下管道等进行实时监测和控制，为智慧生活和高效生产带来便利，同时降低成本。然而，也有一些不法分子采用技术手段对城市基础设施和公共服务进行攻击，比如对关键基础设施的复杂网络进行攻击，使工业控制系统陷入停顿；通过低功率广域网和设备通信劫持、利用勒索软件造成系统锁定威胁；操纵传感器数据，引起广泛恐慌；通过撞库窃取公民医疗保健数据、消费者数据和个人身份信息。目前，城市基础设施的信息安全问题，已经被越来越多的国家重视，数字世界的风险已经渗透到居民的日常生活。

（二）有机结合的安全技术与安全管理

在互联网进入中国的初期，网络管理员就认识到了安全管理和安全技术同等重要。完善的安全管理体系不仅可以提升安全管理的效果，而且可以降低技术要求，解决安全管理投入成本高的问题。随着各领域数字化进程加快，组织内部管理和外部服务线上化的比重越来越高，安全保障也由物理空间向数字世界延伸。从基础设施到应用服务的多层次安全保障体系给了我们更安全的感觉，于是，淹没于数字海洋的"人"，在安全保障体系中的作用似乎在逐步淡化。然而，到底是"人"更安全还是机器更安全呢？Tessian的报告显示，33%的企业网络安全或数据安全事件与员工失误有关；2020年3月，RSAC2020网络安全大会将"人的因素"作为主题。我们可以看到，各机构对"人"的重要性已形成共识。GoSecurity公司2020年全球企业安全调查报告指出，安全人士普遍认为，对组织员工的安全意识进行培训是最有效的网络安全措施。

安全法规和标准规范发挥着安全保障体系基准的作用。数字时代的安全保障，可能是智能化管理的大楼、7×24小时无死角的监控、训练有素的武警、实时感知和总控的指挥中心、高加密级别的数据库等。但这些都是实施层面的防护，指导它们的是安全法规和标准规范。目前，国家已经在积极出台一些重要的安全法规和标准规范，比如《网络安全法》提出了网络安全的准则，《关键信息基础设施安全保护条例（征求意见稿）》和《关键信息基础设施安全检查评估指南》明确了关键基础设施的界定范围和防护要求，《网络安全等级保护条例》《密码法》，以及即将出台的《个人信息保护法》《数据安全法》，提出了分级分类的保护规则要求，各地区、各行业也会发布更为具体细致的实施指南。

在这些安全法规和标准规范的基础上，我们可以把安全管理和安全技术有机地结合在一起。其中技术部分体现为安全设施的构建、具体参数配置、监控及应急指挥平台等；管理部分包括对各相关方职责、权力的界定，以及对人员的培训和教育。安全保障体系的落地，需要技术手段与管理协同互动，比如基础设施的运维往往需要自动监控与人工巡检相结合；在重要系统升级的过程中，除了要有自动化脚本，所有操作都需要双人复核；在数字安全的溯源中，除了要运用区块链等技术，还要对数据权限进行管理。安全管理的落地需要安全技术的支撑，安全技术实现的过程优化安全管理细则，最终形成一个循环迭代的闭环。

2 不断发展的数字安全理念

（一）没有绝对的安全，但可以更安全

漏洞是数字世界的"原住民"。如同现实世界存在每千字差错率、生产线次

品率，数字世界也存在着瑕疵，比如网络丢包率、程序出错率、服务中断率等，我们可以将它们统称为漏洞。一方面，漏洞的产生是编程过程不完善所致，程序过于复杂，多系统交错、多层次引用、多版本迭代、多团队协作，以及人员对技术的掌控不足等都可能造成漏洞；另一方面，漏洞也可能是人为恶意注入的，比如攻击者掌握程序后门并进行篡改，设定问题激化的条件，通过在特定时间进行特定操作引发大范围的服务中止。

在实践中，漏洞比较常见。不仅互联网创新类产品可能因时间过紧产生漏洞，在传统行业中，定制软件经多轮测试后，仍有可能因投产时间"后墙不倒"而带"小病"上岗，后期再继续完善。因此，任何产品都是在用的过程中不断发现问题并逐步完善的。比如国产数据库的成熟度与Oracle和DB2有差距，这不是因为国外数据库的基因优质，而是因为它们已经历了几十年、千万家用户的打磨。

把风险控制在可接受的范围内。安全管理的首要步骤是"摸清家底"。所谓的安全并非消除全部风险，而是对各类风险进行全面评估，对于风险的可能性和影响力进行分级分类，从而杜绝重大风险，密切监控小风险，评估成本收益，逐步化解各类风险。对于重大风险，人们需要第一时间上报，提出对策，并调集资源进行化解。如果该项风险涉及多部门的协同，组织往往会成立由上一级领导牵头的专项工作组，通过协调各方，共同推动工作开展，同时密切关注工作进展。对于一般风险，组织也要分批制订应对计划，对可能升级的风险设置阈值，一旦条件触发，风险升级，组织需要及时干预，避免风险进一步扩大造成损失。

安全保障体系的根本是通过增加管理要求和技术复杂度，"花小钱办大事"，在问题尚未造成影响的阶段，采取关键防护措施。比如，为了保障重要业务连续运行，保护敏感用户数据，部分行业要求设置多地多中心的备份机制，要求网络运营商配置双线路、网络和计算设备冗余，并对数据进行多份存储和传输加密等。在公共服务领域，进入机场、地铁、医院等公共场合的人员需要通过安全检查，食品药品进入市场前需要进行检验检疫，这些措施虽然降低了一些效率，提高了部分成本，但总体目标是为发展营造良性环境。

实践是化解风险的最好办法。在风险管理的闭环中，基于风险分级分类评估是起点，提出风险应对措施是深化，付诸实践去应对和化解风险是关键一环。比如，化解高速公路等基础设施的风险隐患，在常规检修、设备监控的基础上，相关部门建立了主动监测机制，发动周边居民或过路人员通过拍摄照片或视频的方式反馈设施情况，针对具体情况采取应对措施，而非等到道路完全损坏再整体修缮。此外，在特殊情况下，如果既定的风险处置策略存在失效或与预期不符的情况，比如软件升级后，仍未达到预设的性能或功能指标，则还需要结合实际情况制定更为可行的措施。因此，实践是防范化解风险的重要手段。

（二）安全保障遵循"木桶原理"，必须构建系统化安全保障

从单点到系统，整体安全是安全的最终呈现。万物通过互联形成了一个综合体，各领域、各机构之间的安全边界日渐模糊，数据和服务交互让彼此的耦合度增加，也让安全风险的外溢性增强。黑客会选择一个组织中最薄弱的环节入手，比如要攻击重要业务系统，黑客会从办公系统侵入，找到重要系统的控制点和信息，进而发起全面攻击。因此，系统安全防护水平取决于最短板的安全水平。近年来，云计算、区块链的兴起，为构建系统安全、降低单一主体的安全投入成本提供了新的解决思路，逐渐成为数字治理体系中构建中台能力的主流模式。

云计算的应用了从云到网到端的全域安全保障体系。传统的安全保障体系是有既定边界的，基于云的安全防护体系则趋向无边界。而且，云、网、端相互连接和影响，组成了一个整体的安全保障体系，任何一个环节存在漏洞都有可能对整个体系产生威胁。以终端杀毒为例，独立终端杀毒耗时长，病毒库更新不及时，可能存在风险，而基于一体化的杀毒机制则充分发挥了云端计算的资源优势，能够快速扫描、识别风险，并对可疑程序进行处理，极大改善了用户体验，提升了终端用户的安全防护能力。

近年来，网络安全形势日趋严峻，云服务商面对越来越多的网络攻击，逐步构建起更为高效的监控运维体系和更为坚实的安全保障体系。以阿里云公有云平

台为例，该平台承载了全国50%的网络攻击，依靠全球范围的态势感知能力，能够快速识别最新威胁，率先预警，并有针对性地对系统进行升级，对威胁进行防御。该平台能够对攻击方进行溯源定位，全面分析进攻行为，并通过收集证据将不法分子绳之以法。相较于传统分散式的安全管理，依托云服务的集约化安全保障体系的防护效果更为显著，用户的总体投入也显著降低。

3 构建全方位数字治理安全保障体系

（一）树立现代思维体系下的新安全观

新安全观的根本是安全为发展服务，在发展中提升安全，其核心体现为底线思维、发展思维、体系化思维。

底线思维的关键，第一是厘清风险，第二是用制度法规确保底线的有效性，用清晰的底线保障创新活力。政府通过底线为各领域的稳定和发展划出清晰的界限，对突破底线的行为进行打击，对底线以上的广大领域，则鼓励各类社会组织积极创新。

发展思维的根本是不要被风险吓倒，鼓励底线之上的创新，包括制度创新、技术创新与应用创新。以制度创新为例，按照行业惯例，银行、证券机构的数据是不允许与非监管机构共享的，而随着多方安全计算等技术的发展，在制度上是否应允许此类机构的数据通过"不出域"的方式对外共享，从而创造更多的价值，是非常值得探索的。"一管就死、一放就乱"是中国监管的两难选择。数字治理为行业主管部门提供了工具支持，行业主管部门运用数字技术，全面掌握各种创新实践的发展情况，对于一些比较复杂的创新实践，也可以使用沙箱机制，在有限范围内允许一段时间的试运行，为制定风险可控的研究管理规则提供时间和方法。在看不清的时候，不妨"让子弹飞一会儿"。

体系化思维的根本是避免各扫门前雪，把个体的安全形势放到生态的大图中去看待。数字时代的万物互联将各种场所、设施、活动、人员等要素连接起来，传统的边界清晰的安全保障体系因此显得有些模糊。为此，组织在建立安全规则、实施安全管理时，需要"左看右看、上看下看"，对于横纵向的相关方进行关联分析，从立足全局的视角建立风险大图，并借助数字技术引入内外部的资源，实现对风险的处置和管控。以疫情防控为例，政府需要突破省市边界，甚至是国界，综合分析各种途径的风险传播路径，才能及时阻断疫情的传播，恢复生产生活。

（二）多维度构建现代化生态体系

基于上述安全观，我们可以从五个方面建立数字治理的安全保障体系。

第一，构建科学化的安全规范与标准体系。构建新型安全规范与标准体系，关键要从治理的全局出发，形成体系框架，分批推进各细分领域的安全规范和标准建设。第二，充分利用数字技术建立以数据为依据、以服务为载体的新型安全保障体系：在安全规则制定上，基于数据分析建立预警系统；在人员管理方面，加强安全教育，采用零信任的管理理念，建立对重点领域人员行为的监控、严格的权限管控和审计等多道防线，减少人为因素造成的各类安全事件。第三，建立多方联动的安全协同机制立足全局安全视角，建立安全信息共享机制，建立安全事件库，实现联防联控。第四，建设跨域的网络安全态势感知体系。对于跨领域的融合式创新，比如社交媒体做电商、银行提供买菜服务、便利店提供现金存取服务等，建立跨领域、跨机构的安全态势感知体系。第五，制定智能化安全风险评估体系。积极采用国际标准ISO 27001（信息安全体管理体系），广泛采用PDCA（Plan计划、Do执行、Check检查、Action反馈）方法论对风险进行闭环管理。

06.

建设运营体系：像重视建设那样重视运营

在推动数字治理落地方面，传统基于科层制治理、专业分工的金字塔结构显然无法适应大数据安全、统一、高效的要求。数字治理需要新的运营体系。与金字塔结构的单向度不同，新的建设运营体系更可能是一个多面体结构，在其内部，信息高效流通；在其外部，政府与社会、企业、公众等多元主体共同参与数字治理体系的建设运营。

1 数字治理体系的建设与运营日益复杂

一是从单领域建设到大体系构建。传统的政务信息化项目主要聚焦网络联通、技术平台和应用系统搭建，目标通常是提升某一领域的工作效率。而数字治理体系构建则更为复杂，需要把各个领域有机结合起来，形成横跨各个领域的大体系，涉及政策法规、标准规范、技术工具、数据治理、平台建设，安全管理措施，以及与社会组织、公众的协同等，不仅包涵传统数字政府信息化项目的建设，还包括交通、环保、文娱等更多领域的数字管理体系和技术体系的建设。

二是从单目标运维到服务化运营。传统的系统运维目标是维护网络和信息系统安全，确保系统顺畅运行和数据安全。各单位综合考虑系统复杂度、业务重要性及自身技术团队的实力等情况，有时会采取部分技术服务外包或全部外包的形式。

在数字治理模式下，运营管理的目标是支持治理体系的顺畅运转，与传统的系统运维目标相比，这个目标更复杂、多元，体现出"技术即服务"的理念，包括促进政策法规和标准规范落地的运营，对数据治理和服务的运营及对用户的运营等。数字治理模式下的运营管理涉及多个领域的社会组织，往往采用服务化运营方式，比如由培训机构推动政策宣贯，由检测认证机构确认标准落地，由专门的数据管理部门牵头数据整理和数据服务，由医疗、消防、交通等各领域专业机构为公众提供服务，委托或授权市场机构承担垃圾分类、三农服务等运营服务工作。

2 建设运营模式走向众治、共治

一是从政府自建到全社会共建。新型基础设施相当于数字世界的"铁公机"，主要包括信息基础设施、融合基础设施和创新基础设施。相较于传统基础设施，新型基础设施的范围更广，层次更丰富，对资金、专业技术、专业团队、运营能力的要求也更高。因此，政府部门需要调动社会力量。比如四川省、海南省等地的政府与互联网企业联合成立企业主体，共同建设运营工业互联网、城市大脑；北京上线"随手拍"交通违法举报平台，鼓励市民对机动车占用应急车道、乱停车等交通违法行为进行举报，及时反映部分交通信号灯及其他交通设施的坏损情况，通过人人治理提升交通安全环境。

二是从政府运营到大生态共营。传统的政府信息化项目在交付后，由政府机构的信息技术部门承担运行维护工作，通常采用服务外包的形式，让专业企业承担具体的建设和运维工作。该模式可控性强，项目从立项审批，到服务采购、建设投产、运维升级的全生命周期的管理都由政府部门主控，但其建设升级周期较长，用户满意度较低。这种建设模式主要适用于涉及国家秘密或公众敏感信息的系统，或属于行业监管、纯公益等难以市场化的业务类型，涉及财税、金融、公安、司法等领域。

为改进用户体验、提高政务服务满意度，部分地区引入互联网机构，帮助政府机构优化服务流程，形成一站式办公的主动服务模式。为实现这个转变，部分地方政府通过战略合作的方式，与科技公司形成政策、资源、技术、人员等多层次的合作。比如对于市场监管、城管、卫生等领域的治理体系建设，政府可采用联合投资成立企业的方式，委托专业企业负责项目的建设和运营，能够一定程度缓解政府的开支压力，在可控范围内发挥企业在技术、人才和机制方面的优势，形成高效的运营模式。

三是探索数字治理时代政企合作新模式。在数字治理过程中，政府服务积累了大量对社会有价值的数据资源，其中非敏感的数据可以在合法合规、安全可控的基础上对社会开放，由社会组织进行数据融合，进一步释放数据的价值红利。

在实践中，部分地区政府以开放辖区内数据使用权或部分领域特许经营权的方式，与社会组织合作建设开放融合的生态体系，借助社会组织的专业特长，让社会组织承担治理体系中部分服务建设和运营管理职能，显著缓解了政府财政支出的压力，同时促进了多种业态和模式的融合。

2019年11月，高德地图与北京市交通委员会合作建设北京交通绿色出行一体化服务平台。在北京市交通委员会的授权下，该平台整合公交、地铁、市郊铁路、步行、骑行、网约车、自驾等数据，为用户提供路线规划、步行导航、换乘引导、下车提醒等服务。该平台的建设运营模式是政府授权开放部分数据，高德地图负责融合各类数据，并为政府提供交通数据分析服务和决策支持，便利交通监控和调度管理，为外部用户提供端到端的出行规划。该平台可与各类购票系统联动，实现多旅程的一键购票。公众可通过高德地图反馈路况信息，为交通数据提供补充和验证。

案例：高德地图与多地交通部门合作，共融交通大数据

在北京市交通委员会的支持下，高德地图整合公交、地铁、市郊铁路、步行、骑行、网约车、自驾等数据，并引入"公交/地铁乘车伴随卡"，为用户提供路线规划、步行导航、换乘引导、下车提醒等服务。同时，高德地图通过整合各渠道的交通数据，为北京交通管理部门提供对交通信息的实时监控管理工具。

此外，高德地图与微博共同建设"V交通"公共服务平台，与数十家交通管理机构合作，发布城市交通指数榜，相关服务覆盖北京、上海、杭州等45个主要城

市，为城市交通评价工作提供参考数据。

3 构建开放、生态化的建设运营体系

（一）树立运营思维：把运营贯穿数字治理体系全生命周期

一是改变"重建设、轻运营"的习惯。传统的智慧城市类项目建设存在三个特点，第一，关注"可见的成果"交付而忽视"无形的要素"交付。以信息系统类项目为例，技术部门和业务部门有着明确的分工，来自技术部门的项目经理希望通过信息化项目建设解决业务需求，交付用户的是一套应用环境和操作指南，业务用户和技术运维用户也往往按图索骥地操作，并不关注除常规流程外，数据和内容还能产生什么价值。

二是倾向新建项目而忽视迭代升级。由于立项审批和政府采购等业务有合规性要求，项目建设周期往往较长（以年计算），对于需求变化较大的业务系统，"不好用"和"不愿用"的问题明显，产生了不少"僵尸系统"。由于缺乏对项目绩效的考核，僵尸系统会长期占用软硬件资源和运维团队资源，由于修改原有系统的操作难度远高于新建项目的操作难度，且新建项目有着新的业绩成果，更容易获得资源支持，因此，业务部门和技术部门都更有动力新建项目，而非持续优化原有项目。

三是重"硬设施"而忽视"软环境"。各部门往往关注大项目、大工程的开工投产，而对于制度法规层面的落地和贯彻落实则缺少监测和服务的抓手。以高速公路建设为例，建设单位往往重视道路建设而不太关注服务区的规范管理和增值服务，司乘人员普遍对高速服务区的服务不满意。

运营是一个系统化工程。运营体系是服务于组织建设并长期运转，支持组织

持续为用户创造价值的一整套管理体系。它涵盖组织融资建设、组织架构搭建、各层次管理流程和平台建设、市场开拓和用户服务等内容。在筹资方式和股权结构设计环节中，组织要考虑服务对象、业务性质及业务发展前景等因素，选择适合组织发展的投资方和股权结构；在运营平台建设阶段，组织既希望快速建成项目以支持组织运转，又要遵循行业管理的合规性要求，还要考虑各类成本收益比、长期业务发展要求的容量弹性和业务系统灵活性；在用户运营方面，组织要围绕用户全生命周期的需求和特点，综合线上线下多种方式，为用户提供多元化服务。

运营是发挥体系功效的关键。运营具有前瞻性、主动性和开放性，有助于在项目建设和交付运行的各阶段汇聚多方资源和优势，兼顾软实力和硬实力，发挥体系化优势。一是运营管理着眼于前瞻性思考，在规划设计阶段会细化短期、中期和长期的目标，选择适宜的投融资方式，建立合规高效的治理体系；二是运营管理会主动布局、持续改进，运营方会在技术选型、技术资源配置、服务体系建设方面进行通盘考虑和资源配置，这有利于构建项目持续迭代的能力；三是运营管理以开放的思路不断探索与生态体系的协同，借助生态体系的资源优势，不断为自身注入生机和活力。

借鉴市场化运营理念。市场化运营理念具有高效化、数字化、平台化和开放化的特征，体现在三个方面。一是在市场化运营理念中，组织内部管理高效化，组织架构扁平化，组织协作柔性化，激励机制灵活化，组织决策高效化。二是组织通过平台化与数字化融合构建智能化运行模式。组织的内部管理、外部市场运营和用户服务都依托技术平台形成了数字化流程，积累了海量的内外部用户数据，能够对流程优化、成本控制和科学决策提供支持。三是向生态体系开放能力。各大平台型公司都在不断构建生态体系，并向生态合作伙伴赋能，以生态体系的活跃激发创新活力，提升整个生态体系的竞争力。城市管理者也可以城市CEO的思维审视城市治理，借鉴市场化的思维规划设计和调配资源，运营城市管理和公共服务，为各产业发展提供良好的政策环境和先进的服务保障。

（二）用开放、市场化的方式整合建设和运营力量

新型基础设施建设范围广、专业性强、资金需求量大，可撬动市场的力量实现共同建设和高效运营。以新型数据中心建设为例，各地区响应中央号召，纷纷出台促进新型基础设施建设的政策，但因国际国内政治经济局势复杂，加上疫情的影响，仅靠政府投资远远不能满足需要。为此，阿里巴巴、腾讯、华为等大型企业投资的超大型数据中心陆续开工投产，构建起先进的基础设施。这些大型企业可基于超大型数据中心向工业、服务业及其他政府服务领域提供服务，构建高效能、低成本的融合基础设施。

探索用企业化方式运营数字化平台和系统。在行政管理模式下运行管理的数字化平台往往存在需求不足、技术乏力、协作低效等问题。由于"三定"划定的部门边界相对固化，行政管理部门难以单独提出前瞻性需求，且部门间数据共享的壁垒较高。此外，项目建设对合规性要求较高，致使项目立项审批周期过长，采购执行进度缓慢，造成信息化项目建设进度不能满足业务需求。

因此，部分地区对于非敏感类的业务和数据平台，采用委托企业建设运营的方式，充分发挥企业灵活、专业的特点，企业与政府形成了优势互补的格局。以数字郑州建设为例，郑州大数据公司代表政府与阿里巴巴合资建立企业实体——数字郑州科技有限公司，以负责城市大脑的建设与运营。该公司由郑州大数据公司控股、政府授权，并获得了阿里巴巴城市大脑的技术专利；双方共同组建董事会、监事会和高管团队，共同进行顶层设计和运营模式建设，在疫情防控和应急体系建设方面取得了显著成果。

用政策支持市场化服务体系建设。对于具有市场化价值的公共服务体系，政府可利用政策引导，通过合规特许经营、开放数据、开放平台、开放场景等方式，鼓励市场机构立足专业优势，提供多层次的公共服务。比如，交通运输部等十部门出台《关于鼓励和规范互联网租赁自行车发展的指导意见》，发动社会资本力量解决长期以来困扰人们出行的"最后一公里的"接驳问题；工信部开通虚拟运营商牌照，批准市场机构经营移动通信转售业务，利用民营资本灵活的机

制，为市场提供低成本、多元化的电信服务，为电信行业注入活力；人民银行等四部委出台《关于金融支持粤港澳大湾区建设的意见》，对促进大湾区金融市场开放、便利金融服务、实现基础设施互联互通起到重要引领作用。未来，政府可以考虑将市县的政务服务进一步下沉，吸引社区、中小微机构参与公共服务，如授权便利店、打印店等查询打印证照，在便利人们生活的同时，向中小微企业赋能，进一步激活经济的毛细血管体系。

用平台开放的方式整合生态创新力量。平台型企业的竞争优势在于生态体系整体的生命力，而生态体系健康发展的重要因素在于开放。平台运营方向生态参与者提供信息、技术、数据服务等，支持生态伙伴进行创新。这种以一个支点撬动广大社会资源的思路，在城市治理和公共服务领域同样适用。比如，浙江省在建设工业互联网平台的工作中，政府聚焦搭建平台，引导中小微企业接入平台，基于平台之上的定制开发和创新服务则由专业领域的各类组织提供，这一方面为接入平台的工业企业提供了多样化的服务选择；另一方面也激发了产业机构的活力，鼓励产业机构在服务创新和定制方面不断探索。在科技攻关领域，网信办、科技部、工信部等部门每年确定重点研究课题，召集高等院校、研究机构、大型企业共同参与，政府提供启动资金，各机构提供人力、财力，研究机构和产业机构形成优势互补，合力推动工程专项攻关，同时，政府通过设立孵化机制，鼓励研究成果的市场化和产业化。

【第8章】
数字政府3.0：众治、共治和智治

数字治理 DIGITAL GOVERNANCE

  前面的章节已经详细讨论了以新基建为"地基"、"三横"为横梁、"六纵"为支柱的数字治理创新体系，本章将聚焦数字政府如何构建数字治理创新体系。数字政府建设离不开科学的顶层设计，政府应从整体上统筹考虑各领域、各层级、各部门的需求，分步骤、分次序解决问题；通过数字政府建设，形成完善的一体化体系设计、政务数字化系统和开放生态体系。这不仅能够帮助政府工作人员提高管理和服务效率，而且能够帮助他们找到解决复杂问题的步骤和次序，不断为政府治理现代化提供有效的决策支持和解决思路，为全面提升政府治理能力和治理水平提供可行的实现路径。

  中国数字政府发展经历了两代更迭，正在向3.0时代迈进。数字政府1.0是以数字化、网络化为特征的"数字"阶段，是数字在政府治理中的初级技术应用阶段，也是政府数字化转型的起点和基础。政府在这个阶段主要通过运用互联网、物联网等数字技术，将物理世界存在的人、物、服务等连接起来，更加强调政务服务的触达性，即政府致力于运用数字技术更广泛地接触不同群体，达到万物互联。

数字政府2.0时代是以网络化、数据化、平台化、智能化为特征的"数智"阶段，是数字在政府治理中的智慧应用阶段，也是政府数字化转型的关键和重要阶段。政府在这个阶段主要运用大数据、云计算、人工智能等数字技术建设数字政府平台，通过政务数据的开放和共享，增强政府运用数字技术进行治理的能力，更加强调数字技术向智慧应用的转化。数字政府2.0最典型的特征是"数据定义服务"，即政府通过数据的汇集、分析和利用，逆向带动理念更新、组织再造和流程重塑，让政务服务更加便捷、智能，让人们的获得感显著增强。

数字政府3.0是以整体性、生态性、智慧性和包容性为特征的"数治"阶段，政府依据政府主导、社会协同、全员参与、开放共享、众智共治原则，构建"数字治理生态"，达到众治、共治和智治，实现治理结构和治理能力现代化。政府在这个阶段更加强调治理的整体化和生态化，通过大数据、云计算、人工智能、区块链等各类数字技术，驱动政府内部形成纵横协同的整体，实现政府主导的多元主体协同共治及全员参与的包容性治理。公共数据的分类、分阶段开放，推动了政企社共建共治共享的发展，从而构建起数字治理共同体。数字政府3.0既是数字政府的综合治理阶段，也是政府数字化转型的长远目标和未来状态。

01.
整体性：治理结构与治理场景一体化

1 服务与治理的整体性

过去，公民和企业去政府办事，通常需要预先做个作业：我要办的事情归哪个或哪些部门管理？需要准备什么样的材料？需要走什么样的程序，遵循什么样的顺序？而遗憾的是，大部分公民和企业，并不了解复杂的政策法规和政府职能划分，也没听说过"三定""五定"，分不清工商和质监（现在已经统一成市场监管局）的划分，搞不懂人行与工行的区别，这份作业显然很难完成。有时候，公民和企业在办事之前，就会形成一个条件反射：我该找什么人帮帮忙？可以说，公共产品的获取是一个知识壁垒高、供给碎片化的过程。

在数字政府2.0时代，很多政府部门开始了类似于"最多跑一次"的重大理念革新，数据跑路减轻了百姓跑腿的辛苦，部门之间数据和流程的互通让办事者在一个窗口就能拿到结果，大大提升了公共产品的获取效率和百姓的体验感。而从整体政府的角度看，政府职能仍然有进一步整合提升的空间。比如，有些地方政府的办事大厅分公积金、不动产、社保、医保、水电煤等多个业务窗口，部门之间还是相互独立、各自运转的，企业要想查询从国内城市运输到国外的货物物流进展，需要查询公路、铁路、水路三个系统，系统与系统之间并未打通。理想的状态是政府是一个对外的开关，里面的部门做到真正的"集成"。在数字政府3.0时代政府理念需要从"整体部门"进一步升级到"整体政府"的高度，即从百姓"最多跑一次部门"变为"最多跑一次政府"，将政府内部的运作机制封装到"整体政府"的黑箱子里，把复杂留给政府内部，对外只有"人民政府"一个标签和一个窗口，将简单留给公民和企业，在公共产品的供给侧实现"端到端"的一站式供给。如新加坡提出了"以公民为中心"的理念，新加坡公民可以通过一个口令、一个域名、一个邮箱等登录政府网站，并使用上千个在线服务功能。

无论是对外服务的供给整体性，还是复杂场景治理的协同整体性，背后的关键都是数字治理。数据作为核心要素，在感知、归集、利用、储存、安全等各个环节，也都需要进一步提升整体性。大数据的内涵不仅是数据量大，还包括数据链条的完整性、数据质量的合格度、数据流动的条理性、数据存储的整体性等。以应对新冠肺炎疫情中的基层网格员为例，我们通过调研发现，基层网格员需要上传和下达大量的疫情防控信息，而在这些信息中，很多是重叠、交叉的。一方面，基层网格员的时间精力有限，对此不堪重负，同时增加了病毒传播的风险；另一方面，这也反映出政府内部的横纵联结，特别是在数据的采集和共享方面存在大量的隔离和阻滞。

在数字政府3.0时代，政府不仅要解决数据要素的开放共享问题，更要从全生命周期的角度去开展整体性的数据治理。比如，数据采集环节是否可以做到"最多采一次"？数据传输环节能不能"最多传一次"？储存环节又能否"最多存一次"？为此，政府可通过政府公共数据平台这个抓手，将数据治理的整体性向感知采集端和开放使用端双向延伸，各个政府部门可以省级政府为十字枢纽，进行横向和纵向的打通，实现全局、智能的整体大数据治理。

2 技术架构的整体性

在信息技术时代建设的众多政府信息化项目，因为缺乏统一的标准规范和数据载体，形成了一个个的信息孤岛和能力孤岛，这些孤岛成了在数据处理技术时代阻碍政府数字化转型进一步深化的关键要素。浙江省大数据局针对全省省级部门和11个地市开展的调研显示，即便绝大部分信息化系统都已上云，但系统孤岛不互通、数据标准不统一、上下协作难贯穿仍然是调研对象反映最突出的问题。

而在数字时代，成熟的云计算已经可以作为一个融合各类技术的大底座，连接或消除这些大小孤岛，整合或拆解这些高低烟囱。数字政府3.0的建设，需要从根本上解决标准不统一、规范不一致、技术不兼容、数据难共享的基础性问题。为此，政府需要构建一个分层分级、互联互通的数字政府一体化的目标架构，实现包括统一技术底座、统一数据标准、统一应用规范、统一中台体系、统一移动协同、统一安全架构在内的数字政府一体化体系。

各地政府原有的云平台大多由各级部门分头建设，它们提供的云产品数量、规模、服务范围和能力与服务商提供的并不相同，导致：一是云平台技术架构和规范不统一、互不兼容，且无法统一管控，形成了事实上的"云孤岛"；二是各朵云上的数据、应用和计算无法高效协同，进一步形成了数据孤岛、应用孤岛、职能孤岛，最终影响了"最多跑一次"改革的核心——流程再造和数据共享；三是各服务商由于缺乏统一的服务标准，其服务响应能力参差不齐，无法满足政府数字化转型提出的一体化要求。

政务"一朵云"的建设可以实现打通孤岛、融合数据、协同业务、融合职能，统一运维、融合服务的多维目标。如浙江省政务云集约部署了"互联网+政务服务"、"互联网+监管"、政务中台、公共数据平台、基层治理四平台、统一政务咨询投诉举报平台、统一行政执法监管平台、统一公共支付平台和"天罗地网"金融监测防控系统等30个统建系统，贯通全省业务，精简办事流程，大大提高了政府各部门的工作效率。

在政务云的底座上，多部门的联合创新成为可能。浙江省充分发挥云平台"一个数据中心"优势，通过省大数据局、省财政厅、各级医保部门、定点医疗机构之间的数据共享，实现全省转移接续、零星报销等业务的网上办和掌上办，为全省就医人群提供移动付、扫码付、医后付等多种支付方式，真正实现"让数据多跑路，群众少跑腿"，提升医保服务水平。截至2019年年底，该系统已经完成省市两级102家医院的对接，其背后正是政务"一朵云"在"通"的基础上，提供的高质量数据交换和服务系统调用能力。

中台的理念发轫于互联网行业，目前正在政务领域得到应用。中台是资源整合和能力沉淀的平台，通过对海量业务进行高度抽象，将组织机构中的基础服务、基础资源进行沉淀，并开放给前台使用，形成政务服务的基础设施。中台一方面能够大大降低业务的应用成本，另一方面能够大大增强业务应用的灵活反应能力。通过"云+中台"的模式,政府可以构建统一而强大的政务基础设施,让各个部门、政府内外不同的建设方便捷、高效地开发多种多样的场景应用。

案例:阿里巴巴发布数字政务中台

2020年6月9日,在2020阿里云线上峰会上,阿里巴巴数字政务中台正式发布。各级政务服务机构可通过数字政务中台快速搭建政务服务应用,为市民提供智能、流畅的数字服务。

数字政务中台包括政务知识引擎、服务事项、事件受理、服务评价等产品能力模块和系统集成工具。应用这些产品和工具,政务部门能够在手机App、小程序、网站、政务服务大厅、社区服务站等服务终端快速构建政务服务应用。此外,数字政务中台集成了机器学习、自然语言等能力,提供智能搜索和推荐、智能客服等智能化服务。

数字政务中台基于阿里巴巴在电商领域多年的中台能力和运营经验,能够帮助政府构建跨区域、跨层级和跨部门的无差别政务服务体系,实现政务服务多终端体验一致、办事智能化和审批效率提升。

在助力浙江省数字政府建设之初,阿里巴巴就创新地将中台能力应用到政务领域。"浙里办"App是浙江的掌上办事平台。通过数字政务中台,"浙里办"App汇聚了500余项便民服务应用。数字政务中台打通了信息孤岛,实现了政府跨地域、跨层级的协同和一体化管理,再造了政务服务的业务流程。通过数字政务中台,浙江居民凭一张身份证明即可查房产、办驾照、提公积金、办出生证明等。截至2020年4月底,浙江省可以采用"一证通办"的事项已达到353项。

3 数字政府3.0架构设想

数字政府3.0需要通过构建一个分层分级、互联互通的整体架构,实现包括统一技术底座、统一数据标准、统一应用规范、统一中台体系、统一移动协同、统一安全架构在内的数字政府一体化体系。

(一)体系架构:一体化的数字政府体系

省域治理是数字政府建设的核心枢纽,具备既能在大范围内一盘棋谋划,又能承上启下兼顾地方特色的能力。因此,数字政府3.0的体系架构将一个贯穿全省的省级大数据平台,作为统一枢纽、统一调度、统一服务、统一标准、统一安全体系的制定者和服务者,向上对接国家的多个垂直领域平台,向下连接各地市的数字政府平台(后文将以城市大脑为例说明),形成全省一体化的数字政府3.0体系(以浙江省为例)(见图8-1)。其中,集约化的云平台是省级大数据中心的底座,也是城市大脑的底座,省市县乡各级政府在集中的云平台上汇聚,省市两级的数据通过特定的规则形成双向垂直对流,各城市之间的数据交换共享通过省级

| 国家垂直行业云 | 公安云 | 医保云 | 海事云 | 自然资源云 |

| 省级大数据平台和一体化云平台 | 全省一体化数字政府体系 |
| | 统一数据标准 / 统一技术底座 / 统一安全架构 / 统一移动协同 / 统一中台体系 |

地市城/行业级大脑平台	集约化的云平台
	衢州城市大脑 / 温州城市大脑 / 丽水城市大脑 / 杭州城市大脑
	台州城市大脑 / 湖州城市大脑 / 宁波城市大脑

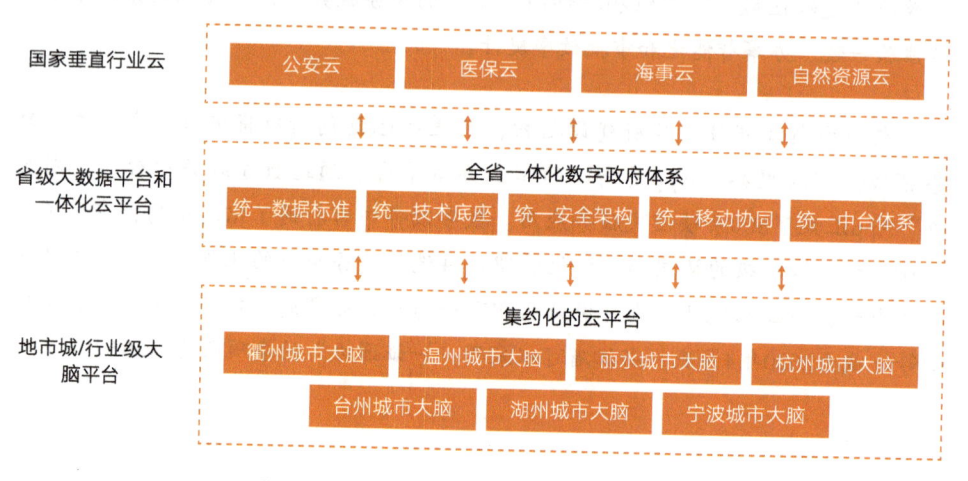

图8-1 浙江省一体化的数字政府3.0体系

大数据平台实现，省级大数据平台对全省情况做统一展示和调度，同时下发部分共性数据服务和通用应用给各地城市大脑。多个行业垂直系统（如公安、医保、海事、自然资源等）与省级大数据中心采用相同的架构体系，为数据交换与数据服务建立一套标准，既可以满足平时的业务和服务需求，同时也能满足"战时"应急需求，形成"平战结合"的智治能力。

（二）技术架构："123N"

数字政府3.0与数字政府2.0相比，其基本技术架构并未发生本质变化。但与此同时，云计算的内涵和应用在不断发展变化，中台的理念和实践在不断演进，云和芯、云和端的结合更加紧密，边缘计算随着5G的发展而兴起，"云原生"越来越成为行业的主流理念和技术方向，业界出现了"云+新型操作系统"的新技术理念。这些新的发展变化都给政府数字化转型赋予了新的含义。因此，数字政府3.0与数字政府2.0形似而神异，其技术理念和价值内涵已经发生了跃迁。我们可以用"123N"来描述数字政府3.0的技术架构，如图8-2所示。

"1"是更智能的一朵云。统一的云计算平台为政府数字化转型提供集约、安全、稳定的算力基础，包括计算、存储、大数据计算、视觉智能计算、物联网计算等，并承载数据库、中间件等应用，为云原生提供安全保障，为数字政府提供通用的智能化、物联网能力，是整个数字政府的大底座。而云计算的内涵也在随着技术和产业的升级而不断进化。从一开始主要为互联网企业提供简单的算力、网络和存储服务，到推动政府、大企业和各类组织的数字化转型，云计算需要更加智能、更加场景化的应用和解决方案。云需要叠加上智能的要素，才能满足数字政府生态体系发展的需求。

"2"是更强大的双中台。双中台指的是数据中台和业务中台。数据中台用来解决数字政府构建中最关键的数据问题，消除数据壁垒和数据孤岛，实现政府数据的互联互通和共享融合，形成完整可用的数字政府数据资源体系。业务中台用于提炼和沉淀政务共性业务基础需求能力，整合政务数据和业务资源，并提供移动化能力，提升数字政府业务快速搭建和移动化协同水平，实现跨部门、跨业务的通用组件共享、移动化协同和流程再造。浙江省在应对新冠肺炎疫情时能够以"小时"为单位上线和部署新的应用，一个重要的前提就是浙江省具有数据中台和业务中台的厚实基础。面对未来的万物移动互联时代，中台也应该覆盖智能的物联网和移动化的组织协同。

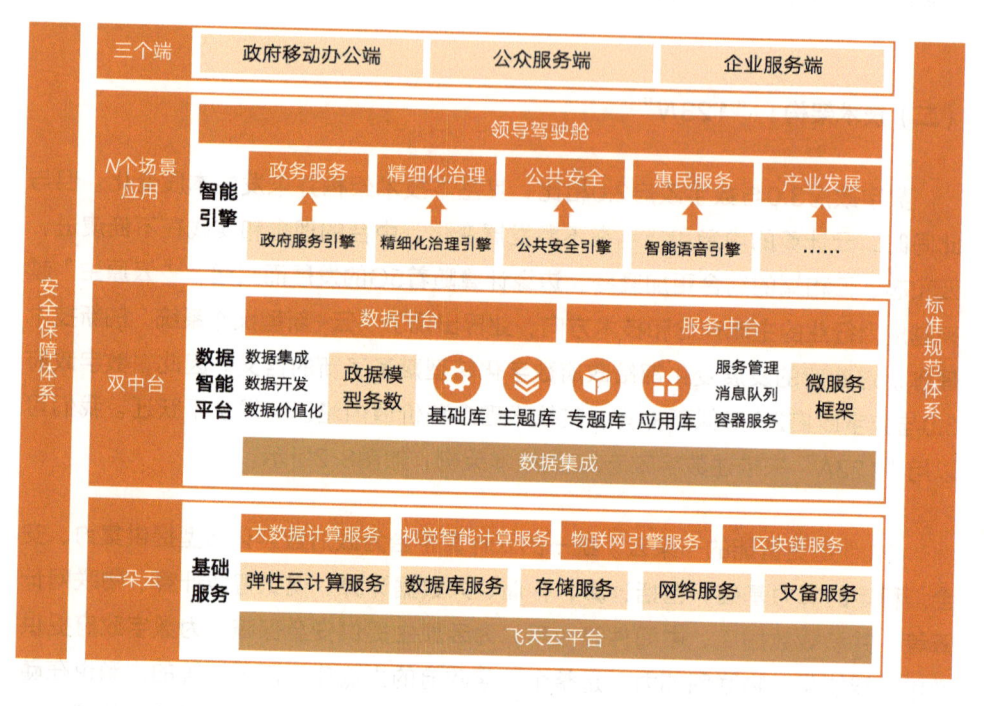

图8-2 数字政府的"123N"架构

"3"是更包容的三个端。三个端包括政府移动办公端、公众服务端和企业服务端。数字政府3.0的业务范围从数字政府2.0的"办公+办事"，扩大到对企业的服务，推动经济发展，稳定就业和民生。政府能够通过智能的端和泛在的网随时随地感知人民群众和广大企业的需求和反馈，同时将政府的政策更加精准、直接地传递到企业，补齐"兴业"的短板，通过数字治理，带动数字经济和数字社会同时同向发展。

第8章　数字政府3.0：众治、共治和智治

"N"是更丰富的场景应用。在万物互联和数字孪生的时代，当前数字化治理应用的范围和深度都还只是初试牛刀、冰山一角。以城市建设为例，我们能看到的治理维度至少有30多个，而目前城市大脑渗透的场景维度不到10个，这之间还有巨大的空白。一方面，随着智能技术的发展，场景应用的智慧化程度本身也需要不断迭代升级；另一方面，技术革命也将不断拓展未知的疆域，带来新的治理想象。在数字政府3.0时代，政府需进一步挖掘场景、创造场景，构建各领域的智能化引擎，开发多元智能创新应用，提升政务服务和社会治理的数字化、智能化和精细化水平。

02.

生态性：政府内外部的数字治理创新生态

治理结构的生态性是指基于数据协同治理构建治理创新生态，达到众治、共治和智治，实现治理结构和治理能力现代化。近年来，我国电子政务水平在数字政府的推动下，实现了跨越式发展。2020年7月，联合国电子政务调查报告发布，我国在全球的排名进一步提升，其中，在线服务指数排名第九位，与日本并列。其中很重要的原因是，各地政府推出了便民政务服务，如"浙里办""粤省事""随申办""赣服通""豫事办"等App，成功地以平台型企业的能力构建了数字政府服务创新生态。

1 政企合作生态：激发治理的乘数效应

（一）技术先进性要从市场获得

数字政府建设的原始驱动力是技术的进步和应用，在没有移动互联网的时代，随时随地的多端协同是不可能的幻想；在算力基础设施无法支撑人工智能的深度学习探索时，智能化的科学决策辅助也只能是理想的描画；没有物联网，城市大脑这样的创新就失去了现实基础。而新技术的研发和产品化、大规模应用实践、成本的控制等，都是以企业为主体实现的。在政府数字化转型的进程中，政府是先进技术的"用户"而非生产者，如果政府"关门"搞建设，既是建造方又是用户方，势必面临技术、人才、成本和运营等各项任务的制约，无法跟上技术进步和时代发展的步伐。2014年美国一项针对政府工作人员的调查显示，联邦政府工作人员没有足够的数据分析技能将复杂的数据集转化为决策者需要的信息，高达96%的受访者认为他们所在部门存在数据技能短板。离开技术的迭代升级，数字政府建设将失去动力和源泉。在我国以往多年的政府信息化项目中，有的项目建成后马上就暴露出技术落后性；有的项目因为缺乏运维而成为"僵尸"系统；有的项目因为标准不统一而难以融入更大的治理体系，难以与其他政府部门或社会化的公共平台互联互通。

在中国数字政府建设过程中，政企协作已日益紧密。政府依托互联网科技企业的算法优势，与互联网科技企业联合构建新型监管体系。如浙江省公安厅联合阿里巴巴，以"公安反诈专号"在全省范围发出闪信弹窗强提醒，通过钱盾反诈机器人对预警案件进行提醒、劝阻，对市场活动进行事前监管。阿里巴巴和国内外12家权威质检机构达成合作，对医疗物资进行严格质量检验，还利用算法技术和长期积累的知识产权保护经验，建立了问题商家黑名单，对不实宣传、滥发商品、假冒伪劣等行为从重、从严、从快处理。从限流、屏蔽、下架相关商品，到直接永久关闭问题店铺，乃至发起诉讼索赔，阿里巴巴形成了对线上市场交易活动的有序规制，提升了监管效率和效果。

（二）数字治理的"他山之石"

"互联网+平台"的商业实践，尤其是电子商务的高速发展，也为数字政府"抄近路"提供了近在眼前的参考对象和有利条件。政府的核心价值观是为人民服务，而企业的立身之本是创造客户价值，本质上，二者的理念高度一致，只不过提供的产品或服务的内容和方式不同，也就是"生产"的过程不同。而随着数字经济发展而兴起的新型组织形态——平台的发展，让平台（往往也是互联网科技企业）参与政府数字化转型建设有了充分的现实基础。平台服务着海量的消费者、商家，承载着大量各行各业的第三方服务商。平台在提供技术服务的同时，通过规则设定和技术手段、平衡各方利益关系，实际上也在管理一个由线上市场构建的经济生态，或者说，平台在提供一种"市场化的公共产品"或"公共性的商业服务"。例如，随着消费规模的急剧提升，电商平台动辄服务数亿消费者、数十万乃至数百万商家，电商平台面临的管理挑战也呈指数级上升。无论是处理消费者投诉、保证产品质量、维护知识产权，还是佣金费用、服务商的管理和引入，仅靠传统方法都难以为继，电商平台必须采用数字化的技术和手段，采用新的理念和规则，才有可能解决问题。阿里巴巴在治理假冒伪劣方面，就走出了一条线上线下结合、政企合作的数字化治理新路径。第一，电商平台要应对多达20亿件商品的全量管理挑战，必须依赖机器智能及强大的算力和算法模型。第二，要保护消费者利益，电商平台就必须在遵守国家相关法律法规（如"三包"）的基础之上，针对电商的特点，设立科学合理的规则，如对信用良好的用户采取"七日无条件退货""极速退款"等措施，在保障消费者利益的同时，节约管理的时间和人力成本。这背后是信用模型和动态计算。第三，要维护合法商家权益，打击恶意投诉，就需要电商平台对消费者权益保护的规则进行平衡与调整，需要数据的打通、算法的加持和人工的介入。第四，电商平台每天要处理几千万商品上下架的动态更新，并确保其合法合规，不侵犯品牌权益。电商平台自身缺乏专业知识，品牌方也不可能一件件审核商品，因此，只有电商平台和品牌方结成紧密联盟，并将品牌信息融入算法模型，才能实现自动甄别。第五，电商平台根据大数据分析发现可能制假售假的窝点后，也需要借助政府的执法力量，才有可能从源头上捣毁这些窝点，这就需要电商平台和政府建立机制化的常态合作，且要充分保护商业秘密和个人隐私。综上，电商平台必须借助数学建模、大数据分析、消费者评价、品牌方合作、政府侧联动等新型管理方法和工具，维持平台上多主体、多目标、多场景的动态平衡，还要寻求帕累托最优解，确保在线市场的效率最高。类似的管理思路、方法和工具，都可以为政府的数字化转型带来积极启示。

（三）复杂治理场景的必然要求

在新冠肺炎疫情的应对早期，抗疫物资的生产、采购、运输、配送等环节存在的问题，都凸显了公共部门的能力不足。这些问题的产生，有的因为无法获得充分的市场信息，有的因为缺乏人手，有的因为缺乏专业化的工具系统。例如，国内外踊跃捐助的物资源源不断地运往湖北抗疫前线，却卡在仓库外面进不去、出不来。在新闻中我们看到，有些社会组织的工作人员还在拿着笔和本一件件登记，而某些医院的医生和护士却因得不到紧缺的物资而自制防护衣，全国人民只能干着急。

危急关头，菜鸟等社会化的物流平台及时顶上，快速实现了覆盖国外物资采购、境外运输、通关、国内运输、末端配送的全链路服务，将一件件防护服、口罩和护目镜门到门地送到医生手中，极大地缓解了物流瓶颈造成的物资短缺难题。科技公司也火速研制出各类疫情防控指挥系统、人工智能面部识别工具、人工智能诊断助手、基因检测算力。各省级政府与国内数字技术创新企业协作开发各类场景应用系统，为实现决策基础信息从单一到丰富、决策主体从一元到多元、决策目标从模糊到精准、决策习惯从经验到智慧科学的系列转变提供有力支撑。

政府和社会的大协同，已成为应对疫情的宝贵经验。其背后的规律是，面对复杂治理场景，我们不仅需要高效的治理机制，也需要基于数字化平台的跨区域、跨行业的社会化大协同，还需要政府不常备的先进科技。复杂治理已经不是政府单打独斗就能解决的问题。

在今后越来越多的复杂治理场景下，政府需要积极利用数字化、网络化、移动化的工具和机制，发掘不同领域的专业化市场力量，通过政府牵头、政企社常态化协同的方式，让市场力量能够踊跃参与治理的具体场景，并获得应有的收益。政府自身也要锤炼大规模调用社会力量的能力。换言之，政府需要做一个数字化的领导者，而不是一个数字化的实干家。企业也不再只是单维度的"被治理者"，而应是多元治理格局里的一分子。

案例：阿里巴巴等互联网龙头企业深度参与抗疫过程

浙江省与阿里巴巴合作搭建数字防疫系统，该系统设置居民、社区街道、医疗疾控、政务管理四大模块，涵盖20余种功能，各级疫情防控部门基于该系统在线采集信息，实时采集疫情线索，动态呈现疫情态势，并进行精准决策研判。与此同时，北京市、浙江省等地基于"12345"市民热线诉求反馈的大数据分析，为政府获取、分析与回应市民疫情需求、研判疫情动态提供了丰富的数据支撑。

面对疫情防控和经济社会恢复发展的双重任务，阿里巴巴基于本地复工申报数据库、本地公安数据库、疾控数据库、社区电子通行证构成的大数据平台，开发出基于个人健康信用的"健康码"，在浙江全省推行，随后在全国上线推广，实现了防疫复工一举两得，极大减轻了信息登记和人员管控的压力。阿里巴巴旗下高德地图快速更新发热门诊和定点医院信息，方便患者就近入院检查，减少疑似病例的暴露风险。

2 公共数据开放的创新生态

公共数据是治理现代化的重要支撑，一方面，政府需要加大数据开放共享的力度，特别是在协同共治的格局下，需要发挥多方的积极性，激发创新活力。比如，2020年5月，深圳开放数据应用创新大赛启动，大赛开放两亿七千万条脱敏后的真实数据，涉及疫情防控、环境保护、社会治理等多个领域，为分散在全球的高等院校、专业研究机构、数据分析公司、开发者等不同参赛主体，提供了打破产业与科技边界的全链条发展生态，在汇集全球智慧、解决民生痛点、赋能传统产业等方面贡献力量。截至2020年5月29日，大赛已吸引来自全球的5520位数据高手、1368支团队报名，形成了强大的公共数据创新生态。[1]新加坡国家环境局开放其环境和空间数据库，供其他公共机构使用，公众可通过官方网站访问75个数据库和8层地图资源。新加坡注重通过PPP等方式，发挥互联网企业的作用。

另一方面，数据本身也需要不断丰富维度、积累数量、增加流动性，形成新的数字治理模型和治理工具，以"升维"的方式解决治理顽疾。比如，城市大脑建设在一开始的时候，就通过政府的业务数据叠加空间物联感知数据，通过统一的大脑进行计算分析，即时反馈，从而对城市开展更为精准的治理。当前，很多地方开始对全域的地理空间数据开展归集，上至天、空，下至地底的管、网、

---

[1] 资料来源：数林速递：2020深圳开放数据应用创新大赛才企交流活动圆满举行，https://www.sohu.com/a/398937122_657456。

矿，从近处的路、车、建筑，到远处的森林湖泊、风云气象……可以预见，政府的发展规划将迎来一场重要的理念变革。"十四五"规划的部分内容就是依据地理空间数据制定的、基于客观数据的科学规划，必将大大提升政府的治理能力，推动经济发展质量变革、效率变革和动力变革。

3 在地治理（localized governance）的基层生态

在地治理的核心是通过将技术下沉到基层的赋能和将权责下放到基层的赋权，形成正金字塔形的治理结构，并推动形成基层治理的完整生态，在基层场景中实现众治、共治和智治，改变以往头重脚轻，资源和政策不匹配的传统治理模式。例如，浙江省温岭市创新开展了村党组织领导下的微格治理工作，推动村级治理单元进一步下沉到末端。温岭市以村为单位，将行政村管辖范围划分为若干个微格，整合村两委班子、村民代表、党员、乡贤等力量，组建服务团队，动员广大群众参与村庄事务。一个微格涵盖50~70户家庭，由约9名成员组成团队，在微格范围内开展政策法规宣传、社情民意收集、便民服务代跑、矛盾纠纷调处等工作，基本实现了"小事不出格、大事不出村"。

"小事不出村、大事不出镇、矛盾不上交"，50多年前发源于浙江省诸暨市的"枫桥经验"，用最朴实的语言为基层治理指明了目标方向。在技术变得越来越普惠的情况下，像鲁家村村委会这样的基层治理者拥有了机器智能和数据智能的新工具，而广大的老百姓，无论是村里的农民朋友，还是社区的大爷大妈，大都用上了智能手机。"在线"奠定了数字治理的基础，数字基础设施的下沉和数字治理理念的普及，正在推动"在地治理"模式的普遍形成。走进湖州安吉市的鲁家村，人们可以看到村办公室的一整面墙都是大屏幕，通过屏幕上的各个板块，工作人员既能看到村里摄像头覆盖的角角落落，监控是否发生了违反乡俗村规的情况或突发事件，以便及时处置；又能看到最近村里各个农庄的营收统计情况、当天游客的数字和分布，研制是否需要调整经营策略的地方；还能看到当地特产安吉白茶的区块链溯源信息，保证招牌产品的质量。村里面的干部个个都"心中有数"，精准高效抓治理，一门心思谋发展。发生这样的变化，最主要的原因就是数字技术已经从高高在上的"庙堂",下到了田间地头,技术下沉极大地赋能了基层治理,产生了历史上从未有过的治理方式,实现了治理能力的跃升。

案例:技术下沉助力基层"数字化抗台"

随着台风"黑格比"逼近,为保障游客安全,浙江省温岭市石塘镇的各个景区陆续关闭。在2020年8月4日上午9点半接到撤离通知后,各家民宿都开始着手游客的劝离工作。

往年忙于统计人员撤离的石塘镇党委委员陈玲夫,这次多了一个"数字化好帮手"。陈玲夫介绍道,"我们最主要的工作是做好人和物两方面的防控,一方面要确保游客不进入我们石塘各个景区,另一方面也要做好工作人员的安全保障,用好'浙江安全码',把所有的工作人员撤离到安全区域"。

陈玲夫所说的"浙江安全码"是一个小程序,其背后是阿里云的技术支持,是一个服务自然灾害风险防范、应急救援的数字化平台。出现台风、洪水等灾害情况后,特定地区应转移群众的安全码变为红色,意味着他们需要立刻转移。居民还可凭借"浙江安全码"进入避灾安置场所,申领救援物资。

除了"浙江安全码",钉钉让基层部门发布的台风预警信息更为精准。"浙里办"App开设了防汛防台专区,高德地图上线了积水提示功能……数字技术一体化下沉到一线,让基层治理者的行动跑在了台风、洪水之前。

03.
智慧性：新型操作系统下的复杂治理

1 从简单治理到复杂治理

数字政府2.0在"数智"阶段的重心是政务数据的归集、政务系统的自动化、公务员在线沟通和工作流处理的工具性提速，以及服务终端的体验优化。浙江"一件事"模式开启了一场"刀刃向内"的自我革命。这个阶段的"数"，指的主要是政府内部的业务数据；而"智"，指的主要是数据智能分析、可视化、自动化等，针对的是理论逻辑上较为简单的民生服务应用场景。但是，当前政府面对的场景大多数是跨部门、跨业务的复杂应用场景。例如，浙江省金华市建设的"防汛大脑"，构建了业务协同、数据共享两大模型，并与应急管理、经信、教育、公安、自然资源、建设、交通、水利、旅游、气象、通信等部门的防汛数据资源深度融合，聚焦未来降雨、干流洪水、城区内涝、山洪灾害、地质灾害、台风风险等重点领域，打造了一个整体协同、高效运行的金华防汛指挥决策系统。此次疫情更是体现了突发事件的复杂性，几乎所有的政府部门都全力参与，各级公务员不分昼夜地加班加点，最终取得中国抗击疫情的阶段性胜利。对这次治理能力的"大考"回头看，抗击疫情恰恰为政府下一步数字化转型指明了方向——面对复杂场景提升治理能力。除了公共卫生突发事件的应对，环保、抗洪抢险、应急、综治等其他领域，也都是典型的复杂治理场景，仅利用沟通工具升级带来的效率提升和数据智能带来的分析能力增强，无法解决深层次的高效协同问题，也难以做到政社大联动的协同治理。以一个并不复杂的环保场景为例，浙江省某县开发了一套渣土协同管理平台，试图用视频、人工智能、大数据分析等新技术解决渣土车的管理问题。根据数据统计，在该平台解决的问题中，一半以上的问题是外牌闯禁，而在外牌闯禁的车辆中，一半以上来自邻近城市。其背后的真实挑战是，本县渣土车易管，外来渣土车难防，但"协同"出不了县，政府只能在本县县域布下天罗地网。在这种情况下，投入大量资金的数字化系统成了不同地区之间的"技术军备竞赛"，而这类问题本应是通过地区合作解决的公共性问题，事倍功半，值得深思。

从简单治理升级到复杂治理，政府面临的挑战是巨大的。要解决复杂性问题，需要创立新的理论框架体系或范式，应用新的思维模式。在广泛应用新一代智能技术的"数治"时代，我们期盼治理智慧和数据智能的有机结合，能为复杂治理带来破茧成蝶的突破。扬汤止沸不如釜底抽薪，只有从本质上改革政府部门间的协同机制，依据复杂性的理念设计治理流程，辅以相应的数字技术，政府才有可能在面临一个又一个的复杂挑战时，改变过去主要依靠领导经验、广大公务员不眠不休、政府投入大量资源的"简单"治理模式，以一个内部复杂、运作整体、操作简易、成本可控的新组织方式，更加高效、智能、集约地解决问题，提升治理能力。

2 从"利用物"到"解放人"

过去，人们借助计算机、打印机、复印机、传真机大大提升了工作效率，文案不用手抄、信函不用邮寄、文件不用口传，极大地解放了人们的双手。但奇怪的是，随之而来的并不是"一杯茶、一支烟、一张报纸看半天"的悠闲场景，反而是层出不穷的新任务、连篇累牍的新文件，公务员拿着文件"跑签"成为常态，加班加点也是家常便饭。当移动互联网时代到来，人们利用手机就可以协同办公，不用朝九晚五地坐办公室，动动手指就可以进行工作交流，沟通协同的效率再次得到大幅提升，出差途中可以审批、休假期间可以处理紧急事务，可以说，移动互联网解放了人们的双脚。但再一次，大家很快就感受到，手机从神奇的万能工具，逐渐变成了捆绑工作和生活的黑匣子，让人24小时都在线待命。以往传达需要数天的上级指令，现在几秒就能发送到基层，考核也变得更加"便利"，基层公务员开始面临着这样的困境：手机里堆满了四面八方的文件要求，日程表里排满了天天、周周、月月的各类考核任务，临时任务应接不暇，本职工作无暇顾及……

毫无疑问，技术的进步一定能带来效率的提升，但效率的提升并不一定能带来期待的结果。换言之,"利用物"是手段和方式,"解放人"才是价值和目的。同理,数字政府的建设,也需要摒弃因唯技术论而忽略治理理念和范式创新的思想,需要从工具赋能向治理优化转变,从智能向智慧进化。浙江省基于"一图一码一指数"的"精密智控"模式,就体现了"把该管的管住,该放的放开"的精准治理思路,政府在把事情做得更好的同时,大大解放了人。

多年前,一则"如何证明我妈是我妈"的新闻引发了社会热议。各种看似"奇葩"的政务服务要求,一方面反映了政府内部的数据不通和流程不畅,以及对百姓权利的不够尊重;另一方面此起彼伏的改革呼声也折射了公众对政务服务的更高要求和更低容忍度,特别是随着被称为网络原住民的90后、00后逐渐进入社会并扮演更重要的角色,面临入职、婚育、医疗等需求,他们也逐步成为政务服务的主要使用对象。除了更加习惯在互联网上"吐槽",年轻人对服务的方式、认知和期待也发生了根本性变化,习惯了网购、快递、外卖、在线音视频甚至在线工作的他们,天然地倾向于用线上的方式去获取服务,用商业级别的服务质量去评判政务服务,并希望有类似电商的消费者评价体系去倒逼政府服务质量的提升,针对态度不佳、服务低劣的部门、人员进行精准打分。从这个意义上来说,能满足年轻人的政务服务,一定是途径方便、界面友好、互动顺畅、办理速度和质量俱佳的"好产品"。

而要"生产"出这样好的公共产品,则需要政府部门紧密贴合用户需求开展改革创新。比如,服务场所不再局限于大厅,而要扩展到手机App、小程序、网站、线下大厅、街头小区的自助机等,政府要能够提供全天候的高品质服务。比如,设置"好差评"可以让办理政务服务的老百姓对政府部门和工作人员进行打分并留下评价,这些信息被公开透明地"晾晒"在政府部门和公众面前。可以说,恰恰是年轻人的高标准、严要求、不满足,才让政府能够像互联网公司一样以用户思维和持续运营思维提供优质、智慧的公共服务,前文所说的政企合作才真正达到"理念相通"。

面对数十万种甚至更多的服务,政府如何实现低成本搭建,并高效地将服务推送到多个渠道,成了对业务中台支撑能力的一个重要要求。现代社会的节奏越来越快，政务服务也在不断快速迭代，全新的功能乃至全新的服务都需要政府灵活、快速地搭建起来，满足人民群众不断提升的要求。政府需要利用数据化和智能化手段，通过知识图谱、搜索推荐等方式创造更多的面向用户的贴身服务，实现政务服务水平的根本性提升。

3 "云+新型操作系统"正在驱动新一轮创新浪潮

在过去长达几十年的信息技术时代，Intel+Windows事实上定义了信息技术时代的生态构建的底层标准。传统信息技术产业的基本形态，可以用三个层次来描述。底层是大型机、UNIX服务器、大型存储，主要由IBM、甲骨文、思科、惠普、EMC等跨国企业主导。中间层是操作系统、数据库、中间件等基础软件，典型厂商包括微软、IBM、甲骨文等。上层是各种通用软件和垂直行业应用，主要由Salesforce、SAP等大型集成商和应用开发商提供。上述这些技术体系基本都是由欧美科技巨头主导和制定标准的体系。

随着移动互联网的兴起，"智能手机+App"成为新的主流商业模式。智能手机的单机算力逐年增强，并且通过广泛普及的无线网络，形成了一个连接数十亿人群的数字世界。手机App在给人们生活带来巨大便利的同时，也积累了大量的数据，并且助推了生活方式的数字化转变，"在线"成为人们的普遍状态，而"离线"成为少数例外。随着物联网的发展、传感器价格的持续降低、5G时代的开启，万物互联的时代也正在到来，数十亿人和更高数量级的物体在数字世界融合、连接、互动，将世界带入崭新的数字时代。

新旧时代的交替也往往伴随着新旧基础设施的交替。随着数据处理技术时代的到来，原有基础设施的模式已经逐渐跟不上数字经济的发展范式。以云计算为核心的新型技术体系，采用的是全新的架构，其硬件从高性能通用产品转向大规模定制产品，中间的基础软件转变为云操作系统、云原生软件，前端应用向软件即服务的模式转型。

云计算的发展可以极大拉动数字产业上下游技术升级，重构数字产业。一方面，云计算向下重新定义硬件：超大规模、超高密度下的性能及稳定度对硬件架构提出了巨大挑战，将芯片、服务器、存储、网络进行重新设计的需求也为定义新型硬件提供了机会。以芯片为例，云计算对传统x86、ARM、异构的芯片都提出了新要求，以满足超大规模及超高算力的需求。如AWS以自研ARM芯片支撑性价比更高的运算。云的集群化部署让具备特定功能的专用集成电路发挥作用，如阿里云以含光800（人工智能芯片）满足超大规模的人工智能计算集群的性能需求。再如，服务器，云计算的服务器是超大规模、超高密度的分布式计算集群，云厂商需要通过自研新型服务器维持高性能和高稳定性，才能满足实际使用需求。类似的情况还包括网络和存储等核心硬件，如微软与AWS建设了大规模的骨干网络以支撑数据中心间的巨大流量，阿里云通过自研网关让客户方便地接入云服务网络，自研大规模分布式存储盘古，统一支撑多种存储产品。

另一方面，云计算向上重新定义系统平台：云服务改变了用户习惯，提供了开箱即用的各类云原生服务（如数据库、中间件等），用户不再需要底层构建、管理这些服务。云原生服务重塑了软件市场的格局，带来了全新的市场机遇。以数据库为例，传统厂商（如甲骨文）已经无法满足云上数据库所需的大规模、海量数据、多租户、快速交付等要求，阿里云Polar DB、AWS RDS等云服务厂商纷纷推出自研的新型云原生数据库服务，以满足高吞吐量的数据处理需求。云端模式数据库在过去几年快速发展。根据IDC报告，2019年中国公有云模式数据库市场份额占比达到了40%，而到2024年，这个数据将超过60%。

近几年，全球云计算的最大趋势是从为以互联网为主的企业提供云计算资源，扩大至为传统行业、中小企业提供数字化服务。这意味着云计算需要从提供类似"水电煤"的云计算资源，演变成提供更多服务和行业解决方案。"算力+算法+数据"是驱动数字时代发展的"三件套"，数据是核心生产要素。针对数据的感知、传输、处理和应用，原来构建信息化系统的方式相对来说比较简单，程序员在理解清楚业务流程后，只需把相关业务流程变成信息系统。但今天的信息系统不再是一个简单的业务流问题，数据流、移动化、利用人工智能处理大数据，这些都是以前的信息系统没有遇到过的问题。所以，从信息时代到数字时代，不仅需要云这样的新型计算架构提供算力基础设施，也需要一个新型操作系统，让各行各业乃至每一个创客在面向大数据、面向智能、面向物联网、面向移动化时，能够更方便地开发自己的应用。

最典型的例子莫过于阿里巴巴开发的钉钉。在抗击新冠肺炎疫情中，钉钉脱颖而出，成为支持政府防疫、企业办公、学生上课的"明星"。很多人把钉钉理解为一个沟通工具，但钉钉的价值远远超越沟通本身。以浙江省政府机关使用的"浙政钉"为例，浙江省100多万政府工作人员在钉钉上办公，通过音视频会议远程指导、学习培训早已成为政府部门一种新的办公习惯。据统计，截至2020年3月11日，浙江省各企事业单位通过"浙政钉"共召开语音视频会议超过3万次。但更为重要的是，使用"浙政钉"的各级政府部门，已经在钉钉这个平台上开发了1000多个应用，各类事务处理都能够在钉钉上完成。这已经呈现出操作系统的典型特征：操作系统把通用性的部分搭建好、封装好，让开发者可以在上面更快速、更低成本、更容易地开展大量创新。可以说，钉钉已经从当年的商务沟通工具进化成协同平台，又再次演进为云计算时代的新型操作系统。

案例：阿里巴巴的"云钉一体"理念

阿里巴巴于2020年提出了"云钉一体"理念，已经从行业领军者的视角看到了未来趋势。目前，钉钉用户已突破3亿人，企业组织突破1500万个。立白、东方希望、太平洋保险、广东农信等企业基于"云钉一体"的基础设施，开发了数十万种企业应用。东方希望信息部总经理黄兴胜提到，在钉钉上开发应用，"就像在App store下载安装软件一样简单"，并举例说，东方希望只花费了不到90万元，就达成了某些同行花费9000万元购买的软件系统和配套设施才能实现的管理目标。

在疫情期间，中国太平洋人寿保险股份有限公司与阿里云合作，上线了"太保钉钉"专属协同办公平台，为近80万名外勤员工、4万余名内勤员工提供远程办公协同及业务经营支持,确保了疫情期间工作的正常开展。

在基础设施之上,阿里巴巴生长出了一个繁荣的开发者生态,目前有超过20万企业应用开发者在钉钉开发平台上帮助企业定制属于自己的应用。阿里云+钉钉就像是信息时代的PC+Windows一样,作为一个整体,激发全社会的创新活力,让"大众创业、万众创新"在更大的范围、更深的层次,以更快的速度、更低的成本蓬勃开展,让创新变得更容易。

04.
包容性：人本主义的普惠与发展

1 普惠治理的"人人工程"

在数字治理时代，每一位公民既是数据的生产者也是数据的使用者，即老百姓是公共服务的"产消者"（Proconsumer）。因此，数据公开的目标由公民知情上升为公众参与，即公民能够利用政府开放的数据参与公共事务治理。公众是数据的生产者，没有大规模的公众参与，就不会有大规模的数据生产，数据治理也无从谈起。当然，数据生产不能直接等同于公众参与，如某位学者所言，公民生产数据只是一种"被动贡献"（passive contribution），人们或许在社交平台上就政治问题表达了看法，但并不期待自己的意见被纳入政策议程。

但另一方面，我们也应注意到，相当多的数字治理创新和数字政府建设项目具有明确的动员公众参与的意图，政府或企业在公众知情的情况下采集公众行为或意见数据，以改善公共服务或政策议程。同时，大数据时代还出现了"公众黑客马拉松"等新的参与形式，"公众黑客马拉松"被称为"App竞赛"，政府以组织比赛的形式动员社会力量参与应用程序开发，而这些应用程序多为公共服务、公益类项目，比赛获胜者将获得一定数额的奖金。

公众借助互联网平台表达诉求在世界各地十分普遍，但是如何利用技术手段将原子化、分散化的个人诉求表达转变为组织化、集体化的治理行动，仍然是有待突破的课题。随着技术的迭代升级和研究手段的推陈出新，数字技术提高治理能力的作用不断彰显。数据资源和数字技术让政府能够洞察原本难以精准把握的民情民意动态，从数据挖掘和智能分析中发现和评估社会治理风险，基于知识库智能化探究政府回应措施，从而把握数字时代社会治理的特点和规律。对已发现的公众热点诉求、政策关注点或社会风险等，政府能够借助大数据有效分类分级分析、预测预警、智能应答或提供自助式服务，以提升政府回应的时效性、精准性和质量。更进一步，基于对公众关注的政策热点的系统分析，可以为政府决策的议程设置、科学决策和吸纳公众参与提供丰富的机会，强化地方政府政策应对社会风险的能力。所以，数字技术为实现多元主体合作共治带来了更多的机会，数字政府的共建共治共享越来越接近现实，数字政府建设有望成为也理应成为具有普惠性的"人人工程"。

2 "一个都不能少"：对数字边缘群体的呵护

在新冠肺炎疫情期间，网络热传的一段视频揪起了很多人的心：来自安徽省蒙城县的54岁的戴大叔于2020年6月18日晚上在浙江省台州市天台县遇到一名热心的小货车司机，在交谈过程中，戴大叔表示自己是从安徽一路走过来的，想要去黄岩投奔唯一有联系的外甥女，找份活儿干。从天台县到黄岩区，少说还有七八十公里路，小货车司机很热情，不仅请戴大叔在边上的饭馆吃了一碗面，还专程开车免费将他送到了黄岩区。司机热心助人的这段视频在被分享到网上后，立即引发了网友的关注。不少网友在赞美货车司机的善良和热心的同时，更心疼起大叔的遭遇。"为什么不让他坐车呢？难道因为老人没手机和'健康码'吗？"

虽然后来经过调查确认，戴大叔是乘坐火车来到浙江的，网传信息并不真实，但大家的关注反映了一个真实的问题：很多中老年人没有或不太会用智能设备，在无法出示有效"健康码"的情况下，会不会如网友所担忧的那样，他们出门将不能搭乘公共交通工具？推而广之，对于这一类因为年龄、地区、经济条件、个人习惯种种原因而成为事实上的"数字边缘群体"的人群，我们在广泛使用数字技术提高政务服务和公共治理效率的同时，是否客观上反而加大了他们生活的难度，重视了效率而忽视了公平？

被数字技术赋能的政府和社会，不仅应该更加高效和智能，也应该更加普惠和包容。技术是中立的，但国家和社会是有价值观的，人民是被服务的对象，这里的人民应包括所有人民。不可否认，任何一项新生事物，在快速发展的早期必然不可能完美地预见所有问题，这也是我国习惯于从各类试点入手，积累经验，总结教训，再从点到面到体扩展的改革之路的智慧之处。在数字政府3.0时代，我们应该更加注重多目标平衡，兼顾效率与公平，更多地关注人，体现对人的柔性关怀，而不能停留在对技术的刚性追求上，要更好地实现公共服务的均等化和可及性。

智能技术的发展为政策制定者和社会治理者的柔性治理提供了更多的工具。比如，语音、语义识别、视觉智能、知识图谱、生物识别等，都能为政府带来更加人性化的服务方式。在上海的地铁站，即便是不识字的乘客，只要对着自动售票机说一句"我要去东方明珠"这样简单的话，加载了最新语义识别技术的智能自动售票机就可以报出推荐线路和票价，并提供支付方式，如果还能通过人脸识别来支付车票，整个购票过程将给乘客带来一种新的感觉，这种感觉不再是由方方正正的机器带来的冰冷感，而是智能技术带给人的被关怀的温柔感。

实际上，在年轻人里，利用语音交互已经成为一种常态。从苹果手机的Siri到阿里巴巴的天猫精灵，很多App内嵌了语音交互模块。这样的交互技术不仅让年轻人有了更舒服的选择，也给眼神不好的老年人、不识字的人、手指活动不便的人提供了被服务的入口，同时做到了锦上添花和雪中送炭。人与人的交流是人们永恒的需求，而人与机器的交流，也正在随着人工智能技术的发展而越来越拟人化。这种交流方式和交流习惯的变化，也将推动服务提供方式的改变，包括公共服务的提供方式。这种服务提供方式不仅将更加柔性化，也将照顾到更多的群体，体现智能技术普惠和包容的价值内涵。

3 数字政府3.0全面激发社会创新活力

在数字政府1.0和2.0时代，政府的数字化转型主要围绕公共服务开展，在便民惠企方面取得了很大进展，人民群众和企业的获得感和满意度显著提高。2020年，浙江省对全省范围内的政务公共服务情况进行了线上线下结合的问卷调研，接受调研的企业和市民普遍对浙江省的政务公共服务表示满意，市民满意度达到92%，企业的满意度更是达到95%。

第8章 数字政府3.0：众治、共治和智治

我国政府职能主要包括经济调节、市场监管、社会管理、公共服务和生态环境保护五大方面。其中，经济调节是首要任务。在新冠肺炎疫情和政治因素的双重影响下，全球经济严重衰退，逆全球化过程愈演愈烈，产业链供应链循环受阻，国际贸易投资萎缩，国内消费、投资、出口下滑，就业压力显著加大，企业特别是民营企业、中小微企业遇到了严重的困难。我国政府提出了"内循环""双循环"的新思路，保就业、保民生、保市场主体，都对经济调节的力度、水平和效果提出了更高要求。

从公共服务入手，数字化转型倒逼了政府内部的理念、流程和组织的深层次改革，也推动了公共数据的互联互通、统一技术底座的搭建，以及政府数字化意识和数字化能力的提升。客观上，数字化转型为政府下一步向"五大职能"，特别是经济调节职能的纵深推进打下了思想基础、技术基础和组织基础。

全球市场经济的发展已经历经数百年，中国改革开放，拥抱市场也已经四十多年。然而，政府这只"有形之手"对经济的调控、经济政策的制定和实施，却多见争论与批评，鲜见共识和赞美。传统经济治理大多依赖科层结构层层传递、层层执行的工作模式，采取"大水漫灌"或"一刀切"的方式，导致很多政策的可执行性和实施效果不尽如人意。网络、数据和智能技术从理论上创造了从"大水漫灌"到"精准滴灌"的可能性。对于政策制定者来说，利用数据和网络开展针对企业的精准滴灌，面临的两个核心问题，一是对技术的创造性使用，二是与技术匹配的基础设施的建设。首先，政府要建立政府和企业直连、双向互通的平台，一方面，将已有政策通过企业维度的规则和统一的平台直接触达相应的企业；另一方面，绕过科层结构和人工模式，直接从网络上吸纳企业的政策建议，通过真实可信的大数据和政策用户的直接反馈，形成政策制定、触达、实施、反馈、优化的全链路，向精准滴灌不断趋近。我们看到，越来越多的精准滴灌正在发生，我们也相信，企业的活力、经济的发展会随着这些"数字沟渠"的建设而更加兴旺发达。

案例：浙江省"企业码"助力经济发展

疫情之后，浙江省多部门共同发起建设了"企业码"平台，并在浙江省德清县率先开展试点应用。通过一个小小的二维码，企业便可以快速获得政策兑付、融资贷款、产业链合作等服务。"企业码"以二维码为形态标识，以企业基础数据仓和涉企数据供应链为数据基础，以浙江省企业服务综合平台为应用支撑，围绕政策直达、公共服务、产业链合作和政银企联动等环节，为企业提供精准服务。

目前，"企业码"已包含"码上政策""码上直办""码上诉求"等8个应用。例如，企业在领取"企业码"后，便能进入服务通道，形成专属的数字化名片，及时获取各类政策，快速办理高频事项，快速提交诉求并得到回复；可接入浙江省金融综合服务平台及蚂蚁科技网商银行等平台，最快可实现秒级金融贷款；还能连接阿里1688平台，参与"春雷计划"，解决采购和销售问题。德清县经信局有关负责人表示，目前，德清县全部规模以上工业企业都已申领"企业码"，不少企业已通过"企业码"申领爱心口罩，办理技术改造奖补兑现、银行贷款等业务。

PART 3 数字治理之"术"

【第9章】
省域治理实践：浙江"整体智治"探索

数字治理 DIGITAL GOVERNANCE

省域治理一直是国家治理中承上启下的关键环节，在数字治理中发挥着独特的作用。这些年来，浙江省在数字治理上走在全国前列，基于数字技术形成的"最多跑一次"改革，也在全国范围引起了"一网通办"的政务旋风。浙江省的数字化转型，是省域和市域推进治理现代化的排头兵，是浙江省在数字时代探索治理创新，通过数字治理有效实现为政府赋能、为市场增效、为社会赋权的典型代表。浙江省很早就在推动政府数字化转型，现在又提出了"整体智治"的数字治理愿景。本书在数字治理之"道"和数字治理"法"两个篇章中提到的很多理念，包括协同治理、开放创新、统一标准、安全保障等，都可以在浙江省的实践中找到现实应用。

浙江省在"整体智治、唯实惟先"的理念创新下，以"一个中心"（以人民为中心）为出发点和落脚点，通过整体性治理、开放式治理、协同性治理和智慧性治理过程中的数据、模式、服务、体制创新，实现了基础设施云化、政府业务数据化、政府服务在线化、业务应用智能化、政务服务可评价，创新性地利用数据中台、业务中台构成的"大中台"应用，支撑政府的全域数据治理、纵横业务协同和跨部门流程再造。在"一张蓝图干到底"的阶段性、持续性、渐进性发展下，浙江省正在阔步由数字政府2.0迈向数字政府3.0。

"整体智治"是浙江省在数字化转型先期经验基础上，高度凝练其目标、手段、途径形成的省域政府数字化转型模式和展望。"整体智治"涉及系统化传递政府治理新理念、全方位重塑政府治理结构、开放治理资源信息，通过提供专业化、标准化程度较高的治理技术和治理工具，对治理对象的需求进行整合、感知、排序，实现精准配置有效行政资源、靶向回应多元治理需求，通过政府数字化转型全面提升政府治理能力，最终实现省域层面的政府治理现代化。

"整体智治"的核心特征是整体性、开放性、协同性和智慧性。本章系统梳理、探讨了浙江省在探索数字化转型过程中形成的典型经验和成功案例，以期为我国省域层面的治理实践和治理现代化提供方法论和工具箱。

01. 从"数字浙江"到"整体智治"

"数字浙江"（见图9-1）是习近平同志任职浙江省委书记时提出的决策部署，自此，浙江省的数字化转型蓝图徐徐展开。在社会和技术的进步中，"数字浙江"的内涵得以不断丰富和拓展。从"四张清单一张网"，到"最多跑一次"，再到"整体智治、唯实惟先"，"数字浙江"逐渐形成了涵盖数字经济、数字社会和数字政府"三位一体"的宏观性、系统性论述。

以"整体智治"为引领的理念创新
数字浙江一张蓝图绘制到底
以限权为要义，以人民为中心
众治、共治、智治

整体性治理
目标函数整体性：提供便捷、高效、优质的政务服务
技术支撑整体性：数据整合、平台统一、应用融合
服务体验整体性：民生"一件事"、涉企"一件事"

以数据为核心的创新模式
全面数据化、数据归集、数据开放与共享
基于数据互通的业务协同、组织流程再造
颗粒度缩放、精准滴灌、超时空预判

开放式治理
基于数据开放与共享的协同治理的创新模式
以数据为核心的"V字模型"创新系统
开放与共享平台及数据开放创新制度

服务数据创新的技术架构
数据归集技术是核心：政务数据模型&主题库
智能引擎与大中台：数据中台与业务中台支撑
综合管控平台（驾驶舱）："浙政钉""浙里办"

协同性治理
政企协同实现共建共治智治
社情民意倒推治理创新
营商环境的良性驱动

"三位一体"的创新范式
技术创新是手段
模式创新是保障
制度创新是根本

智慧性治理
新基建智能化部署
双向即时感知、高效精准回应
以技术创新为核心的决策智能化

数字浙江

图9-1　数字浙江

1 蓝图引领方向："数字浙江"（2003年）

在浙江省数字化转型的过程中，历任领导干部始终坚持"一张蓝图绘到底"，一任接着一任干、一锤接着一锤敲，以创新精神勇当改革先行者，全面拥抱数字技术，不断提升数字技术认知和应用水平，在政府数字化转型与治理能力现代化的探索中形成了统一、高效、开放的"浙江模式"，推动了大数据、云计算等技术在浙江省的纵深发展和系统运用，并在实践中积累了宝贵的数字治理经验。

(一)"数字浙江"是浙江省转型发展的基础性工程

"数字浙江"是全面推进浙江省国民经济和社会信息化、以信息化带动工业化的基础工程,浙江省围绕"数字浙江"建设,前瞻性地提出"以网络系统和数据库建设为基础、应用系统建设为重点、数字城市建设为支撑"的建设理念。同时,浙江省提出要加快建设"数字浙江"支撑平台,积极运用数字化、网络化、智能化的信息处理技术,深度开发经济、社会等各类信息资源,逐步形成面向城乡、以中心城市为基本单位的信息资源集成、应用与共享系统,并切实加强应用系统建设,推进企业信息化,推进电子商务和电子政务发展,加快建成全省信息应用体系主体框架。

(二)"数字浙江"是贯彻浙江"八八战略"的重要内容

2003年,时任浙江省委书记的习近平同志经过深入调研与思考,全面系统总结了浙江省发展的八个优势,面向未来提出改革发展的八项举措,简称"八八战略",开辟了中国特色社会主义在浙江省的生动实践新境界,成为引领浙江省发展的总纲领。"八八战略"聚焦如何发挥优势和如何补齐短板两个关键问题,研究的不仅是省域发展的命题,更是国家发展、时代发展的命题。在"八八战略"指引下,浙江大地掀起了波澜壮阔的改革浪潮。浙江省坚持以"最多跑一次"改革为牵引,撬动各领域的改革;全力打造数字经济"一号工程",通过数字产业化的新业态、新模式加速形成现代化新局面;大力推进数字政府建设,通过大数据的归集、整合与开放,不断推动"数字浙江"向更宽广的领域发展。

(三)"数字浙江"的核心是创新,本质是执政为民

"数字浙江"的建设始终贯穿着创新发展精神和"以人民为中心"的理念。2006年1月,习近平同志在浙江省十届人大四次会议闭幕讲话中强调,"要大力培育创新精神。创新精神是'浙江精神'的内核所在。我们必须充分尊重和发挥群众的首创精神,支持和鼓励人们创新、创业、创造。要大力弘扬求真务实

精神，坚持一切从浙江经济社会发展的实际出发，从我们面临的形势任务的实际出发，从全省人民愿望要求的实际出发，把握事物特点，尊重客观规律，脚踏实地，干在实处，取得实效，干出实绩，让人民群众得到更多的实惠[①]。"政府的数字化转型没有旧路可走，没有经验可循，依靠的是勇为人先的改革创新精神和执政为民的初心。这一点在形成网上审批新模式的行政审批制度改革中，在自我限权的"四张清单一张网"改革中，在"以人民为中心"的"最多跑一次"改革中，在建设新时代全面展示中国特色社会主义制度优越性的重要窗口过程中，一再得以体现和践行。

2 以简政放权为要义："四张清单一张网"（2013年）

2013年，党的十八届三中全会提出"强化权力运行制约和监督体系"，要求"推行地方各级政府及其工作部门权力清单制度"。浙江省积极响应中央要求，在全国率先启动政府权力清单制度，而且在政府权力清单之外，创新性地制定了企业投资负面清单、政府责任清单、省级部门专项资金管理清单，把省市县三级行政权力全部置于浙江政务服务网中运行，由此展开了以自我限权、简政放权为核心的"四张清单一张网"改革，不断转变政府职能，释放市场动能。

"四张清单一张网"围绕政府自身改革，将清权、确权、制权作为改革的关键内容，通过职能整合和组织体系再造，实现政府内部及政府与市场、社会之间关系的重构，奠定政府治理现代化的基础。其中，权力清单规范了各级政府及其职能部门的权力，也就是"法无授权不可为"；责任清单明确了各级政府及其职能部门的职责，也就是"法定职责必须为"；负面清单赋予了市场主体自由权，也就是"法不禁止即可为"；专项资金管理清单对省级部门现有的财政专项资金进行清理、整合和归并，维护市场经济的公平竞争；政务服务网为公众提供"一站式"在线服务，打造全天候的网上政府、智慧政府，促进政府治理现代化。

[①] 资料来源：在新的历史起点上推动浙江实现又快又好发展——习近平在浙江省十届人大四次会议闭幕时的讲话。

"四张清单一张网"并不是对行政权力进行简单的梳理与罗列，而是通过明确地方各级政府及其职能部门的权力边界，真正将权力关进制度的笼子，让权力在阳光下运行，使清单之外再无权力，实际上是在用政府权力的"减法"，换取市场活力的"乘法"。有人说，如果把政府自身改革比作一块巨石，那权力清单制度就是杠杆，通过这根杠杆，政府可以"撬动"新一轮政府自身改革[1]。

2014年，"四张清单一张网"改革初见成效。省级部门行政权力从1.23万项精减到4236项，省级实际执行的行政许可事项从1266项减少到322项，非行政许可审批事项全面取消，40多个部门全部实行一站式网上审批[2]。与此同时，浙江省信息、旅游等新消费热点活力显现。政府权力的"减"与经济平稳的"增"，生动诠释了改革的成效、市场的力量。2015年6月，浙江省成立深化"四张清单一张网"改革推进职能转变协调小组，由省长直接担任协调小组组长，协调推动解决改革中遇到的困难和重点难点问题，指导市县相关工作，督促各地各部门落实改革措施。

在逐步"瘦身"权力清单、"强身"责任清单、"创新"专项资金管理清单、"完善"企业投资项目核准目录清单、"提升"政务服务网的过程中，"四张清单一张网"和"放管服"改革持续深化，到2016年，浙江省实现权、责两项清单省市县乡四级政府部门的全覆盖，并探索推进负面清单的管理方式，开展统一政务咨询投诉举报平台和联合执法协调指挥机制建设，投资项目在线审批监管平台纵横贯通28个省级部门和所有市县区，综合行政执法改革、"双随机、一公开"市场监管改革全面推进；政务服务网覆盖全省各级政府部门并向村级延伸，初步建成集行政审批、便民服务、政务公开、数据开放、互动交流等功能于一体，省市县统一架构、省市县乡四级联动的电子政务平台。"四张清单一张网"撬动的新一轮政府自身改革向纵深挺进。

---

[1] 资料来源：我省以权力清单撬动政府改革，浙江省人民政府网站。
[2] 资料来源：浙江省人民政府2015年《政府工作报告》，2015年1月27日。

3 以人民为中心："最多跑一次"改革（2016年）

2018年，一位微博网友晒出"浙江省最多跑一次改革办公室"的牌匾，本是为了调侃其为"全世界最奇葩的部门"，却未获得跟风嘲讽，反而有不少网友用亲身经历力挺这个"奇葩部门"成立得好！

这个赢得网友叫好、点赞无数的改革，早在2016年年底就在浙江省推出了。秉持着"以人民为中心"的发展理念、致力于提高人们获得感和满意度的"最多跑一次"改革，以燎原之势在中国"遍地开花"，改革红利惠及百姓生活、企业生产的方方面面。

什么是"最多跑一次"？"最多跑一次"指的是群众和企业工作人员到政府部门办理涉及其全生命周期的"一件事"时，在满足申请材料齐全、符合法定受理的条件时，从提出受理申请到作出办理决定、形成办理结果的全过程中，最多只上门一次或不上门。"最多跑一次"是政府运用数字技术，通过整合政务资源、优化办理流程、线上线下融合等，以"数据跑路"代替"群众跑腿"的有效探索。"最多跑一次"改革的序幕是在2016年12月，时任浙江省委副书记、代省长车俊在省委经济工作会议上提出"最多跑一次"改革的倡议中拉开的。车俊同志提出要深入推行"互联网+政务服务"，以"最多跑一次"倒逼简政放权、优化服务。次年2月，浙江省出台《加快推进"最多跑一次"改革实施方案》，标志着这项改革全面启动。

"最多跑一次"改革以"以人民为中心"为核心，以企业和群众实际需求的"一件事"为办理基础，政府部门的主场从"供给"服务向提供群众"需要"的服务转变。政府主动转换立场，从"政府本位"转向"人民本位"，以直接面向企业和群众的政务服务事项为改革重点内容及优先顺序，整合、重构政府职能。"最多跑一次"改革以办理的效果和人民群众的获得感、满意度为评价指标，通过实施线上线下全覆盖、全汇聚、全闭环、全公开的政务服务"好差评"制度，使企业和群众能够对政府部门及工作人员在开展政务服务过程中的办事效率、便利程度、流程规范、服务态度等进行综合评价，由服务对象评判政府的政务服务做得怎么样。

4 "掌上办公之省"和"掌上办事之省"（2018年）

掌上办事是"一网通办"的一体化在线政务服务平台，主要用于百姓办事；掌上办公是全省统一的移动办公平台，主要用于政府内部开展数字化协同管理办公。打造"掌上办公之省"和"掌上办事之省"，是浙江省深入贯彻"数字浙江"建设的一项重要举措，也是"最多跑一次"改革的延伸和提升，有利于进一步打破信息孤岛，增创"市场有效、政府有为、企业有利、百姓受益"的体制机制新优势。在数字技术驱动之下，通过整合数据资源和信息资源，提高政府部门间协同效率，为群众、企业提供"一站式"政务服务，已成为浙江省政府数字化转型和开展数字治理的重要内容。

（一）以"一证通办"回应民生诉求

围绕"好办事、易办事"，浙江省全力打造政务服务掌上平台，创新性地开展群众民生"一证通办"服务，通过整合省市两级统一管控的公共数据共享平台和"一证通办"平台，实现对电子印章、电子身份证等各类电子应用的认同；从群众"需"端的民生事项出发，对事项进行颗粒度细分，梳理"供"端政府行政权力和公共服务事项，在此基础上形成全省"一证通办"民生事项清单、证明材料数据、政策库。群众可以身份证作为唯一标识，在全省统一的移动政务服务平台"浙里办"App上，办理社保、医疗、公积金、教育、民政、养老、税务等各项与自身利益相关的民生业务。截至2019年10月，"浙里办"App已集成412项便民服务，实名注册用户数达2800万人；群众凭一张身份证可通办事项达335项；全国首创的统一公共支付平台已累计办理网上缴费业务1.4亿笔，共节约办事时间约6600万小时。

（二）以"一站式移动服务"优化营商环境

围绕市场主体需求，浙江省在浙江政务服务网、"浙里办"App、支付宝小程序、钉钉企业工作台等多端入口，推出营商服务专区，将分散在省市场监管局、省发展和改革委员会、省经信厅、省公安厅等近30个政府部门的300多项热点涉企事项集中起来，通过"一周期一档案一政策"的集成创新，真正实现掌上联办。"一周期"意为企业开办、商事登记、获得场地等涉及企业全生命周期的各类事项实现掌上办理；"一档案"意为浙江省依托政务"一朵云"平台、政务中台，建立包含证照信息、人员信息、税务信息、经营信息、资质信息和信用信息等在内的企业数字档案，支持证照信息共享互认；"一政策"意为浙江省将惠企稳企政策针对从发布、推送、办理到企业咨询、评价与建议反馈的流程，提供全链条服务与在线式互动，促进政策的优化落实。

（三）以"浙政钉"优化政务流程

由于过往各级政府、职能部门的政务App、工作群不统一，政务办公的碎片化成为政府工作效率提升的瓶颈。为此，浙江省推行全省统一的"浙政钉"平台，整合办文办会办事、督查督办、财政预算等数字化应用，着力建设简约、高效型政府。"浙政钉"显著提高了政府办公业务效能：在通信效能方面，2019年，"浙政钉"全年累计发送和接收"钉"消息1.17亿次，总量较2018年增长122%；在会议效能方面，2019年，"浙政钉"累计召开视频会议15.8万余次，较2018年增长147%；在文件流转效能方面，2019年，"浙政钉"累计传输电子文件2.1亿件次，较2018年增长347%。

案例:"浙政钉"——掌上办公平台

一、实施情况:项目分试点&建设、推广&优化两大阶段

(一)试点&建设阶段(2017年4月至2018年12月)

2017年4月,杭州、衢州等地先行在政务移动办公、"全民网格"共管等领域试点,试用钉钉即时通信、消息提醒、协同办公等基础服务。在试点期间,试点地区基于政府数字化转型总体方案"四横三纵"的设计思路,深化平台功能建设,组织线上、线下培训,推动全省各级组织及用户"上钉"。2018年5月22日,省、市、县政府领导分别建立工作群,开展协同应用,标志着"浙政钉"正式上线运行。截至2018年年底,"浙政钉"接入省市县乡村组六级组织机构,建立各类部门群、业务群2.1万个,接入钉应用381个。

(二)推广&优化阶段(2019年1月至今)

2019年,"浙政钉"不断优化基础支撑功能,建设千人千面的移动工作门户和应用管理平台,统一权限和用户管理,进一步提升用户体验,充分发挥了"浙政钉"安全可靠、沟通高效、信息必达等优势,分阶段逐步推进"8+13"重点项目、10个防范化解重大风险项目、6个新启动重点项目的应用"上钉",助力经济调节、市场监管、公共服务、社会管理、生态环境保护等政府职能数字化转型重点领域的应用整合,加快微应用接入,建立钉钉应用集群,打造"最多跑一次""掌上执法"等效果显著的标杆应用。"浙政钉"已覆盖全省11个地市、90个县(市、区)、1375个乡(镇、街道)、28568个村(社区)及近7万个小组(网格),接入各级组织节点30余万个,激活用户120余万人,日活跃用户达80万人,日均接发送和接收消息180余万条,建立工作群20余万个,上线移动应用988个。

二、主要创新点

(一)创新政务沟通方式

"浙政钉"基于全省政务通讯录,实现通信从层级化向扁平化的转变,沟通

由个人的点对点向工作群的多点对多点转变，支持相关部门和人员在权限范围内快速找组织、找人，极大提升了政务沟通协作的效率，全省任务下发和反馈时间由以往的几天级迅速压缩至分钟级，效率提高近百倍。

（二）创新政务协同方式

"浙政钉"通过业务中台和数据中台，将各地、各部门间的业务流、数据流、审批流汇聚到"浙政钉"上，完成了从省到组的六级纵向大联动，实现了全省各级党政机关、人民团体、企事业单位、基层组织的业务协同，消除了信息孤岛。

（三）创新移动办公模式

"浙政钉"将现有PC端的邮件收发、公文阅处、文件签批等应用功能整合接入"浙政钉"，实现随时、随地、全天候移动办公、掌上办公，打破了时间、地域限制，极大地提高了办公效率。

（四）创新应用建设模式

"浙政钉"通过统分结合的集约化建设模式，有效消除了政务信息化长期存在的分散及各自为政的烟囱式建设弊端，建设了统一的基础支撑平台，有效实现各上层应用的统一接入、统一监管，打通了数据流和业务流。

资料来源：浙江政务服务网—浙里督—政创空间

5 转型目标："整体智治、唯实惟先"的现代政府（2020年）

2020年，在防控新冠肺炎疫情的"战疫"大考中，浙江省依托数字经济优势，以数字化"硬核"抗疫，凭"智"出招，充分发挥了数字技术对疫情防控的支撑作用，有效实现了疫情防控和经济社会发展的"两手抓、两手硬"。基于疫情防控期间的"精密智控"经验，时任浙江省省长袁家军提出了"整体智治、唯实惟先"的现代政府理念，推进浙江政府的数字化转型走深走实。

整体即"整体政府"理念。政府内部跨部门的数据共享、流程再造和业务协同，使政府的服务方式从"碎片化"转变为"一体化"，群众和企业办事从"找部门"转变为"找政府"。

智治即基于数字化的智慧治理。政府通过更好地运用云计算、大数据、人工智能等数字技术，加快形成即时感知、精准滴灌、科学决策、主动服务、智能研判、高效运行的新型治理形态。

唯实就是要忠诚老实，对党绝对忠诚，增强"四个意识"，坚定"四个自信"，做到"两个维护"；要朴实务实，坚持以百姓之心为心，切实为民解忧，确保说一件、干一件、成一件；运用法治思维和法治方式扎实履职；实事求是，力戒官僚主义、形式主义。

惟先就是要解放思想、尊重客观规律、尊重人民首创精神，敢于担当、勇于创新，把落实党中央要求、满足实践需要、符合基层期盼统一起来，奋勇争先，敢为人先，一马当先，始终走在前列、勇立潮头，人人争创最佳实践、人人争做"领跑者"[①]。

"整体智治、唯实惟先"为数字政府转型的方式方法和未来图景指明了方向。政府通过整体、智治，推动政府治理更加协同高效；通过唯实、惟先，打造干在实处、走在前列的现代政府文化。在"整体智治"中，整体政府是关键基础，它不仅要求政府在内部打破藩篱、消除孤岛，实现资源整合、协同一体，而且主张治理主体的整体性和共治性，主张包括政府部门、社会组织、市场机构乃

---

① 资料来源：袁家军："打造'整体智治、唯实惟先'的现代政府 更好统筹推进疫情防控和经济社会发展"，《今日浙江》。

至公民在内的多元主体的有效协调、共治共建；智慧治理是落脚点，它要求政府在治理中广泛运用数字技术手段，实现基于数字化的智慧治理，全方位深化政府数字化转型，不断提升政府公共治理水平和需求回应能力。"整体智治、唯实惟先"的现代政府治理理念为"数字赋能"、将技术优势转为治理效能提供了索引。

02.
协同治理体系：基于数据的协同合作

"最多跑一次"改革的提出拉开了浙江省"刀刃向内"改革的序幕。"最多跑一次"改革是"放管服"改革的有益探索，也是浙江省探索建设整体政府的重要依托。浙江省以群众和企业的实际需求出发，重新梳理政府服务供给流程，变革服务供给模式，其探索的"整体智治"之"整体"，在政府改革的目标任务、技术支撑、和服务体验方面，进行了生动的实践和诠释。

1 目标任务整体性：从"以部门为中心"转向"以人民为中心"

"最多跑一次"改革按照群众和企业到政府办事最多跑一次的理念和目标，从与人民群众和企业生产生活关系最紧密的领域和事项做起，逐步实现全覆盖；以简政放权、精减行政事业收费，倒逼各级政府部门减权、放权、治权，形成覆盖行政许可、行政处罚、行政征收、行政裁决、行政服务等领域的"一次办结"机制。同时，政府推行"双随机、一公开"，在监管过程中随机抽取检查对象、随机选派执法人员，将抽查情况及查处结果及时向社会公开，杜绝多头执法、重复检查，形成"部门联合、随机抽查、按标监管"的一次到位机制。为推动建设整体政府，整合各项行政资源，提升部门间的协同效率，浙江省在实践中转变以往政府"以部门为中心"的思维方式，践行"以人民为中心"的发展思想，向为人民群众提供更优质的政务服务的目标前进。从群众和企业的视角出发，"最多跑一次"改革重新定义和梳理了政府权力清单和责任清单。近年来，以"最多跑一次""一次不用跑""不见面审批"等为代表的地方改革实践均取得了良好的成果。

王六英的赞叹

一个窗口，三十分钟，二手房不动产交易过户登记完成。

日前，看到这一幕，干了十五年房产中介的王六英，连说了三遍"不敢相信"。之前，她在办理房产登记时，还需要分别向国土、地税、住建三个部门提供三套材料。"以前来这里，我至少要往返三个窗口，跑好几趟，这次只要跑一个窗口。"她感叹。

"最多跑一次"改革是浙江省在"放管服"改革基础上的新的探索与实践。如何真正落实"最多跑一次"改革？衢州市先"跑"了起来。2019年以来，衢州市先行在全省开展"一窗受理、集成服务"改革试点，依托浙江政务服务网，分离受理和审批，由行政服务中心组建综合窗口，实行"前台综合受理、后台分类审批、统一窗口出件"。

目前，投资项目、商事登记、不动产登记、其他综合社会服务、公安服务和公积金服务六大板块已实现"一窗受理"，为衢州市"最多跑一次"改革奠定了基础。

同时，衢州市按照群众、企业到政府办事"最多跑一次"的要求，公布了987项"最多跑一次"事项，其中大部分事项都被纳入了行政服务中心"一窗受理"事项，涉及30个部门。下一步，按照群众、企业到政府办事"最多跑一次"的标准，衢州市将进一步梳理、增加"最多跑一次"事项。

"进一家门，到一个窗，办多家事"，这是衢州群众对当前行政服务中心的形象总结。

资料来源：《衢州这样实现"最多跑一次"：群众办事一窗受理》

在"王六英们"觉得方便的背后，是各部门从观念到工作流程的大转变。衢州市的"一窗受理"突破了传统"以部门为中心"的行政管理设计。如今，综合窗口承担了原来涉及多个部门的职责，实现"一窗受理、一表登记、一次告知、一网流转、一次办结"，不再需要群众分别到多个部门窗口申请、填表、报件、领证。可以预计，整体政府的建设最终将使政府成为面向群众提供服务的整体，原先存在于政府部门间的信息问题和协调问题，也会因整体政府行政改革而不断被政府组织内部消化。

2 技术支撑整体性：政府数字化转型的技术体系

目前，浙江省数字化转型以系统融合、综合集成及场景化的多业务协同应用为主要特征，以技术创新驱动整体性革新，以技术创新带动数据、平台与应用的融合，在平台融合、应用综合集成的基础上，开发多场景的多业务整体协同。

（一）数据整体性

群众和企业在办事过程中要提交的大量材料，本身就来自各个政府职能部门，因此，实现部门间数据归集可以显著减少材料提交次数，提高政务服务效率。为此，浙江省先选取市民、企业办件量最多的前100个事项集中攻关，要求各部门将办事材料整理为数据目录；再由省大数据发展管理局和市大数据资源管理中心担任牵头单位，推动政府内部数据的归集和共享。完成数据整合之后，群众和企业办理政务服务，只需要到行政服务中心"一窗受理"，后台各政府部门即可通过数据共享，提供"集成服务"，即"前台综合受理、后台分类审批、统一窗口出件"。

随着"最多跑一次"改革的深化，浙江省提出建设省域共建共享数据资源体系的目标，进一步推动数据整合和共享。具体来说，浙江省依托电子政务云平台（见图9-2），建立政务大数据统一支撑平台，实现公共数据资源一体化管理。浙江省要建立全省统一的公共数据资源目录体系，完善省公共数据交换平台和共享平台，推进全省基础数据资源向部门数据仓、省大数据中心汇集；要建成人口综合库、法人综合库、公共信用信息库、电子证照库、资源地理信息库等基础数据库，以及审批服务、执法监管、决策辅助、应急预警等各类主题数据库，为政府履职提供数据支持。整体而言，浙江省涉及不同部门、不同领域的数据在省级层面已归集174亿条，累计已在政府内部共享9.45亿次。

人口综合库	法人综合库	公共信用信息库	电子证照库	资源地理信息库
63个部门	52个部门	56个部门	最常用285本	6大类
2100项数据项	3307项数据项	26.2亿条数据	支撑95%需求	4400项数据项
5700万常住人口	1515万法人主体	1.02亿主体	调用9500万次	4.2亿条图斑数据

图9-2 浙江省电子政务云平台

（二）平台整体性

平台整体性是指通过建设统一的政府服务平台，保证发布的数据在政府网站、政务服务网、"浙里办"App等各个开放终端中同质同源。在统一的政府服务平台中，政府可以持续实现数字资源的能力化和数字能力的共享化，对内提供高效办公协同，对外提供优质政务服务。事实上，整合分散的数据，既是政府数字化转型的行动指南，也是整体政府建设第二阶段的主要工作。

为浙江省政务服务网提供支撑的是网站集约化平台。该平台同时对政务服务网集约化站群和浙江政府网集约化站群提供双网支撑，将支撑功能、后台管理、前端服务、信息发布进行融合，有效缩减了双网运维的成本投入。在该平台建成后，浙江省通过对政务服务平台、统一信访平台、统一申请公开平台等各个平台的整合，为全省各级网站提供统一的功能，并且可随该平台的迭代升级，实现全省网站支撑能力的同步提升，使各政府和部门网站的功能定位更加清晰，全省网站的管理和服务水平也得到保障。

（三）应用整体性

应用整体性是指在应用内容上实现整合办文办会办事、督查督办、在线培训、财政预算、绩效管理等数字化应用，在使用对象上覆盖党委、人大、政府、政协和社会群众团体等组织。整合政府办公应用是整体政府建设中的现实需求。

2019年数据显示，"浙政钉"覆盖全省党委、人大、政府、政协、社会群众团体等组织。例如，对于基层政府而言，原先浙江省基层政务App众多，如平安通、河长App、资源汇App、掌上12345、司法通、民情通……基层网格员在走访巡查时，有时身上要携带三四部手机，后来浙江省在省级层面，将基层所有的App整合到统一的政务服务平台"浙里办"App中，大大提升了基层网格员的工作效率。

3 服务体验整体性：民生"一件事"与涉企"一件事"

整体主义的精髓在于"客户视角"，即政府从群众需求的视角出发，将政府及其提供的管理和服务视作一个"整体"，而不是碎片化、分散化的政府部门和事项，其典型实践包括"一站式服务""端对端服务""一次性信息搜寻"等。因此，从某种意义上讲，政府部门的再整合与服务过程的数字化，都是服务于整体主义这个目标的，最终要提高群众的服务体验。

浙江省运用整体政府思维，围绕个人和企业"两个生命周期"，将政务办事"标准化零件"集成组装为"一件事"，用创新思维推进政府数字化转型。在2019年，针对民生、营商两大领域，浙江省共梳理出"一件事"41件，其中群众牵肠挂肚的"一件事"24件，覆盖人们出生、上学、就业、婚育、置业、救助、就医、退休养老、殡葬九个重要阶段；企业营商环境"一件事"17件，覆盖企业商事登记、获得场地、员工招聘、生产经营、权益保护、清算注销六个重要阶段。

在整体政府改革中，浙江省以"一件事"为"牛鼻子"，倒逼三融五跨，打破了既有体制机制和路径惯性造成的部门藩篱，形成了服务体验的"整体性"。在整个改革过程中，浙江省重构了行政流程，明确了以"事件"为核心的牵头部门、责任部门和协调部门，提高了群众的服务体验。以出生"一件事"为例，浙江省将卫生健康部门的"出生医学证明""预防接种证"、公安部门的"国内出生户口登记"、医保部门的"城乡居民基本医疗保险参保登记""生育保险待遇核准支付"、人力社保部门的"社会保障卡个人零星申领"实行联动办理，将群众需要提交的办理材料从13份精简到1份、办理环节从6个整合到1个、办理时间从15天压缩到3天。

03.
数字治理的开放与共享：以数据为核心的创新与运用

在浙江省的数字化转型过程中，数据的协同治理与开放创新主要体现为以下四个层次（见图9-3）：其一是数据创新模式，浙江省形成了基于数据开放与共享的"三个层次""四个维度"协同治理创新模式；其二是业务创新模型，浙江省基于不同职能和领域的核心业务，展开了"业务—数据—业务—系统"的分解集成创新系统应用，也就是"V字模型"创新系统，对各部门业务产生的海量数据进行归集、整合、开放、共享，并为集成技术系统提供可操作路径；其三是技术创新体系，浙江省建立了公共数据开放平台，形成了以"四个一"为核心的数据开放创新实践，并建立了全省数据交换和共享两大平台，形成了"1253"数据共享体系；其四是制度创新体系，浙江省发布了我国首部省域公共数据开放立法，为规范公共数据开放、促进政府数字化转型、推动数字经济和数字社会发展，以及在数据开放与共享过程中保障公共数据安全，提出了浙江方案和可行措施。

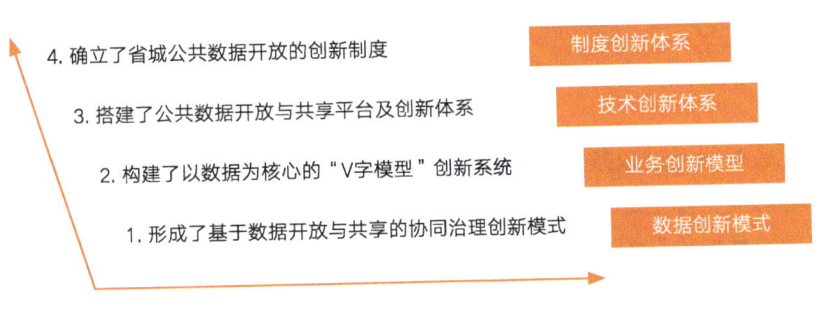

图9-3 浙江省在数字转型中数据的协同治理与开放创新的表现

1 开放与共享的数据创新及维度应用

浙江省的开放和共享创新实践包含两个过程、三个层次、四个维度。两个过程即数据先开放、后共享；三个层次表现为政府各部门数据对内的开放与共享、政府数据对社会的开放与共享，以及企业社会数据的开放与共享；四个维度表现为数据开放、平台开放、场景开放与市场主体开放。在开放与共享的探索实践背后，浙江省形成了"V字模型"的创新和应用，实现制度和技术的双重保障。

（一）数据开放：政府内部互通与外部协同的必由之路

1. 政府部门内部的数据开放与共享

浙江省基于公共数据开放平台，将政府数据按需共享给相关职能部门，有效提升了其他相关事项办理过程中申请主体的申办效率及受理、审批人员的服务效率，促进了跨部门政务服务与管理流程的优化及相关业务流程的重组，提升了服务质量。比如，大型项目的审批涉及的材料多、部门多、流程多，如果各职能部门间业务数据不流通、不共享，申请主体就要在各环节办理之前提供前置环节办理结果的证明，并需要重复提交各种申请材料，受理窗口也要不断核验，办理主体极为不便，受理主体也大大浪费了行政资源和工作时间。在政府内部数据互通共享之后，前后环节便可自动无缝连接，沿着业务流程形成政务服务的新链条，节约申办及受理成本，提升办理主体的服务体验。

2. 政府公共数据向社会的开放与共享

浙江省意图通过政务数据的开放共享，引导企业、科研机构、行业协会、社会组织等各类主体主动采集并开放数据，在更广泛的范围内共享数据。在"2020中国开放数林指数"中，浙江省位列全国第一。截至2020年10月底，浙江省已开放9429个数据集、20.5亿条数据，实现公共数据"能开放尽开放"。其中，在"十三五"期间，杭州开放数据集500个、数据项2500项以上，优先开放了普惠金融、交通出行、医疗健康、市场监管、社会保障、文化旅游等领域的数据。

（二）平台开放：统一数据开放与共享平台

通过技术中台等形式，浙江省推动不同机构间共享数字技术平台和底层数据库架构,建成全省统一的数字开放平台、开放门户(见图9-4)。截至2020年10月,浙江省公共数据开放网站已开放50家省级单位、11个地级市的9429个数据集(含4800个API)共20.5亿条数据,涵盖经济建设、资源环境、教育科技等21个领域。通过开放数据的应用,浙江省涌现出包括琅琊阁、药点点、食安心、药安心在内的一大批典型应用。通过统一公共数据开放平台的建设,浙江省在数据开放方面的活力得到明显加强。

图9-4 浙江省数据开放界面

在政府内部数据开放与共享平台方面,浙江省针对个别关联领域建设专业领域基础信息平台。如国土空间基础信息平台归集了自然资源、发展和改革、生态环境、农业农村、林业五大领域现状、规划和管理的空间数据,实现全省贯通,省市县共享空间数据服务7308项。杭州基于国土空间基础信息平台为产业用地云招商地图、土地储备全生命周期管理系统、建设用地全程监管系统、土地执法巡查系统等新建和改建系统提供了数据和功能支撑。

(三)场景开放:政企协同提供公共服务和良好的治理渠道

浙江省依托浙江公共数据平台,通过举办"数据开放创新大赛",鼓励企业、社会组织和个人参与探索数据开放的创新应用,以激发市场和社会活力,加快数字经济和数字社会融合发展,推进"数字浙江"建设。2020浙江数据开放创新应用大赛入围的120项作品涵盖公共卫生应急、公交线网规划、企业征信服务、中小微企业融资、智慧体育社区等各类针对政府、企业和市民的应用场景。其中,绍兴已梳理20个数据开放场景,积极服务综合交通网络化、公共服务同城化、产业平台协同化、城市发展融合化等领域。

（四）市场主体开放：企业开放技术提高政府治理效率

此外，在企业等市场主体的开放与共享方面，阿里巴巴的数据应用及治理模式已向社会开放，促进了多领域的治理效率提升。2019年，阿里巴巴向全社会开放以"知识产权保护科技大脑"为代表的核心技术，与阿里巴巴联手围剿假货源头的区县执法机关达439个，阿里巴巴协助执法机关抓获的制售假犯罪嫌疑人超过4000人。国家知识产权局发布的《中国电子商务知识产权发展研究报告（2019）》，第一次将阿里巴巴的"技术赋能+多元共治"的假货治理模式作为中国经验、中国样本在全社会推广①。阿里巴巴的"数据应用创新+数据治理创新"成为数字时代互联网企业的先行样本之一。

2 数字治理的业务模型创新："V字模型"的生成与应用

浙江省鼓励各部门、各地方使用公共数据积极开展业务创新，形成了以数据为核心的创新模式——"V字模型"（见图9-5）。浙江省提出的"V字模型"是

图9-5 "V"字模型图

---

① 资料来源：《数据大治理》研究报告，阿里研究院与毕马威联合发布，2020年7月。

一个系统工程模型，开展数据共享顶层设计和公共数据平台搭建，按照系统工程的解决方案，通过系统分解、工作分解、责任分解，在数据整合、共享、开放等重点领域，实现政府工作流程再梳理、再分解、再优化。

本文以浙江省信用体系开发模型"531X"为例对"V字模型"进行阐释，其系统化分解重构步骤如下：

（1）定准核心业务，确定业务模块。浙江省信用体系中的核心业务涉及五大信用主体——企业、个人、中介组织、事业单位、政府，确定好面对这五大主体的业务模块为第一步。

（2）拆解业务单元，梳理业务事项。第二步是对核心业务进行业务单元的拆解和梳理，如政府面向企业的业务单元，梳理企业基本情况、金融财税情况、生产经营情况、承担社会责任情况、遵纪守法情况等。

（3）确定业务流程，明确协同关系。政府在此阶段对上述业务单元分别进行业务流程的细分，如金融财税业务单元包括金融、财税、银行贷款、缴纳费用等，这个阶段的业务流程会产生大量企业信用数据。

（4）建立指标体系，汇总数据需求。在此阶段，政府在上述业务数据项的基础上进行数据需求分解，通过建立指标体系，汇总不同业务的总数据需求。

（5）数据共享服务清单。政府基于上述汇聚起来的业务的数据需求，建立共享数据模型和服务清单。至此，基于政府核心业务的模块、事项、流程工作就被分解为数据了，基于数据的各业务间的协同关系得以呈现。

（6）数据共享基础上的信息和业务集成。政府从这一阶段便开始了基于数据共享的信息和业务集成工作。与核心业务逐步分解到数据的降维步骤类似，集成工作在数据的基础上，逐步对接数据服务，将设定的所有业务指标进行协同，集成业务事项，并合成业务模块、业务单元，最终将基于底层数据基础的业务系统调试上线。

整体而言，"V字模型"的左半部分是由业务到数据的降维分解，右半部分是由共享数据到业务模块、业务系统的升维集成。这个模型适用于互联网+政务服务、互联网+监管及互联网+督查的各种业务场景，不同场景下的业务流程协同和再造，都能在此过程中逐步完成。

3 开放与共享的技术创新：全省公共数据平台的构建

依托浙江省公共数据开放网站，浙江省在统一全省开放平台的同时，鼓励各地在内容上实现多元化和多样化；在扩大数据开放量的同时，严格强化数据开放质量。与此同时，浙江省按照"无低容量、无碎片化、数据量大、社会需求高"的原则，结合浙江省数据治理工作，严格把控每个数据集的质量，并根据数据类型和使用场景，实现数据分类获取。

浙江省公共数据开放网站自2019年1月26日上线以来，受到公众的极大关注与热烈欢迎，网站访问量月均增长55.1%，下载调用量月均增长72.4%。在政府数据开放数量与质量的双重保障之下，浙江省统一公共数据开放平台已取得良好成效，数据开放活力进一步增强，市场创新创造活力进一步激发。

浙江省数据开放"四个一"实践

"四个一"意为一套数据开放目录、一个数据开放主题库、一个数据开放平台、一个数据开放网站。具体做法有：

（一）数据开放模式统分结合

浙江省按照整体政府、集约化建设、统一标准原则，建设全省一个开放平台，原则上各市、县（市、区）不再单独建设开放平台。同时，浙江省鼓励各地基于一个平台在数据开放的内容上实现"百花齐放"。浙江省公共数据开放目录实现已归集数据"能开放尽开放";数据开放主题库、平台已建成,并能够支撑数据集下载、应用发布等功能。

(二)强化开放数据质量管理

按照"无低容量、无碎片化、数据量大、社会需求高"的原则,浙江省结合数据治理工作,严格把控每个数据集的质量,保障数据持续更新。浙江省开放数据容量达4.8亿(根据2018年"中国开放数林指数"报告,数据容量前十地区的平均容量为4171.4万),数据容量在1万以上的数据集236个(占44.9%),且无低容量数据集。自浙江省公共数据开放网站上线以来,该网站在7个月内动态更新数据集441个(占84.8%),新增数据集240个。

(三)实现开放数据分级管理

根据数据类型和使用场景,浙江省对公共数据平台上的数据实行分类获取。①直接开放:用户无须注册便可获取数据,这类数据占所有开放数据的4.8%,将数据直接开放降低了用户获取数据的门槛,这类数据包括农产品、成品油电价等市场信息,场所、场馆等查询信息和天气预报信息。②认证开放:用户可在实名注册认证后下载相关数据,如医保药品目录查询信息,工业产品生产许可证、采矿许可证等注册,其他许可、处罚信息,这类数据占所有开放数据的45%。③高级认证开放:用户在完成高级实名认证注册、明确应用场景并提出申请后,经审核通过可通过API获取相关数据。认证开放适用于用户长期、持续使用相关数据的情况,这类数据占所有开放数据的50.2%。

4 开放与共享的制度创新:我国省域首部公共数据开放立法

浙江省发布了全国首部省域公共数据开放立法,开启了公共数据开放的新时代。2020年6月,浙江省发布《浙江省公共数据开放与安全管理暂行办法》,加快推动了数据领域立法，界定了政务数据权属，对数据使用、数据开放、数据运营、数据授权、第三方开发利用等行为的合法合规性进行了统一规范。该办法对公共数据开放主体在数据开放方面的优先序列予以明确阐述：根据本地区经济社会发展情况，要重点和优先开放与公共安全、公共卫生、城市治理、社会治理、民生保障等领域密切相关的数据，与数字经济发展密切相关的行政许可、企业公共信用信息等数据，以及自然资源、生态环境、交通出行、气象等数据。根据数据开放的风险程度，该办法将数据分为无条件开放、受限开放、禁止开放三类，并针对不同风险类别设置了有差异的开放方式。

04.
政企社协同共治：数字政府可持续发展之源

1 政企共建"数字浙江"

浙江省从2014年开启"四张清单一张网"改革后，就积极借鉴平台型企业的经验，将数字政府建设当作"政务淘宝"打造，并与阿里巴巴等平台型企业共同谋划。浙江省之所以选择和平台型企业合作，一方面是因为平台型企业的业务模式本身具有很强的公共服务和市场监管性质，且平台型企业多用数字化的方式为用户提供服务；另一方面是因为平台型企业具有强大、集中的科研、技术、资金等优势，能够为浙江数字政府建设提供更加集约的支撑，政府无须在技术投入上"重复造轮子"。在合作过程中，浙江省政府进行业务顶层设计，提供领导、组织、政策和资源保障；阿里巴巴将数据中台和业务中台理念引入浙江数字政府建设，深度参与政府业务变革和数字化转型。

在数年深度合作的基础上，浙江省政府与阿里巴巴于2019年年底合作成立合资公司——数字浙江技术运营有限公司，率先突破政府单一主体建设模式的局限，探索数字时代政府数字化转型的新型建设模式。该公司秉承"服务、赋能、创新"三大理念，为浙江省全面数字化转型和"整体+智治"政府数字化转型提供顶层设计、平台建设、业务创新、运维保障及运营等服务。该公司由阿里巴巴、浙江金融控股集团、浙江日报报业集团、浙江广播电视集团共同出资成立，是一家国资控股的混合所有制公司，拥有一支数百人的专业团队，技术人员占比90%，硕士及以上学历人员占比20%以上。

此外，浙江省用对内对外"双开放"的方式推动创新生态建设。"一朵云、大中台、两类端"的大平台不仅对各级政府部门开放，也对外开放，所有的系统集成商、软件开发商、技术供应商及消费互联网企业，都可以依托平台开发产品、进行创新，同时也可以借助平台提供服务。

社会资本能够顺利进入浙江数字政府建设,平台型企业能够为浙江数字政府建设提供有力支撑,其深层原因是浙江省依托浓重的商业文化形成了健全而高效的政商沟通机制,政府与企业相互信任、相互支持、相互渗透而又严明守法的沟通机制和治理氛围,成为浙江数字政府建设成功的重要条件。

2 基于社情民意的治理创新:"好差评"倒逼服务改进

李克强总理在政府工作报告中指出,要建立政务服务"好差评"制度,服务绩效由企业和群众来评判。作为国务院办公厅确定的全国政务服务"好差评"系统建设试点省份,浙江省依托浙江政务服务网和公共数据平台,整合各类线上线下政务服务评价渠道,建成了全省一体化的政务服务评价中心。浙江省政务服务"好差评"的先行先试探索,具有如下主要特点:

一是线上线下全覆盖。浙江省将省、市、县(市、区)、乡镇(街道)、村(社区)五级政务服务机构办理的4200余个办事事项全部纳入一体化评价中心。群众在办事过程中,可以通过浙江政务服务网、"浙里办"App、支付宝小程序、扫描二维码、手机短信等线上渠道提交好差评,也可以通过各级行政服务中心、办事窗口设置的评价器、自助终端、12345热线电话等传统渠道给出评价。

二是差评处理全闭环。群众的每一个差评都是政务服务的一面"镜子",为确保差评得到有效处理,浙江省政府办公厅印发《浙江省建立政务服务"好差评"制度工作方案》,要求各级各部门建立完善差评核实机制。收到差评的单位要在1日内安排工作人员进行回访;对于经核实确需整改的问题,收到差评的单位要在15日内完成整改并向办事人反馈;办事人可根据整改情况进行1次追评。同时,浙江省将"好差评"系统与全省统一的掌上办公平台"浙政钉"无缝对接,建立了"好差评"实时通知、督促整改、超期预警、晾晒通报的工作机制,确保差评处理及时、高效、全流程闭环。

三是评价结果全公开。办事群众做出的每个有效评价,都在网上公开。群众登录浙江政务服务网、"浙里办"App，可以查看每个政务事项的满意度综合得分，查阅办事群众做出的"好差评"内容。浙江政务服务网还晒出各地各部门政务服务差评率排行榜，接受社会各界监督，以公开透明促进各级政府部门优化服务、提升绩效。对可能出现的假差评、假整改等现象，浙江省在"好差评"回访整改闭环流程中特别设置了由"12345"服务热线负责实施的申诉、整改、追评等环节，这种第三方"差评"核实机制，进一步完善了差评整改闭环流程，确保"好差评"结果客观、真实、准确。

四是评价数据全汇聚。浙江省政务服务办件评价数据全量汇聚到统一的"好差评"数据库，实现"用户—办件—评价"信息全关联。群众和企业登录浙江政务服务网和"浙里办"App，可以实时查看自己给出的每个好差评记录和有关部门的反馈意见。这些数据也是评判各级机构和工作人员服务绩效的重要依据。浙江省通过大数据分析等手段，对每个办事机构、服务事项、办理人员的服务质量进行精准画像，将群众评价结果运用于各级各部门、工作人员的评价考核中。

政务服务"好差评"是倒逼行政质量、效率和政府公信力提升的一个"利器"，让政务服务更有"温度"，让群众和企业的获得感、满意度不断增强，也体现了数字政府建设"以人为本"的本质。

3 与领先的互联网企业技术合作，打造强大的政务底座

"一图一码一指数"的点穴式调控是浙江省科技抗疫的一个缩影。新冠肺炎疫情暴发后，浙江省迅速采取行动，启动公共卫生一级响应，通过"大数据+网格化"实现疫情防控全闭环、数据全流程管理。快速上线的疫情信息采集系统与疫情防控管理系统互相结合，实现了浙江省群众联防联控、政府高效协同、医疗体系及时响应的防疫体系的大闭环。政府通过大数据分析，完成疫情防控工作"三步走"，从第一波紧急应对"防输入"、第二波封闭式管控"防扩散"转向第三波精密智控，牢牢把握抗击疫情的主动权。

正是因为有了数字政府的底层架构和基础，有了原始数据和用户体系的积累，浙江省才能在新冠肺炎疫情期间迅速开发平台、快速响应。在"一云、双中台、三端、N智能"构成的"123N"架构支撑下，浙江省形成了技术、数据、业务"三位一体"的融合推进模式，完成了治理理念、治理流程和治理手段的数字化再造。

案例：24小时上线全省疫情信息采集系统

2020年1月27日，浙江省卫健委联合阿里巴巴，通过阿里巴巴旗下宜搭平台，仅用一天时间便搭建出了全省疫情信息采集系统。全省群众足不出户便可了解疫情权威信息、进行疫情申报、提供线索等，而疫情防控管理系统则在48小时内搭建完成。浙江省用大数据与病毒赛跑，锁定传播路径。往年，疫情指导防控信息需要由浙江省卫健委先下发至11个地市的卫健委，再下发至90多个区县的卫健局，进而下发至3万多家医院、社区服务中心等单位。信息需要层层汇总上报，耗时耗力。而新系统支持多级部门数据实时导入，上级单位同步给出统计分析报表，基层快速上报疫情信息，卫健部门根据实时数据提前预估疫情形势，提早调度医疗物资。

政务"一朵云"已成为浙江数字政府建设的信息基础设施，是政府完善治理能力的总底座、开展业务创新的总容器、提供公共服务的总后台、保障数据安全的总堡垒。有别于传统以计算、存储、网络、数据库"四大件"为主的服务模式，浙江政务云充分利用阿里云的最新技术成果，包括计算、存储、网络、安全、运维、数据库、大数据、人工智能、中间件、同城容灾、异地备份11大类50多种云产品，确保了其性能的完备性和领先性。浙江政务云通过弹性扩张的云服务，以及一夜之间可扩容数万台服务器的技术能力，支撑着数以亿计的新增应用规模。在日常运行中，浙江省政府与阿里巴巴建立了快速高效的需求—反馈机制,定期迭代云上产品,并为各个政府部门提供定制化上云服务。在后台成立的专家服务团队,基于全省大样本,全方位支持浙江政务云的架构和运维,各厅局采用购买服务的方式享受云资源,月结账单,用户使用简便。浙江政务云充分发挥了云计算作为新型基础设施的特点,有效支撑了疫情中各项数字技术应用的快速创新和高效迭代。浙江省与大型互联网科技公司的深度合作,满足了移动互联网时代快速打造政府平台服务以提升政府治理能力的需求。

4 精准施策的数字化方案:从"健康码"到"企业码"

因防疫需求而生的"健康码"和复工复产平台,在实践中给人们带来了新的启示。通过数字技术建立新的个人电子身份的尝试,可以从健康领域扩展到其他个人生活场景;通过复工复产平台为政府和企业建立的在线、移动式对接,进一步可以创新政企服务的新模式,让政府能够精准施策,让真正有需求、合条件的企业能够享受"不打折"的服务,并通过政企互动,不断提高经济、产业治理水平。

借鉴"健康码"经验,浙江省率先推出为企业精准服务的"企业码"。2020年4月,浙江省经信厅联合省委改革办、省信访局、省发展和改革委员会、省人社厅、省税务局、省市场监管局、省大数据局、浙江银保监局等部门,以及阿里巴巴等企业共同发起建设的浙江省"企业码"平台开发完成,并在德清县开始试点。当地企业只需要通过"浙里办"App、钉钉等端口,扫码申领"企业码"。申领后,企业可以使用"码上政策""码上直办""码上诉求""码上融资""码上合作""码上信用"等应用模块,办理贷款、申请补贴等业务。

同时,根据全省各地实际,浙江省建立了地方特色服务专区。企业不但可以获得全省共性服务,还能享受到各地区的特色服务。截至2020年6月1日,浙江省已开通市级专区2个、县市区专区各1个。例如,金华通过"金码名片+服务赋能",为40多家优秀企业提供数字化"金名片"、免费智能化改造问诊等6项专属服务,并将"金名片"接入金华的"亲清帮"(当地的一个服务企业平台)。

德清县通过"码上融资",实现企业"秒级"授信、3天内上门放贷,已有33家企业获得贷款2.12亿元;通过"码上诉求",为30家企业开展公益培训;通过"码上直办",实现80个服务事项、15类县级项目申报事项全程线上办理,为565家企业办理相关业务,为75家企业审核发放技改项目补助资金6000多万元,办理时间缩短近30天。

案例:德清"企业码"快速助企

"在'企业码'的'码上融资'模块申请贷款,中国农业银行德清县支行秒级受理,当天上门审核资料,3天后,2200万元贷款到账。"2020年4月23日,一收到贷款,浙江拉斯贝姆餐饮设备有限公司总经理阮占青马不停蹄地忙开了。

阮占青享受到的贷款服务,与德清县率先开展的"企业码"应用试点密不可分。由于"企业码"接入了浙江省金融综合服务平台、蚂蚁科技网商银行等平台,可为中小微企业提供精准金融服务,甚至秒级金融贷款服务。截至目前,德清县的"企业码"实现规模以上工业企业全覆盖,已有33家企业通过"码上融资"向银行申请贷款,贷款总额达2.12亿元。

浙江省"企业码"有8个应用场景,分别是:

(1)扫码进码:企业通过"浙里办"App、钉钉等端口,扫码申领企业专属的"企业码",快速进入服务通道;

(2)码上名片:依托大数据,形成企业专属个性化数字名片,多维呈现企业发展概况;

(3)码上政策:及时向企业精准推送各类涉企政策,实现政策的精准直达、掌上阅览、在线办理；

（4）码上直办：聚焦企业高频办事事项，让企业快速办理税务、社保、市场监管等方面的业务；

（5）码上诉求：打通浙江省企业服务综合平台、浙江省"三服务"小管家、浙江省统一政务咨询投诉举报平台的数据通道，实现数据实时共享，形成诉求快速提交、后台及时受理、部门限时答复、企业满意度评价的工作闭环；

（6）码上融资：通过线上接入浙江省金融综合服务平台、蚂蚁科技网商银行等平台，为中小微企业提供精准的金融服务甚至秒级金融贷款服务；

（7）码上合作：聚焦防止产业链断链、加强产业链合作，通过开设产业链供求对接平台，实现浙江省内企业需求和供应的精准对接，通过开设产业链合作开放平台，接入阿里巴巴1688平台，解决企业在全球范围内需求端的采购问题；通过实施浙江制造拓市场"春雷计划"，与阿里巴巴合作建立产地直播基地、C2M超级工厂、"厂货通"等，解决企业供应端的销售问题；

（8）码上信用：依托浙江省公共信用信息平台，为企业提供企业信用查询。

浙江省"企业码"以二维码为标识，以企业基础数据仓和涉企数据供应链为数据基础，以浙江省企业服务综合平台为应用支撑，以企业数据授权使用为突破口，围绕政策直达、公共服务、产业链合作和政银企联动等环节，解决了基层多年来难以精准服务企业的难题，它不仅打通了省市县三级数据通道，实现了多部门、多业务协同，也充分考虑到基层服务企业的个性化需要，实现了企业服务的"最多跑一次"，帮助企业"码上行动，码到成功"。在政府层面，浙江省"企业码"则做到"码上服务，码上满意"，更好地发挥了窗口示范作用。

05.
智慧治理：新基建与数字技术驱动的治理现代化

　　智慧治理的基础是数字技术及数字基础设施，智慧治理通过软硬件智能化部署，实现政务服务智能化、决策执行智能化、社会治理智能化。浙江省从战略高度上充分认识数字技术及新基建成果，以及其在提升省域治理现代化水平中的重要性。浙江省坚持以新发展理念为引领，以技术创新为驱动，以信息网络为基础，加强数据资源整合、技术标准规范和基础设施建设，通过推动新基建和新技术的系统化网络部署，建设规模集约、整体高效、绿色节能的新一代云数据中心，稳步推进传统政务服务的"数字+""智能+"升级，为政府数字化转型建设所需的网络环境、云平台资源等运行环境提供保障和技术支撑，满足政务、业务的应用需求。

1 科技引领：数字技术的先发优势与效能转化

　　浙江数字政府建设的坚实基础是数字技术发展的良好生态系统，这是多年来浙江数字政府建设的长期积累和浙江社会信息化发展的充分体现。正如时任浙江省省长袁家军所言，浙江数字政府建设要发挥先发优势，聚焦重点领域，加快实现从盆景到风景、从量变到质量的转变，在省域范围内，率先实现现代化。在此次数字防疫过程中，浙江省能够做到心中有"数"、临阵不乱，正是得益于长期不懈的数字政府建设打造出的坚实底层架构基础和丰沛的用户数据积累。在社会层面，多网融合的数字生态系统成为浙江数字政府建设的优良环境，尤其是移动互联网、消费互联网、物联网、社交媒体、现代物流的高速发展和快速融合，为广范围、宽领域、深层次的数字政府渗透、推广和整合提供依托。

（一）新基建：政府数字化转型的底座和基石

　　新基建为治理创新提供了新的动力支撑，带来了一系列新技术、新产品、新模式、新业态，在政府数字化转型过程中发挥了底座和基石作用。如浙江政务云累计支撑了85个省级单位的1668个业务系统上"云"，杭州、宁波、湖州、绍兴、嘉兴等地正在快速推进政务"一朵云"建设，部分地区完成横向部门、区县部门系统的迁移工作，杭州、绍兴等地初步实现"两地三中心模式"。

在浙江政务云的底座上，多部门的联合创新成为可能。浙江省利用云平台"一个数据中心"的优势，通过省大数据局、省财政厅、各级医保部门、定点医疗机构之间的数据共享，实现全省转移接续、零星报销等业务的网上办和掌上办，为全省就医人群提供移动付、扫码付、医后付等多种支付方式。浙江省在全省范围内全面推行"一窗受理、一网通办、一证通办、一次办成"，群众可以像逛淘宝一样享受政务服务。这些都是依托于浙江政务云的集约化服务实现的。作为国家数字经济创新发展首批试验区，浙江省的政府数字化建设已完成了政务云建设、电子政务外网改造、电子政务视联网投入运行、网络与数据安全防护升级等多项基础设施建设。目前，浙江省正在推进智慧公共数据平台、智能化公共卫生设施、智能化应急管理和救援设施、城市大脑和数字乡村等多个方面的建设[①]。

（二）中台战略：政府数字化转型的中枢应用

中台战略是浙江省依托阿里巴巴多年积累的业务中台技术打造的。浙江省依托数据中台与业务中台进行数据资源整合和业务能力沉淀，通过将组织机构中所有的基础服务、基础资源集中于此，并开放给前台使用，对不同部门的业务进行总协调和支撑，实现平台间信息、技术等通用需求的高效、高质协同共享。"最多跑一次"改革就是通过双中台有效推动的。

双中台分别以数据和需求定义政务服务，数据中台让政府工作人员和服务对象的深层需求以数据形式体现，业务中台则通过沉淀办事与治理需求迭代建设中台、优化政务服务。具体而言，数据中台解决了数字政府建设中最为关键的数据问题，将政务数据全面汇集，政务"一朵云"为各政府部门提供统一基础设施和数据平台、数据基础服务，从而打破信息孤岛，实现数据共享。业务中台是数字政府的应用中枢，通过整合政务服务资源，将政务服务的业务、经验等模型能力予以沉淀，形成政务服务共享能力体系。业务中台对业务数据、事项数据等进行编辑、编译，通过数据命名标准、表单命名标准等流程，为"一证通办""一网通办"奠定基础。

（三）城市大脑：感知城市运行的数字化支撑

城市大脑是通过充分运用城市数字资源全面感知城市运行，系统提升社会治理能力的数字化支撑。具有首创经验的杭州城市大脑运营指挥中心，通过全周期管理、便民惠企的技术创新倒逼制度创新，通过线上协同促线下变革，在中枢系统、运行模式、组织体系等方面形成先行示范经验。

"一整两通三直达"的中枢系统有助于杭州市政府全面汇整各级各部门的海量基础数据，通过系统互通、数据互通，促进数据协同、业务协同、政企协同，以直达民生和企业的社会治理应用场景和数字驾驶舱，构建全数集成、万物智联的中枢系统。"一脑治全城、两端同赋能"的运行模式，推动了城市治理者的"驾驶端"和广大人民群众的"乘客端"同向发力、交互赋能，打造出更多干部非用不可的数字驾驶舱、群众爱不释手的应用场景，让各级"机长"精准驾驶。系统指挥、合力执行、政企联动的组织体系，"无形之手"与"有形之手"的结合，由市委、市政府主要领导担任城市大脑领导小组的组长等系列举措，综合发挥了统筹协调、中枢运维、数据协同、规则沉淀等积极作用。除杭州外，浙江省其他市、县如衢州、湖州、嘉善等都在探索完善自身城市大脑的建设运营模式。

2 数字技术创新助力政府智慧治理

浙江省通过"大数据+网格化"形成的治理过程全闭环、数据治理全流程模式已然成为实现智慧治理的有效途径。新冠肺炎疫情暴发以来，浙江省将快速上线的疫情信息采集系统与疫情防控管理系统相结合，群众联防联控，政府高效协同，医疗体系及时响应，形成了防疫体系的大闭环。政府通过大数据分析、疫情防控工作"三步走",从第一波紧急应对"防输入"到第二波封闭式管控"防扩散"转向第三波精密智控,牢牢把握抗击疫情的主动权。"一图一码一指数"实施精准、严密、智慧的点穴式调控,成为浙江智慧治理的一个典型缩影。

案例:"一码一图一指数"的浙江故事

一码:"健康码"

2020年2月11日,杭州市政府联合阿里巴巴,借助阿里云的大数据处理能力、"浙政钉"内跑平台的高效协同能力、阿里数字政务中台的事项受理能力,经过四个昼夜的开发,在全市推出"杭州健康码",实现了疫情期间人员复工、生活、出行的数字化管理。杭州市政府根据重点区域疫情风险、申请人到访疫区的情况、申请人与密切接触人员的接触状况等空间、时间、人际关系维度,分别赋予"杭州健康码"红、黄、绿三种颜色,做到"管住重点人、放开健康人"。申请者在完成手机扫描、填报等简单几步后,政府就可以通过技术手段,将申请者个人健康状况、行动轨迹等信息汇入"云"中,让防疫指挥部在第一时间掌握全量、实时的信息。

截至2020年2月15日,杭州共有650万人申请"杭州健康码",在10万余申请复工的企业中,超过50%的企业获得批复,有效地推动了企业的安全有序复工。当日晚,杭州、宁波、温州、绍兴、金华、衢州、舟山、台州和丽水的"健康码"服务在"浙里办"App和支付宝同步上线。浙江省大数据局火速搭建起全省"健康码"管理信息系统框架,制定数据共享标准规范,实现"一次申报、动态管理、跨域互认、全省通用",为浙江省回归正常秩序奠定基础。2020年2月18日,央视《新闻联播》播出《浙江:一人一码 大数据助力精准防疫》相关报道,向全国介绍浙江经验。

以杭州余杭区为例,在新冠肺炎疫情暴发之初,由于人口流动数量大、频率高,余杭区迅速"中招",确诊人数在杭州14个区县中居首位。聚集了阿里巴巴等一批互联网企业的余杭区,"互联网思维"早已根植于社会治理中。2020年2月3日,余杭区开始实施防疫"最严禁令";两天后,"健康码"1.0版呱呱落地,并在4天后正式"上岗"。仅1周时间,余杭区就摘掉了疫情"重灾区"的帽子,成为复工最快的区县之一。截至2020年3月1日,余杭区已连续20天无新增确诊病例,已复工的企业达48075家,基本实现全部复工。

一图:"五色图"

执行各行动计划、治病防疫、包车包机接员工……这背后离不开一张神奇的"五色图"。浙江省首创的"五色图"被称为"县域战疫图"。"五色图"以"健康码"为数据基础,把全省90个县(市、区)按风险高低分成红、橙、黄、蓝、绿五色,每3天动态调整一次。图上每一小块颜色的变化,都反映出各县(市、区)分类管控、精准施策,全力以赴打赢疫情防控阻击战的成效。

在"五色图"的基础上,浙江省又新添了"复工率五色图"。当不少地方还纠结于复工复产还是疫情防控时,"复工率五色图"融入分级分类管控等科学治理思维,用简单易懂的表现方式,既为浙江省有条不紊地进行科学、精准、有效防控提供依据,又为全省复工复产提供宏观引导,还缓解疏导了群众紧张情绪,一图多得。浙江省以"五色图"和"复工率五色图"精准推进复工复产,为实现"两手硬、两战赢"目标提供有力的技术支撑、信心支撑。

一指数:"精密智控指数"

结合疫情防控和复工复产、民生保障的实际需求,浙江省科学制定了以物流、人流、商流为重点的"精密智控指数",主要有三方面的作用:一是畅通物流。浙江省利用大数据加快司机情况排查、企业复工确认,实行分批受理和分批上岗,实现精准管控,推进"动脉畅通、血液流动"。二是利用"健康码"畅通人流,该管的管牢,该动的动起来。三是畅通商流,确保快递、外卖、生鲜配送等关键服务正常运行,打通全省电商快递物流"最后一百米"。2020年3月22日,浙江省连续30天无本地新增病例，未发生境外输入疫情本地传播病例，实现了本地确诊病例"清零"目标。

3 智慧治理推进多领域治理现代化

整体而言，浙江省在经济调节、社会治理、公共服务、环境保护等多个领域的治理现代化的基础上，在推进"智慧治理"方面取得了可喜的进步和成果。

（一）经济调节领域

浙江省依托经济运行监测分析和企业风险监测预警两大平台，逐步形成了统一的"经济数据池"，完成了全省3万多家规模以上工业企业的建模分析，实现了企业、行业、区域风险的动态监测、精准识别和快速预警。浙江省建设的全省规划管理数字化平台，完成了"一码一库"建设，实现了规划的全流程管理，汇集了全省各类规划成果3453项，国家发展和改革委员会发文向全国发改系统推广浙江省平台建设经验。浙江省基于数字财政五大平台，开发、应用财政收入数据分析、全省财政经济预警分析、财政内部控制管理等功能，推进基于财税大数据平台的数据创新应用，助力探索大数据辅助决策。此外，在农业农村数字化建设方面，浙江省通过推进生产管理数字化建设，促进农产品电商发展，支持新产业、新业态等手段，大力发展乡村数字经济，实现农产品网络零售842.9亿元，增长26.3%。

（二）社会治理领域

浙江省基于基层治理四平台打通了省公共信用信息平台、省平安建设信息系统等33套省级部门系统、13套市级部门系统，实现了试点地区平安通、河长通、流管通、食安通、房管通"五通融合";围绕基层需求开发了34个数据共享接口(涵盖1465个数据项),各地累计调用数据共享接口2.4亿次。在数字城管领域,浙江省在全国率先实现"数字城管"市县全覆盖,并向镇级延伸,率先推动"数字城管"向"智慧城管"转变;在全国率先实现城乡危房动态监管及治理改造,实现危房管理与省政府基层治理四平台的对接,实现城镇危房巡查入网格;通过引入物联网设施应用,率先实现农村生活污水处理设施的运维监管。

(三)公共服务领域

浙江省卫健委联合省医保局、省人社厅、省大数据局等部门,共同推进电子健康卡与电子社保卡"两卡融合、一网通办",在"浙里办"App上线了首个国民医疗健康专区。目前,电子健康卡与电子社保卡融合后的健康医保卡已在全省所有地市推广应用,浙江省实现了线上线下就医全流程服务。为推进"互联网+社会保障"发展,浙江省共发行实体社保卡5366.5万张,基本实现"一人一卡";签发电子社保卡927万张,持卡人可在电子社保卡专栏享受人社部门的各项线上服务。浙江省建立之江汇教育广场和互联网学校,实现省市县三级教育资源公共服务平台的互联互通;推出"浙里畅行"出行应用,增强群众对交通出行服务的满意度和获得感;在"浙里办"App推出综合交通主题服务专区,为群众提供一站式、场景化的办事服务,"一窗办事、一点出行"取得了良好的阶段性成果;将原"智慧文化云"与"诗画浙江信息服务系统"有机结合,形成文化和旅游信息服务平台,加快建设省市县三级联动的智慧文化云服务架构。

(四)生态环境保护领域

浙江省基本完成全省生态环境全要素态势感知"一张网"和协同指挥"一张图"建设。浙江省建立了地下水监测信息系统,海洋卫星业务应用和海洋观测、监测信息化系统,助推地质矿产行政管理工作进一步完善,有效提升全省海洋立体感知能力;启动"浙江省智慧林"珍稀树种无人监守监测保护试点项目,实现多模块监测及信息处理系统综合集成；建立污染反恐协同指挥平台，推进该平台在省市县三级部署使用；开发地质灾害专业监测系统并在线运行，对全省233处地质灾害监测要素实时存储管理及动态展示；开发耕地保护监管信息系统和地矿综合监管系统，实现相关信息的实时监管、查询和分析；等等。

06.
省域治理现代化的未来图景

浙江省数字化转型成效显著。从整体性治理来看，浙江省走出了以数据为核心的治理协同与开放创新之路，"最多跑一次"改革不断向纵深发展，全省建成统一政务云平台、统一标准体系、统一安全防护、统一运维监管模式。从开放式治理来看，浙江省在全国率先建成全省统一的数字开放平台、开放门户，实现全省统一的数据开放服务能力和运维管理。从协同性治理来看，浙江省协同科技企业，全面推进"网上办""跑零次""掌上办"等特色平台建设、"一证通办""一网通办"建设，以及"最多跑一次"等改革，"以人民为中心"的服务流程逐渐形成，"跑零次"可办比已达97.4%，"一证通办"民生事项比已达91.4%，提升了人民群众的满足感、幸福感和安全感。从智慧性治理看，浙江数字政府建设的数字基础设施和数字技术累积效应日益显现，以城市大脑为代表的城市数字基础设施已成为城市治理科学化、精细化、智能化的重要支撑，尤其在民情民意汇聚、社会风险感知、政府智能决策的过程中，浙江数字政府已经成为推进新时代智能化社会治理，实现省域治理现代化的重要力量。

1 "整体智治"现代政府建设进入新阶段

当前，随着新冠肺炎疫情后全球产业格局的变化和中国全社会数字化进展的加速，浙江省的"整体智治"现代政府建设也进入了新阶段。数字政府建设在提升服务能力和治理效能的同时，从"掌上办公""掌上办事"等政务办公、民生服务领域向经济发展和整体治理拓展。在疫情期间，"健康码"等典型应用体现出了全员在线、深度数字化、多元共治的数字应用新特点，展现了浙江省进入数字政府3.0的一些征兆，"整体智治"现代政府的"浙江模式"雏形基本形成，为全国省域治理现代化树立了新标杆。

通过一套集理论、方法、架构和模式于一体的政府数字化转型方法论，以及以技术创新为手段、以模式创新为保障、以制度创新为根本的"技术—模式—制度"创新建设模式，浙江省完成了治理理念、治理流程和治理手段的数字化再造，走在了全国甚至世界前列，为全国贡献了浙江经验，为治理体系和治理能力现代化注入了浙江动力。

作为"整体智治"现代政府建设的重要内容，数字政府和城市大脑建设平行展开，各有侧重又相互交融。城市大脑在市域层面成为城市治理现代化的创新范式，和数字政府建设双轨并行。然而，两套系统从诞生之初就存在治理理念的差异性、技术架构的复杂性、数据要素的同一性和业务流程的交错性，需要政府在省域层面进一步统一思路、统一标准、统一规划、统一实施，统筹推动分层分级、互联互通的"中台"和"大脑"网络，防止因系统开发形成新的数据孤岛，在不影响两套系统各自发挥功能的前提下，增强数据融合、系统融通，双轮驱动省域治理现代化提升。

"浙江模式"并非不可复制，其中的许多经验、做法可在因地制宜的基础上进行改良和推广，供其他省市政府的数字化转型借鉴。第一是建好公共数据平台（见图9-6）。数字化治理的核心是数据的全感知、全融合、全智能和全触达。数字新生态建设的要点是数据要素的全利用，堵点是数据的全开放，难点是数据的全共享。开放共享的公共数据平台是建设数字政府、智慧城市，实现"整体智治"的基础和底座，政府要依托数据中台、中枢协议，在云平台上实现数据开放共享。第二是多业务协同应用。多业务协同应遵循目标导向和问题导向。目标导向就是以政府要推动的重点工作为导向，问题导向就是以群众的呼声、企业的需求为导向，解决每年"两会"代表提出来的多年想解决而没解决的问题，单个部门解决不了的问题。第三是"数据集成+算法"。政府把不同场景下的多业务协同任务进行梳理和分解，落实到每一个数据项上，再把这些数据集成到公共数据平台，通过大数据模型计算，最终实现该场景的智慧应用。第四是省市县协同。省级政府要建设好公共数据平台和自己本行业的业务平台，做好行业数据标准；市级政府要建设好业务平台，开发市级应用；区县一级政府则要基于省级平台、市级平台，遵循相关标准，大量开发应用。在参与建设的单位中，实力雄厚的大企业负责建设平台和制订标准；地方上能够接触到群众的企业负责开发属地应用。

如此，整个数字经济生态就能够建立起来。第五是社会各界共建。除政府数据外，社会和互联网上还存在大量数据，这些数据也要实现共享共建。通过数据云化、智能合约，社会各界能够共同参与"整体智治"现代政府建设，从而实现多元协同治理，成果共同享受。这需要政府和市场共同努力，着眼于数据资源全量归集、统一开发、全面开放和多方利用，打造一个基于数据开放的应用生态①。

图9-6　公共数据平台

2　省域数字治理面临的问题

无论是浙江省实现政府"整体智治"的探索，还是全国其他地区推进政府数字化转型的实践，都面临着一些共性问题。这些问题主要可归为两方面：一是推动数字治理发展的基础设施建设研发投入不足，二是配合数字治理实现的创新机制有待加强。

（一）基础设施建设研发投入不足

一是云网端设备的建设不足。作为推动政府数字治理核心的云网端设备，普遍缺乏统筹规划和建设。一些地市、区县政府部门的云网端设备仍以分散建设为主，集约程度并不高，部门间难以实现数据和资源的协同共享，部分设备老化，不能有效满足当下政府数字化转型的需求。同时，诸如5G等新基建尚处于起步阶段，还无法在短期内协助政府建设与维持更强有力的数字治理系统。二是基础设施的运维支撑保障不足。"重建设、轻应用、轻维护"现象在一些地方普遍存

---

① 资料来源：陈瑜，建设"整体智治、唯实惟先"的现代政府。

在。地市、区县政府的系统维护能力不足,有些系统在建完成后并没有投入使用或很快被替代;有些系统缺乏本地运维团队,其应用感知受到影响;有些系统因未配置专门的维护经费,最终被逐步淘汰。三是应用建设统筹不足。一些应用存在功能缺陷,导致地市、区县政府难以拓展多业务协同场景,难以进行深层次挖掘分析。应用分散在各部门的信息系统中,未形成整体,缺乏有效整合,也导致应用重复建设、基层App多套并用。

(二)创新机制有待加强

一是数据共享不充分。各部门数字化转型进程不一致,部分部门出于控制数据的"思维惯性"、对共享后果的"未知恐惧"、部门利益等本位主义,存在多供应商系统间的数据共享技术问题。缺少刚性约束等机制也影响了部门间的数据共享。省市建成公共数据交换平台,区县无法获取本地区域数据,数据无法有效回流;且省市公共数据交换平台共享数据有限,尚不能满足所有应用需求。二是数据归集不完备。目前,数据汇聚的目的性不强,数据采集的约束机制尚未建立。数据归集中结果数据多、过程数据少,归集数据更新速度慢、频率低,其准确性和有效性待提升。此外,数据归集的全面性也有待提升。目前,数据归集依靠的主要是政府内部力量,对社会资源的整合利用很少,企业数据采集完整性不够。三是数据开放不彻底。社会数据开放度较低,目前仅涉及金融、养老等领域。数据应用开放功能尚需加强,企业用水用电不能实现批量查询,数据资源开放可用率不高,数字资源交易增值潜能有待激活。四是数据管理不安全。目前,大部分部门仍对数据采取传统基于网络的防护,对重要敏感数据和个人隐私数据未进行分类分级、脱敏处理,也未采取数据加密、数据防泄漏、数据水印等手段对数据完整生命周期进行防护。一些地市、区县政府对数据泄露、数据滥用等事件还无法实现追踪溯源。

3 省域治理现代化的未来图景

立足数字时代，面向众治、共治、智治的未来，政府的整体性、开放性、协同性、智慧性都需要达到世界一流水平。建成"整体智治"的现代政府，需要从全省层面进一步完善数字政府转型总体架构，构建整体协同的体制机制、全面统筹的技术支撑、开放共享的数据治理、智慧高效的业务应用四大架构体系（见图9-7），充分发挥基层创新作用，有效推进省域治理能力现代化。

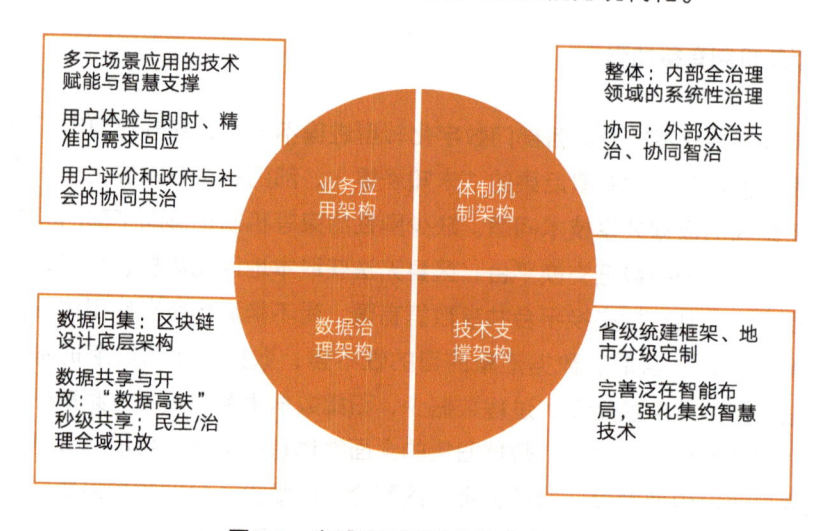

图9-7 省域治理现代化的未来图景

（一）整体协同的体制机制架构是核心

整体协同包括政府内部的整体性和政府外部的协同性。政府内部要真正形成全省政府数字化转型的跨地区、跨部门、跨层级协调的"纵向到底、横向到边"的数字政府整体业务体系。政府要以数据共享开放、项目建设与运营管理等重点领域改革为突破，深化政府机构改革，打破传统业务条线垂直运作、单部门内循环模式，以浙江政务服务网为主平台，实现民生事项"最多跑一次"的再升级，推动基于数据的全治理领域的协同治理和开放创新，实现数据整合、应用集成和服务融合。政府外部要形成个人和企业等各类社会力量广泛参与数字政府建设和监督评价的良好局面。政府要充分调动社会参与的积极性和能动性，与数字技术领先企业在信任、互惠、可持续原则下深度合作，汇聚众评众智，共同促进政府数字化转型的完善，形成"政府—社会—个人"多元协同、共促发展的数字治理生态。

（二）全面统筹的技术支撑架构是基础

数字政府建设的技术支撑应以"省级统建框架，分级定制需求"为原则，减少各地、各部门平台系统的重复建设与技术割裂，实现全省数字政府建设的技术无缝对接和平台系统融合。新基建、数据资源、应用支撑等平台架构的统筹，应在省市两级平台支撑、省市县三级应用开发和运行保障的基础上，强化省级平台、大企业平台对市县应用及企业的赋能，实现与国家平台的有效对接，打造统分结合、开放融合、集约高效的技术架构体系。政府要完善泛在智能的设施布局，通过迭代升级政务"一朵云"，推动各类政务信息系统向政务云平台迁移，形成全省统一规范的公共数据资源体系。政府要促进空、天、地、海网络基础设施一体化互联融合，提升数字政府重大基础设施的安全性和隐私保护能力，并通过超前布局感知终端设施，加强对基础物联感知设施的统筹建设、资源整合，规划建设覆盖城市全市域的感知网络。政府要强化集约智慧的技术支撑，运用前沿技术提升治理能力和决策能力，建成数字孪生城市以加强城市精细化治理，运用大数据精准分析以满足不同人群的差异化需求；建立完善的数据分级分类安全管理机制和安全态势感知平台，以算法实现对海量个人数据的自动脱敏和处理，加强数字时代的个人隐私保护。

（三）开放共享的数据治理架构是动力

政府要围绕公共数据归集、共享、开放和应用，构建完善的数据治理架构。政府要破除阻碍数据要素流动的体制机制障碍，完善相关法规制度和标准体系，最大限度挖掘公共数据价值；促进公共数据和社会数据的汇聚融合，引导市场主体依法、合理行使数据定价自主权，构建数据要素价格公示、监测预警、交易监管等制度，通过开放共享的数据要素，激活市场的创新活力，激发政府与社会协作治理的创新场域。具而言之，政府要统筹数据归集，建设省市两级政务大数据支撑平台，运用区块链等新技术设计数据底层架构；加强数据共享，完善全省公共数据平台，建成在全省各层级、各部门纵横打通的"数据高铁"专线网络，打通各类数据孤岛，赋能基层数据治理；加强公共数据开放，完善全省公共数据开放目录，拓展数据开放范围，从与民生紧密相关、社会迫切需要和产业战略意义重大的公共数据开放，拓展到不涉及隐私、保密、安全的政府全域数据开放；加强数据整合应用，推进社会数据与公共数据的融合应用创新，充分释放大数据促进省域治理现代化的潜力，鼓励社会各方参与公共数据产品创新，最大限度盘活公共数据资源。

（四）智慧高效的业务应用架构是路径

政府要深化数字化业务应用体系建设，鼓励地方依托城市大脑谋划重大业务场景应用，通过省级公共软硬件设施和数据资源对地方城市大脑建设的支撑和赋能，充分调动和激发地方积极性；按照标准化、专业化、智慧化要求，将地方特色应用与自建App集成与整合；"以人民为中心"，围绕增强应对重大任务支撑保障能力、增强公共服务能力、增强企业与群众获得感，加强线上线下业务协同，从用户体验角度优化政务服务流程和应用设计，做精、做优政务服务平台的市民版和企业版，以用户爱不爱用、应用好不好用检验数字政府成效。政府要加快形成便民服务场景全流程质量管控体系，以政府和社会之间的即时双向触达、精准感知诉求为导向，以智慧化的业务应用是否可以即时、精准地回应不同人群的差异需求为考量，将以用户黏合度为导向的场景建设应用评价体系，嵌入并实际应用于政府绩效考核的指标体系，真正实现社会参与共治的智慧治理。

总之，"整体智治"要通过以上四大架构，打造数字治理众治、共治、智治的数字治理生态。四大架构在运行过程中，政企协同共治共建贯穿其中，政府通过数字政府建设撬动数字经济和数字社会的共荣发展。此外，政府要重视内部工作人员的常态化数字教育和数字素养培育，以及外部的数字技术人才培养，要通过强化政府人员和政产学研协同创新的数字政府人才生态圈，为"整体智治"的政府与社会协同治理生态的形成源源不断地输送养料，保证数字治理实践的持续创新。

浙江省在市场化、城镇化和数字化叠加的社会发展和历史进程中，通过"整体智治"现代政府理念，探索数字治理实践，在省域和市域层面已形成治理现代化的典型样本，大量鲜活生动的经验案例和可行路径为通过数字治理推进国家治理体系和治理能力现代化的进程贡献了积极力量。浙江省通过开展"刀刃向内"的整体政府改革，创新运用以数据为核心的"V字模型"，不断推动数据开放与共享，同时，将政企社协同共治作为数字政府可持续发展之源，引领新基建背景下的智慧治理，在一定程度上对传统治理中的信息失真、激励失常、信任失衡、效率失控及创新失却等治理困境，给予了有力、有效的回应与解答。在数字治理的"三横六纵"体系中，数据资源体系、协同治理体系、标准规范体系和数据治理体系等一些重要体系已基本立起来，并在实践中产生了显著的效能转化，然而，开放创新体系、政策法规体系、组织领导体系、安全保障体系和建设运营体系等体系还需要继续加强。未来，"整体智治"现代政府建设仍任重道远。

通过数字治理达到"整体智治"的未来图景，将在整体性、开放性、协同性、智慧性治理的基础上，不断重塑和探索新的政府社会关系、政府对社会治理的理想状态。政府内部上下（层级）左右（部门）间实现数据互联互通后，群众和企业可以利用唯一身份标识，通过一个"界面"，完成所有事项的办理，不再需要提交各类证明材料，各部门在处理自己职能范围内的业务时，可以根据需要，申请使用其他部门的数据。政务处理和治理过程的流程信息将不再是"黑箱"，而将和评价数据一样可公开、可查看。政府、企业和个人将协同起来，形成一个众治共同体，企业和个人的诉求可被即时感知和回应，社会主体将充分发挥其主动性和能动性，参与政府和社会治理的全链条和全过程，并发挥其对政府行政行为的监督作用。与此同时，企业和个人产生的各类数据在区块链上的实时留痕和不可更改，将使食品安全监管、环境保护、医疗卫生监管中的信息不对称问题和信任问题不复存在，人们只需要调出相应时间戳下的数据，即可进行追溯判定，智慧治理将在政府和社会治理的全域场景中实现。当然，这种理想状态的实现，需要开放创新体系、政策法规体系、组织领导体系、安全保障体系、建设运营体系各方面、全方位的保障，以及企业和个人等各类社会主体的全面协同与配合。

【第10章】
城市大脑推动城市治理现代化

数字治理 DIGITAL GOVERNANCE

  城市是人口、产业、资源等的集聚之地，也是各种现代治理难题的发生之地，因此也是数字治理最为集中的全景单元。解剖数字治理在城市治理中的应用，将全景展现数字治理的创新体系、运营方式，具有解决现实问题的巨大价值。城市大脑建设是推进政府数字化转型、加强城市治理体系和治理能力建设的重要举措。2020年3月31日，习近平总书记在浙江考察期间对杭州城市大脑给予充分肯定，指出推进国家治理体系和治理能力现代化，必须抓好城市治理体系和治理能力现代化。运用大数据、云计算、区块链、人工智能等前沿技术推动城市管理手段、管理模式、管理理念创新，从数字化到智能化再到智慧化，让城市更聪明一些、更智慧一些，是推动城市治理体系和治理能力现代化的必由之路，前景广阔。

城市大脑是为城市治理打造的一个数字基础设施,是数字治理在城市落地的操作系统。市民凭借它触摸城市脉搏、感受城市温度、享受城市服务,城市管理者通过它配置公共资源、作出科学决策、提高治理效能。杭州"数字治堵"精准调控道路资源,使杭州在中国主要城市拥堵指数排名中从前3位降到了第35位;上海的"一网通办""一网统管"探索了一个拥有2000多万人口的超大城市的"像绣花一样精细"的治理模式。通州区作为北京城市副中心,通过建设生态环境综合管理平台,实现了通州城市大脑在环境治理中的应用,使北京的天更蓝。海口建设综合性城市大脑,服务城市应用场景创新。郑州通过"人数城"融合建造"思考力"城市,打造中原城市大脑标杆。

01.
城市大脑：市域治理现代化的创新范式

城市大脑的理念于2016年诞生于杭州，杭州从缓解交通拥堵切入，首先打通红绿灯和交通摄像头之间的数据，让实时的路况数据自动化、智能化地控制红绿灯的切换，改变以往固定切换时间或依靠交警个人经验操控的方式，让交通变得更智慧。从"治堵"开始，杭州利用城市大脑这套"城市治理数字基础设施"开展多个领域的尝试，如在旅游领域的"多游一小时"，在医疗领域的"最多付一次"，在应急领域的"一键护航"等。目前，杭州城市大脑的应用领域已经拓展到48个场景，还在不断丰富。从治理现代化的角度去审视，城市大脑本质上并不是一项技术、一个项目或一个产品，而是政府通过挖掘利用数据资源，进入数字化发展阶段的入口，是基于数字治理的新治理理念的具体呈现，其核心目标是达到城市治理的"众治、共治和智治"，推动实现城市治理的现代化。

1 城市大脑是实现城市治理现代化的新发展范式

（一）基于数据创新的社会创新生态体系

从数据资源利用的视角出发，城市大脑是通过充分运用城市数字资源来全面感知城市运行，系统提升社会治理能力的数字化支撑。数据的感知和归集，逐步创造了一个数字孪生的城市：物理空间、政府、企业、个人智能化的基础设施等都是可被数字化的单元，都可在数字世界高度融合、互相作用，为形成社会化的大生态奠定基础。而数据资源的利用并非仅是政府部门的工作。在当前数据要素市场化配置的宏观政策方向下，基于城市数据进行创新应该是政府和社会的共同任务，甚至在公共数据足够开放的场景下，社会力量应当占据创新的主要位置。一方面，城市数据的多维、多元，城市治理场景的丰富和细颗粒度，以及可持续运营需要的激励机制，要求我们充分调动市场的蓬勃力量。另一方面，政府的主要任务应当聚焦搭建基础设施，有序开放公共数据，营造开放的环境和合理的规则，扮演"做局者"而非"运动员"。可以说，城市大脑的根本在于通过"运营"数据，催生一个基于数据开放的社会创新生态体系。

（二）超大型人人协作

现代城市已经成为典型的复杂巨系统。面对智慧治理的需求，传统的中心化思路和工具无法解决具有上千万人口、百万辆交通工具的主体的实时感知和动态交互问题。城市大脑作为城市的数字化操作系统，也需要将中心化的"大脑"和高度分散的"神经网络"相结合，按照有机体的生理特征构建城市的治理规则。人体的智慧化不仅体现在大脑对复杂环境的判断和反应中，也体现在一些简单任务的"下意识"反应中，膝跳反应的简单链路及心跳、呼吸、消化等植物性神经的运行，并不需要大脑去逐一指导。因此，人体也采取了一种"分布式""功能下沉""自动化"的模式，来满足高度复杂化、细分化的生命需求。科学家推算，人类大脑有高达近千亿个神经元，神经元的种类至少有500种。同理，城市大脑也需要让城市里每个人都作为神经元参与有机体的运行。与人类不同的是，城市的进化速度远远快于人类的进化速度，这就意味着越来越多并入以大脑为中枢的神经网络的"神经元"，将在大规模的人人协同格局下，不断爆发创新活力，以积微速成、小步快跑的模式，推动城市的发展和演变。

（三）实现多目标平衡的数字升维

在现代社会，人们面临着越来越多的"两难"选择。有了高度发达的汽车行业后，人们虽从此"不惧关山几万重，山海皆可平"，但世界卫生组织的数据（2017年）显示，全世界每年因道路交通事故死亡的人数约为125万人，相当于全球每天约有3500人因交通事故死亡，另还有几千万人因此受伤。当电子商务让天南海北的各种消费品唾手可得时，快递行业引发的环境污染又让人忧心忡忡。后发国家除了"先污染、后治理"的发展路径，似乎也没有更好的选择。在城市治理的场景中，人们常常也面临各种彼此互斥，甚至看起来不可调和的矛盾，如为了解决拥堵问题，很多地方政府出台了限购、限行、限排等多种政策措施予以调节，然而这只是公民权利的被迫缩水带来的"瘦身"，政策调节的是存量价值的再分配，而并未创造新的价值增量，人们对类似政策也表达了诸多不满。

而城市的数字化、智能化释放出的新的数字生产力，可以从更高的维度解决非此即彼的矛盾，如杭州近几年因筹办2022年亚运会，开展了地铁、高架、隧道等大规模的基础设施建设，导致20%的路面被占用。但由于城市大脑的赋能，杭州的交通效率仍然提升了50%。换句话说，城市大脑为城市治理增加了一个"数据智能之维"，以升维后的视角和手段去治理城市，可以帮助政府更好地实现多目标平衡。如金山银山和绿水青山，也从曾经的不可兼得，因为新的发展路径而变得高度同向。

2 城市大脑的价值递进：解决痛点、唤醒痒点、创造笑点

（一）解决已知世界的已知问题

从微观层面看，城市大脑的价值大致可分为三层。第一层是解决已知世界的已知问题，这也是大多数人目前感受到的价值，即解决痛点，比如停车难、看病难、排队难、办事难等"老大难"问题。既然是"老大难"问题，那就都是老百姓多年饱受其苦的问题，其特点是问题的边界清晰、主体清晰，人们对问题的认知清晰，甚至已经有了理想化的解决方案，只是缺乏实现路径。针对这样的问题，城市大脑通过"数据智能之维"和相应的配套机制，已经形成了很多类似"最多付一次""多游一小时"这样的优秀实践，给老百姓带来了实实在在的获得感和"小确幸"。

（二）发现已知世界的未知问题

城市的治理者面临的任务难度远远超过作为被服务者的公民面临的任务的难

度。公民看重的是过去到现在的"进步",而治理者则要解决现在和未来的"差距"。治理现代化是一项极其复杂而艰巨的长期任务,问题和挑战如同海面下的冰山,冰山露出海面的一角仅是整座冰山的一小部分。与此类似,当前城市大脑仅在不到三分之一的城市治理领域做了初步尝试,还有广大的未知空间需要去主动探索。

比如,在新冠肺炎疫情的倒逼下,城市大脑的应用场景延伸到了应急管理和企业复工复产,而企业复工复产平台发展成政企互动平台后,让精准滴灌、精准施策成为可能,带来了疫情应对之外的价值,通俗一点说,如同触到了治理的痒点。因此,城市大脑的第二层价值在于解决已知世界的未知问题,唤醒更多的痒点。我们不能等到所有的问题都发生一遍,再去被动式地解决问题,而要针对尚未发生的问题,以"上医治未病"的态度,补齐城市治理的短板。

(三)探索未知世界的未知问题

2035年和2050年将是治理体系和治理能力现代化的两个里程碑,充分说明了治理现代化不是考卷已经设定好的封闭式应试,而是内涵和要求均需随着时代发展而与时俱进的开放式答题。当今世界处在百年未有之大变局,新挑战和新机遇将不断涌现。而数字技术的聚合发展,也为经济发展、社会发展的颠覆式创新铺好了土壤。放眼2050年,我们必须要关注未知世界可能发生的未知问题。而数字化作为解题的金钥匙,需要从顶层设计的角度系统性地考虑如何解决这两个"未知"。

20世纪的"PC+操作系统"将人类带入信息化时代。在21世纪,智能手机的发展和3G、4G网络的大规模铺设,发生了神奇的化学反应,催生出一个始料未及的移动互联网时代,移动电商、共享经济、平台模式、直播带货等信息经济时代从未出现的经济模式集中爆发,给全社会带来了巨大的经济增量和变革动力,政府的治理理念和治理模式也相应发生了深刻变化,"最多跑一次""掌上办公""掌上办事"等改革创新之举极大地提高了政务服务水平,也催生了城市大脑这样的城市治理范式，由点及面、由面及体地推动了全社会的发展和进步，可以说是创造了皆大欢喜的笑点。面向未来，数字技术的"核聚变"仍在进行，新经济物种大爆发的"寒武纪"还在继续，城市大脑作为城市治理能力的底座，必须具备第三层价值，即解决未知世界的未知问题，创造更多的笑点。

3 城市大脑的建设原则：通用、开放和融合

（一）城市大脑应成为多方通用的操作平台

前文提到，老百姓是公共服务的"产消者"，企业既是政府数字化转型的受益者，也是参与建设者。因此，个人、企业和社会既是公共产品的需求方，也是供给方。要推动需求侧的效能提升，就必须做好相应的供给侧改革。从协同共治的角度看，城市大脑作为城市的数字化操作系统，其"用户"不仅是各级政府部门，也包含了多元治理的其他主体。因此，城市大脑也成了治理和服务的统一操作平台，通过拉齐需求侧和供给侧，让政府、企业和个人都能够在这个共用的平台上，通过各自的端口和流程去建设、使用和运营，不断把城市大脑锤炼成汇聚数据、汇聚能力、汇聚思想和汇聚行动的操作平台。杭州近期提出要将城市大脑建设成老百姓爱不释手的App，并成立了相应的机构负责建设和运营，体现了城市大脑从"领导驾驶"向"百姓乘车"理念的过渡和供需两侧并重的价值模式。

中国新型城镇化的战略方向将大型城市群定为今后区域发展的主要路径。长三角地区、粤港澳大湾区、京津冀地区、成渝双城经济圈等多个特大型都市圈的新一轮发展蓄势待发。在这一轮城镇化的新阶段，其内生动力必然离不开数字化，传统基础设施将与数字基础设施并行，创造物理世界和数字世界共同融合、相互协调的智慧化城市群。除了城市本身的复杂性，城市间的联动发展，也就是复杂巨系统之间的多维协同，也需要通过数据的开放、连接和共享来实现。比如，国家在实施长三角一体化战略时，"数字长三角"成为一个重要的维度，长三角地区各省市的数据打通、监管互认及泛区域级的数字化平台建设方兴未艾，如长三角工业互联网平台就是制造业领域数字化一体发展的尝试。而城市大脑只

有做到标准化，才能成为"通用操作系统"，跳出单个城市的范畴，实现不同载体（城市）间快速的无缝连接，发挥更广泛的作用。

（二）三级开放释放市场力量

将城市大脑打造成多功能、多主体、多价值的操作平台的核心在于营造一个开放、创新、可持续的多元治理生态，关键在于同时发挥政府和市场的力量，做到数据开放、场景开放、政策开放。首先，政府要做到数据开放，让广大市场主体能够充分挖掘公共数据的价值，解决痛点，发现痒点。数据作为资源的规律显示，公共数据在流动和使用的过程中也会不断增值，反过来也能进一步丰富公共数据池，形成源源不断的正向循环。其次，政府要做到场景开放，让市场主体有机会参与具体的治理过程。市场主体利用其更加先进的技术、更加充沛的人才和更加创新的思维，配合政府做好治理，从中也获得自身的发展空间。最后，政府要做到政策开放，真正从众治、共治的理念出发，将市场主体作为治理的合作伙伴，破除一切不必要的藩篱和壁垒，充分释放市场主体的积极力量，以"四两拨千斤"的方式开展智慧治理。政府集中精力搭建平台、制定政策和优化环境，把具体的系统建设、场景运营、服务提供等追求成本效率和用户体验的工作，大胆交给市场主体。政府把握治理的大方向，负责数据资源的安全有序利用，维护治理市场的良性竞争，实现"无为而治、无感而治"。

（三）数字治理、数字经济和数字社会融合推进

城市大脑作为通用的操作平台，叠加围绕三级开放而汇聚的广大生态，将同时拉动数字治理、数字经济和数字社会这三根主线，带来治理的溢出效应，成为"一业兴百业"的火车头。如针对医院附近的停车难问题，部分城市已基于城市大脑，打通公共车位数据，做到全城（区域）"一个停车场"，通过提供LBS服务的智能地图终端，向有停车需求的人群推送医院周边的空闲停车位信息，并成立了专门的公司运营这个系统。一方面，医院周边堵车的问题得到很大缓解，

减少了交通隐患，提升了公共通行效率。另一方面，求医问诊的老百姓享受到了实在的便利，节约了大量时间，消解了很多不必要的戾气，社会更加和谐。此外，此举盘活了医院周边的商场、小区、写字楼等的车位资源，让资源利用率更高，创造了更多的收益。可以说，治理、经济、社会三个维度都受益，小举措带来大好处。

4 城市大脑3.0架构设计

（一）城市大脑的三个发展阶段

基于城市大脑的发展形态，城市大脑的发展可分为三个阶段：城市大脑1.0着眼于交通治堵，实现了局部场景的智能化，以交通为突破，为后续技术创新、技术基础设施更新、商业模式创新奠定基础。城市大脑2.0从治堵拓展到治城，实现了跨领域的数据共享与多个场景的智能化应用，更多数据开始实现跨领域、跨部门的共享与使用；城市状态开始被实时感知，算力得到极大提升。城市大脑3.0致力于城市数据的多维、多元、深度融合与智能化全面介入，让城市更加在线、互联、智能和开放。城市大脑3.0将全面提升城市的精细化治理能力，采用智能化手段对城市各场景进行穿透式感知和反馈，推动城市治理与服务的全局化、精细化、实时化。

当前，我国一些城市大脑建设正向着城市大脑3.0前进。城市大脑运营指挥中心通过全周期管理、便民惠企的技术创新倒逼制度创新，在中枢系统、运行模式、组织体系等方面形成了具有先行示范经验、中国特色的城市治理现代化数字系统解决方案。各市政府通过打造四通八达的中枢系统，全面汇集整理全市各级各部门的海量基础数据，通过系统互通、数据互通促进数据协同、业务协同、政企协同；通过城市大脑助推政民互动的运行模式，推动城市治理者和广大人民群众交互赋能；通过构建数字驾驶舱和应用场景的全流程质量管控体系，重点建立"上线—评价—退出"工作机制，聚焦治理过程中的突出问题。

（二）城市大脑3.0的整体架构——稳定的云、强大的脑和灵活的端

在数字政府"三横六纵"架构的理念之下，城市大脑要体现上下贯通的特点和物理空间的边界属性，更加聚焦城市治理的场景挖掘和问题解决。因此，城市大脑3.0（见图10-1）与数字政府3.0的架构既有理念上的互通，又有逻辑上的衔接，还有特色化的区别。

场景驱动的能力集成、数据协同、业务互通

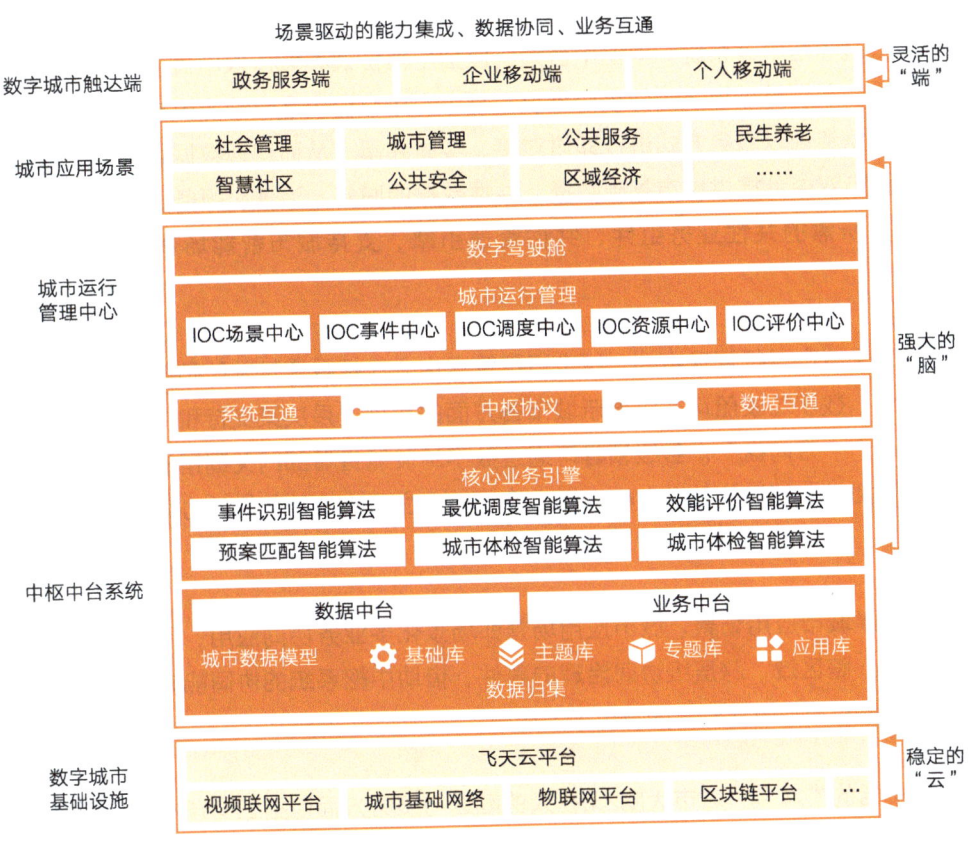

数字城市触达端	政务服务端	企业移动端	个人移动端	灵活的"端"
城市应用场景	社会管理 / 智慧社区	城市管理 / 公共安全	公共服务 / 区域经济	民生养老 / ……
城市运行管理中心	\multicolumn{3}{c|}{数字驾驶舱 / 城市运行管理 / IOC场景中心、IOC事件中心、IOC调度中心、IOC资源中心、IOC评价中心}	强大的"脑"
	系统互通	中枢协议	数据互通	
中枢中台系统	\multicolumn{3}{c|}{核心业务引擎 / 事件识别智能算法、最优调度智能算法、效能评价智能算法、预案匹配智能算法、城市体检智能算法、城市体检智能算法 / 数据中台、业务中台 / 城市数据模型、基础库、主题库、专题库、应用库 / 数据归集}	
数字城市基础设施	\multicolumn{3}{c|}{飞天云平台 / 视频联网平台、城市基础网络、物联网平台、区块链平台 …}	稳定的"云"

图10-1　城市大脑3.0技术架构

稳定的"云"：城市大脑3.0的技术底座由飞天云平台、视频联网平台、城市基础网络、物联网平台、区块链平台和其他平台组成。飞天云平台是底层操作系统，也是国内唯一的自主技术云平台。飞天系统可以将遍布全球的百万级服务器

连成一台超级计算机，其强大、稳定的计算能力经受住了"12306""双十一"等"超级场景"的考验。飞天云平台融合物联网、大数据、区块链、5G等数字技术，共同组成了承载城市数字化发展的数字底座。

强大的"脑"：主要包括中枢中台系统、城市运行管理中心和城市应用场景三个部分。

一是中枢中台系统。中枢中台系统包括中枢协议和城市双中台（数据中台、业务中台），是城市大脑的核心系统。其中，中枢协议是一种协议机制，支撑全社会数据资源以服务方式进行即时对接、实时共享，从而实现数据协同、业务协同；城市双中台提供城市基础数据、共性数据的归集、治理和服务，同时提供城市业务所需的共性业务组件、共性管理引擎，支持城市智能场景开发的快速上线。

二是城市运行管理中心。城市运行管理中心包括数字驾驶舱和城市运行管理两部分。数字驾驶舱可实时展示城市各方面的数据，是决策支持和决策执行的"仪表盘""方向盘"。各级领导可通过数字驾驶舱查看部门关键指标，根据权限申请调阅其他部门的关键指标。城市运行管理主要支持跨部门的协同场景和流程再造。

三是城市应用场景。城市应用场景即场景化多业务协同应用，通过集合城市跨部门、跨区域、跨层级协同治理的事件，借助中枢系统的协同能力，构建面向不同服务对象与监管对象的特色场景应用。

灵活的"端"：城市大脑3.0在人的触达与服务方面包括三类端：一是面向政府工作人员的政务服务端，比如政务钉钉；二是面向企业用户的企业移动端；三是面向市民的个人移动端，比如政府通过支付宝可以向普通市民发放消费券。三类端完成了对政府、企业、个人的服务全覆盖，从而全面提升政府在经济运行、市场监管、公共服务、社会管理和生态环境保护等方面的履职能力。

此外，标准规范体系和安全保障体系贯穿城市大脑建设和运行的始终。标准规范体系通过构建涵盖数据、安全、业务、服务等多层面的标准体系，实现城市服务体系的标准化、规范化。安全保障体系是集融合技术、管理、文化等多种要素于一体的大安全体系，是贯通物理世界和数字世界的新型安全保障体系。

案例：上海浦东新区的城市大脑项目

上海浦东新区的城市大脑项目是迈向城市大脑3.0的重要实践，已成为社会治理精细化、智能化的典型。它以城市运行综合管理中心为载体，综合运用大数据、云计算、人工智能等技术，通过对生活垃圾处理、工地不文明施工、空气污染、噪声扰民等50多个场景产生的综合数据进行智能分析，可迅速识别问题症结，并"对症下药"。上海浦东新区的城市大脑渗透到了36个街镇的日常管理，并通过对城市、社区动态数据的实时把握和综合研判，协调相关职能部门对具体事项进行回应和督办。如政府和各大共享单车企业达成合作，相关部门可通过GPS定位共享单车的停放位置，并根据各街镇区域的人口密度和道路状况，协调相应企业对相应区域超过上限的单车重新调配。

在需要运用数字技术创造性地进行社会治理的领域中，上海在公共文化、医疗卫生、社会治安、司法决策和交通管理等领域均有创新实践。如上海在全市安装5063个专属二维码以获取市民在公共文化方面的海量需求，并以此向相应街镇的市民精准推送偏好内容；闵行区公安局通过分析110后台海量电话数据，绘制"发案热点地图"和各类排行榜，以此调整警力布控和治安管理策略；上海建立"上海市高级人民法院大数据信息系统"，通过法官办案智能辅助、类案推送、裁判文书智能分析、移动智能终端办案App、简易快审、法律文书自动生成、"全快搜"智能查询等35个子系统，为司法判决提供技术支撑。

02.
杭州：从"治堵"到"治城"，中国智慧城市的引领者

  杭州城市大脑起步于2016年4月，以交通领域为突破口，开启了利用大数据、人工智能等数字技术改善城市治理的探索。如今，杭州城市大脑已实现从"治堵"向"治城"的实质性跨越，更是在新冠肺炎疫情防控中发挥了重要作用。从信息化到智能化再到智慧化，杭州坚持探索创新，加快智慧城市建设，为推进国家治理体系和治理能力现代化提供了案例借鉴。

1 始于"数字治堵"，缩短世界上"最遥远的距离"

  拥堵是现代大城市的通病。随着机动车保有量的持续攀升，"治堵"成为城市治理绕不开的话题。杭州城市大脑的应用是从交通治理开始的，很多人对它的认识也是由此展开的。

  世界上最遥远的距离是什么？中国工程院院士、杭州城市大脑总架构师王坚给出这样一个答案——红绿灯和交通监控摄像头的距离。红绿灯和交通监控摄像头虽然在同一个杆子上，可彼此"老死不相往来"。摄像头"看"到了路口有多少车辆经过，或许南北向很堵、东西向很空，可红绿灯却无动于衷——它们的数据从未连接过。

  杭州城市大脑在诞生之初，就要打破壁垒，缩短这个"最遥远的距离"。

  2016年9月初，杭州城市大脑交通模块率先在萧山区市心路投用。该模块从摄像头获取即时交通流量，让交通信号灯根据即时流量优化路口红绿灯的时间分配，提高交通效率。试验结果显示，通过智能调节红绿灯，道路车辆通行速度平均提升了3%～5%，在部分路段甚至提升了11%。自此，杭州城市大脑建设走上了"快车道"。

但是，相较于小范围的试验，要让整个杭州的交通变得智能，其难度倍增。全杭州有数百万的行人、车辆，上万个交通摄像头，政府必须使用一套全新的解决方案。为此，阿里云决定打造一个交通数据中台，把全市与交通相关的数据整合在一起，通过多元融合计算实现交通数字化。

随着城市交通的静态数据和动态数据最终归集到交通数据中台，每条道路都有了自己的信息标识，每辆车的行程轨迹都可以全部还原。无论是天气变化还是道路施工，抑或是各种突发状况对交通产生的影响，都能被计算、被预测。

2018年，杭州城市大脑的管辖范围扩大了28倍，优化信号灯1300个，每2分钟便可完成一次区域扫描，处置效率提高了9倍。试点的杭州中河—上塘高架道路、莫干山路主干道的道路平均延误指数相比试点前分别下降了15.3%和8.5%，车辆在高架道路上的出行时间比原先节省了4.6分钟。

在城市大脑的精准调控下，杭州"数字治堵"成效显著。在中国主要城市拥堵指数排名中，杭州从2015年的前3位降到了2018年的第35位。

随着"治堵"小目标的初步实现，杭州城市大脑开始走向"治城"。

2 发展"数字治城"，让市民生活更美好

打通交通堵点只是杭州城市大脑应用的第一个实践。2018年5月，《杭州城市数据大脑规划》发布。该文件提出，除交通领域外，城市大脑还将深入医疗、平安、城管、旅游、环保等行业系统。

为了推动杭州城市大脑实现从单点治理到各方融通的突破，杭州在市级层面成立了城市大脑建设领导小组，由市委书记挂帅。同时，由杭州市数据资源局牵头，来自多个政府部门的工作人员组成了交通、环保、旅游等16个"专班"，与阿里云的技术团队坐在一起集中办公。政府业务人员提出问题、梳理问题，阿里云的技术人员通过技术手段总结流程、解决问题，确保各应用系统的落地效果。

经过不断的实践探索和优化改进，杭州通过城市大脑"治城"的主要成果包括：

一是保障特种车辆快速通行，守护市民生命财产安全。在日常生活中，各类特种车辆肩负着守护人民群众生命财产安全的责任，在执行任务时具有法律赋予的优先通行权，但是在实际运行中，受到堵车、红灯等各种因素的影响，很难实现优先通行。为破解这样的城市难题，杭州萧山区于2019年6月正式上线"一键护航"系统，使110、119、120等特种车辆在不闯红灯、不影响社会车辆的前提下，安全、快速、顺利地通过每一个路口。"一键护航"启动后，实战救援平均提速50%，平均节省时间30%，在2019年期间共护航千余次，打通了全自动绿色通道，保障了人民生命财产安全。

二是洞察城市车辆交通实时状况，满足外地牌照车主进杭需求。杭州这样的大城市，一方面，为应对交通拥堵，实行了本地机动车尾号限行和外地小型客车限行政策；另一方面，外埠人员来杭就医、学习、开会、办事等需求客观存在，如何在不影响城市交通效率的情况下，满足外地车辆进杭需求，是对城市精细化治理能力的考验。针对此类需求，杭州城市大脑根据摄像头采集的数据，计算杭州主城区车辆的实时在途量，并根据大数据分析进行精准放量，实现城市治理的科学决策。分析结果表明，在杭州交通高峰期时再放入0.5万～1.5万辆车不会引起延误指数直线上升。这为"非浙A急事通"政策的出台提供了科学依据，满足了非浙A牌照车主高峰期间进杭办事的需求。截至2020年5月，"非浙A急事通"工作日日均申请量在5000次以上，累计申请量已超80万次。

三是实现市民就医全程无须先付费，就诊结束后一次性付费。以前市民到医院就诊，在挂号、检查、化验、配药等各个就医环节都需要往返付费。杭州市卫健委围绕让"数据多跑路，患者少跑腿"，把切入点放在减少付费环节上，推出"舒心就医——最多付一次"服务，把多次付费减少到一次付费。在杭州城市大脑的协同下，在杭州参加医保且信用良好的市民，在就医全程中无须先付费，可以在就诊结束后48小时内通过自助机、手机等方式支付费用，甚至可以对在不同医院、不同科室看病产生的所有应付费项目合并支付，真正做到了"最多付一次"，极大改善了市民的就医体验。截至2019年7月，杭州已有245家公立医疗机构提供"舒心就医——最多付一次"服务，其中11家市属医院从开展此服务后，收费窗口从127个减少到57个，节约了管理成本，提高了运营效率。

四是在逗留时间不增加的情况下，实现游客"多游一小时"。人们在旅游时，要在景区排队买票、要在酒店办理入住手续，自驾需要考虑停车、取车时间……能不能把这些恼人的环节缩减，将更多的时间花到真正的旅游上来？杭州市文化广电旅游局聚焦景区入园、酒店入住、游览转场等游客排队等候时间最长的场景，借助城市大脑对旅游资源进行优化配置，推出了"10秒找空房""20秒景点入园""30秒酒店入住""数字旅游专线"四大便民服务，让游客每天能够"多游一小时"。以酒店入住为例，以往游客在入住酒店时，在前台至少要花5分钟办理入住，因为前台人员需要操作6套系统，才能完成信息的录入和输出，包括公安部门身份比对系统、第三方预订平台确认入住、酒店订单核实等。现在，杭州城市大脑可以快速提取6套系统的数据，通过数据融通实现高效协同，完成"30秒酒店入住"。

五是全城连通便捷泊车，"先离场后付费"。停车是城市车主的常见场景，通常车主需要在扣费成功后才能驶离停车场，这有时候会导致停车场缴费队伍排得很长，车主体验不好甚至容易烦躁。针对此类场景，杭州城市大脑推出"先离场后付费"便民服务，着力为大家解决行车难、停车难的问题。2019年7月，杭州城市大脑停车系统正式上线运营，覆盖杭州所有区县市，接入26万余个泊位。杭州市民在通过市民卡、支付宝等途径开通便捷泊车服务后，可在各开放停车场享受"先离场后付费"服务，即"一次绑定全城通停"，避免了以前遇到的"多个停车区域、多个系统、多次注册"的困扰。该系统使车辆平均进出场时间从原来的23.4秒降为2.6秒，实现了停车零等待、零拥堵。

六是停车与就医场景联动，破解医院周边的停车难题。因等候停车造成车辆大排长龙的情景，在各城市的大医院均屡见不鲜。以前，杭州的浙大一院和浙大二院同样受此困扰——高峰时段排队车辆等候时间甚至接近4.5小时，市民体验异常糟糕。自2019年年底，两家医院所在辖区街道尝试利用杭州城市大脑破解停车难题。街道积极挖掘医院周边2公里内的居民小区、公共道路等泊位资源，累计排摸出2924个泊位，并设计最优停车轨迹，确保所有在库泊位的统一调度使用。当市民在网上预约挂号成功后，系统模型将根据医院周边场库到路面的拥堵情况、场库空余泊位和步行折返距离等要素，在市民就诊当天为他们实时推送最优的停车方案。现在，浙大一院和浙大二院已实现所有时段车辆"即停即走"。

到2019年年底，杭州城市大脑已覆盖公共交通、城市管理、卫生健康、基层治理等十一大系统48个应用场景。每天有来自70余个部门和企业的数据汇入杭州城市大脑，日均新增数据8000万条以上，日均协同数据1.2亿条，平台归集的数据超过837亿条。

面对如此巨量的数据，杭州并没有新建数据中心去承载，而是通过中枢系统去调取、使用各部门、企业的数据。截至2019年年底，作为杭州城市大脑基础内核的中枢系统已完成3.0版本的开发，接入近6000个API和4000个数据指标，日均API调用760万次以上，具有可扩展性，能支撑起整个城市的运行。

同时，为了帮助城市管理者更加直观地了解城市的各项实时指标，杭州城市大脑上线了数字驾驶舱。数字驾驶舱将各部门、各层级的城市运行数据进行打通、融合，可以实现横向贯通、纵向比较、在线监控和智能预警，从而为城市管理提供科学参考，成为城市管理的"扫描仪"。

3 推广"数字抗疫"，用数据智能解决线下难题

在新冠肺炎疫情防控中，杭州于2020年2月11日在全国率先上线疫情防控电子身份健康信号——"健康码"。随后，全国各地陆续跟进，通过精密智控，统筹推进疫情防控和经济社会发展工作。到2020年3月中旬，全国绝大部分地区的"健康码"基本实现互认和"一码通行"。

"健康码"上线的基础是城市大脑。在疫情暴发后，城市大脑迅速从日常运作转入"战时"状态。卫健委、数据资源管理局等相关部门立刻实行"战时"赋能，应急打通公共数据，更快掌握人员流动情况。有了"健康码"，浙江省对新

冠肺炎疫情的精密智控才有了强大的支撑，敢于恢复正常的人员流动。浙江省通过数字治理增加"线上之维，数据之纬"，为疫情防控还是复工复产这个传统治理框架下的两难问题间找到了"第三条出路"，既能做好疫情防控，又以数字化方式实现有序复工复产。

"战时"管用，"平时"好用。杭州城市大脑为防控疫情及时拉起了一道严密的数字屏障，通过数字化治理管活了人、盘活了城，激活了战"疫"下的经济发展新动能。作为杭州城市大脑的重要组成部分，杭州"健康码"已经从"战时"状态逐步转为"平时"状态，其功能正不断拓展深化，能够应用于城市全人群、生命全周期、健康全过程，成为助推"健康杭州"建设的公共服务平台。

在开发"健康码"的同时，杭州还上线了面向政商服务的"亲清在线"数字平台。该平台通过杭州城市大脑中枢系统，与部门及区、县（市）业务系统进行数据协同，实现政策服务、在线互动和决策支持等功能，打造政企服务"一键达"模式：在企业端，企业只需通过一个入口，便可实现政府服务"最多点一次"；在政府端，政府采用首处责任制满足企业诉求，从而实现政府服务的精准滴灌。通过"亲清在线"数字平台，数十万名杭州企业员工借助企业信用担保和公共数据比对，不用提交任何资料，就享受到了防疫补贴。

"亲清在线"数字平台还是对"最多跑一次"服务的改革和深化，其目标是最终实现各种审批的在线许可。2020年7月，通过流程再造、数据协同、全程在线，"亲清在线"数字平台正式上线了线上行政服务中心，包含企业商事登记、投资审批、员工管理、经贸服务、资质认证等子板块，将"无感"智慧审批纳入城市智慧治理体系，政务服务效能实现了新的跨越式升级。

线上行政服务中心排摸、梳理出首批83个企业最常办的事项，通过数据协同和电子印章技术等，改"人力审"为"系统判"，显著节约了企业和政府的人力成本。比如使用率最高、最受企业欢迎的员工管理子板块，通过变多平台为一平台，集成医保、社保、公积金等部门的业务功能，为企业提供员工管理多事项"一张表"联办秒审。当遇到解决不了的问题时，千余名由各级各部门负责人和业务骨干担任的"D小二"24小时在线,提供"一对一"专属服务。

作为首个提出并探索城市大脑建设的中国城市,杭州通过城市大脑实现了从"治堵"到"治城",从"单一场景"到"综合治理"的转变。从治堵"工具"到治城"利器",杭州城市大脑成为支撑杭州可持续发展的重要基础设施,在智慧城市建设进入深水区的现阶段,杭州城市大脑的成功为智慧城市今后的建设和发展指引了方向。未来将会有更多便民应用场景,在杭州城市大脑上不断"生长",让城市变得更聪明、更智慧。

03.
上海：让超大城市治理"像绣花一样精细"

上海是全球超大城市，2019年GDP规模达3.8万亿元，常住人口超过2400万人，轨道交通运营里程超过700公里，建筑总面积达13亿多平方米，是一个无论广度、深度，还是复杂度、不确定性都异常突出的超大城市。将城市管理的触角覆盖城市空间的各个区域，效果体现在一年365天、一天24小时的每时每刻，服务城市中的游客、就业人口、学生、老年人等各类人群，是一项极为困难的工作。不仅如此，对于上海这座超大城市来说，每一天都会遇到难以计数的"新情况"和"小问题"，而这些"新情况"和"小问题"的规模庞大，彼此之间交叉产生了巨量的复杂问题，将上海的城市治理难度推向了一个高峰。

如何实现上海这个超大规模城市的精细化管理，习近平总书记在参加十二届全国人大五次会议上海代表团审议时对上海提出要求："上海这种超大城市，管理应该像绣花一样精细。"这就需要上海摒弃传统城市治理方式，放弃人海战术，依靠科技和数据实现超大城市治理的彻底变革，从细微处入手，以精细化治理的思路去解决，改变过去粗颗粒、"一刀切"的管理方式。

上海不断深化"一网通办""一网统管"，依靠以云计算、大数据、人工智能、物联网、5G为代表的数字技术，通过"技术升级、数据赋能"，形成从传统治理到数字治理的转变，超大城市数字治理从区域到全局正在形成众治、共治、智治的新局面，企业与公民的获得感不断提升。

1 "一网统管"：从汇聚数据到汇聚能力，让数据具备决策力，让城市变得更智能

2019年，在上海市委、市政府部署下，上海市公安、住建、应急管理、大数据中心等多个部门联合建设上海城市运行管理和应急处置系统（以下简称"城运

系统")。城运系统充分利用智慧公安和大数据、云计算、物联网、人工智能等技术，成为上海城市大脑的重要组成部分。作为上海城市运行"一网统管"的基本载体，城运系统整合接入了公共安全、绿化市容、卫生健康、气象、水务等30多个部门的100多项基础数据，围绕城市动态、城市环境、城市交通、城市保障供应、城市基础设施五个维度，整合提炼了86个一级指标，初步实现"一屏观天下"。

为了更好地为"一网统管"夯实数据基础，从2019年开始，上海市大数据中心就依托大数据资源平台推动公共安全、城市管理、社会治理等领域的主题数据库建设，并根据各部门需求，向主题库提供库表及接口服务。其数据来源除法人库、人口库两大基础库外，还包括上海市公安局、上海市规划资源局、上海市交通委、上海市水务局等16家单位。由此，"一网统管"共享数据总计25.8亿条。

在数据融通共享的基础上，为了实现"一网统管"的城市运行保障职能，上海市大数据中心将已接入的城运系统的体征指标类数据归集形成了服务接口资源。仅以建设城市管理这个主题库为例，上海市大数据中心已提供关于城市管理方面的库表140张、城市体征相关接口服务44个，共享数据达十亿条，指标类接口调用量快速突破160万次。

同时，针对城市管理难点、堵点、痛点、盲点，"一网统管"通过智能预警手段，结合无人机、高清摄像头等先进设备、智能感知端，依靠水、陆、空等88万个"神经元"，形成客流监测分析、套牌车核查、渣土车未盖顶预警等一系列智能化城市应用场景，实现从预警到处置的闭环管理。同时，城运系统聚焦提升行动能力，整合接入22家单位的33个专题应用，初步实现"一网管全城"。

以"一网统管"城运系统为基础，上海市水务局将防汛防台指挥系统升级为2.0版，重点建设完善灾情直报、积水发现、汛情回溯等8个业务模块。在2020年4月12日的大雨之夜，该系统成为上海防汛的一把利器。

随着上海市民的手机上收到2020年以来首个雷电、大风"双黄"预警，上海市城市运行管理中心的大屏上实时更新防汛中央地图汇集的157个水位监测点、550个雨量监测点和26个气象采集点的数据信息,实现公安、交建等部门的视频监控信息实时汇聚。

信息的实时汇聚只是第一步,城运系统在汇聚数据的基础上,实现了能力的汇聚。在城运系统强大的"物"的连接能力的支撑下,上海防汛中的人、车、物都在迅速连接:1418个排水泵站、近2.8万公里的地下排水管网、736个疏散点、64个易积水点、1.4万个小区、100多个防汛队伍和车辆,都通过物联网相互连接。借助"一网统管"的城运系统,上海不仅可以在易积水地区提前部署泵车,还可以根据预警实时响应,以最优路线调度泵车。此外,积水监测数据会实时推送到公安、路政部门,便于相关部门及时采取封路等措施。

为了更好地应对夏季降水汛情,汛情回溯模块收集整理了从1921年起对上海造成较重影响的台风的数据,重点分析近10年上海的主要灾害事件(台风、暴雨等)及其关联的气象、雨情、水情、灾情等要素,构建历史汛情智能回溯数据集。当台风来袭时,上海可以将实时汛情与历史数据进行智能比对分析,模拟汛情可能的发展趋势和灾害影响程度,从而作出更科学的防汛决策。

从汇聚数据到汇聚能力,从汇聚能力到产生行动,再到以预测性的防汛决策应对未来上海可能遭遇的极端天气,防汛防台指挥系统2.0版本的升级,已经摆脱了等到所有的问题都发生再去被动解决的模式,能够针对尚未发生的问题(降水汛情),以"上医治未病"的态度补齐城市治理的短板。

"一网统管"的城运系统成了上海各市辖区提升城市治理水平的赋能平台,2020年5月,浦东新区发布上海首个用于文明创建的智能体系——"一网统管—城市大脑—智慧文明智能化应用体系"(以下简称"应用体系")。

应用体系被称为浦东新区的"城市大脑3.0"。浦东新区借助智能化、全员化的数字技术,依托城市大脑系统,将智慧文明指挥调度系统、专项场景应用、市民巡访应用相结合,以精细化治理创建第六届全国文明城区。应用体系成了一个将中心化的"大脑"和高度分散的"神经网络"相结合,按照有机体的生理特征构建的超大型、深触达的协同平台。

在应用体系的支撑下,城市居民反馈的或工作人员在巡查中发现的"新情况"和"小问题",都可以通过城市治理一线人员的"智慧创城"小程序,上报到浦东城运中心的城市大脑——智慧文明指挥中心,该中心能够快速将城市治理、服务需求分配、下发至一线责任人,一线责任人对"新情况"和"小问题"进行及时处置,并在完成处置后及时上报情况。

"新情况"和"小问题"从发现到处置、解决的全过程都展现在城市大脑——智慧文明指挥中心的大屏幕上。应用体系实现毛细血管层面的全程可见、全程可控、全程可信,既提高了处置的力度、加快了处置的速度,又让城市居民感受到了应用体系发挥出的强大作用,形成了城市管理者和城市居民在城市治理问题处置上的双向互信。

从防台防汛、创建文明城区,到查处无证船违法捕捞,"一网统管"让上海多年来沉淀的数据有了洞察力、决策力,让上海这座城市变得更智能。根据规划,2020年上海"一网统管"体系将升级至2.0版。新版本明确了三级平台、五级应用的基本构架,小到社区、单位都能运用。

随着智慧触角延伸到城市治理最末端,上海不仅实现了"高效处置一件事"的目标,其各市辖区在创新中,也找到了利用数据和科技解决特有问题的数字治理新路径。

2 临港地区:三大场景、六能贯穿,人工智能穿透城市治理难题

上海在大治河以南、金汇港以东,以及小洋山岛、浦东国际机场南侧区域设置上海自由贸易试验区临港新片区(以下简称"临港地区")。按照整体规划,临港地区需要建设着眼未来、智能高效的"未来之城"。但是临港地区的城市建设和管理存在以下几个方面的情况。

一是地广人稀，人工管理困难。临港地区的面积为315平方公里，地广人稀导致该地区存在较多的管理盲区。临港地区土地面积是上海内环的2.5倍，管理人员数量不到内环的十分之一。在315平方公里的土地上仅有30个监督员，人均管理面积10.5平方公里，管理人员严重不足。临港地区地广人稀的特点导致管理人员对于重点区域、重点人员、车辆、垃圾倾倒等社会综合治理事件发现不及时，巡查人员投入大，事件处理效率低。

二是数据共享难。临港地区各管理部门已建成的项目平台及信息化系统的功能未得到有效整合，系统之间数据不互通，系统功能不联动，数据共享机制不完善，产生了多个"信息孤岛"。管理部门内部的数据不通导致不同部门的管理人员获取信息不及时或不准确，无法通过全局视角进行多维数据分析。

三是大客流管理压力大。随着滴水湖环湖景观带、海昌公园等景点的逐步开放，越来越多的游客选择在周末或节假日开车到临港地区。游客和车辆的蜂拥而至引发的停车场爆满、道路交通拥堵、黑车出没、停车引导系统较弱等问题给临港地区带来了极大的考验。

如何全面保障游客的出行安全，如何在高人流、高车流、高外来人口的环境下，切实稳固并维护城市公共秩序，成了临港地区管理人员的新难题。为此，临港地区启动了城市大脑建设，实现"三大场景、六能贯穿"，让人工智能穿透城市治理难题。

一是构建临港地区城市大脑的三个支撑平台（数据资源平台、物联网平台、BIM & GIS平台）。临港地区通过城市大脑的统一基础能力体系，打破数据孤岛、业务烟囱，将业务沉淀为数据，让数据服务于业务。

二是实现三大覆盖区域。临港地区通过人工智能赋能城区、景区、园区三个区域的精细化管理，实现城区乱点、景区大客流和园区安全事件的预警与协同管理。

三是提升6个基础能力。（1）图能：临港地区通过"全域三维建模+卫星地图+无人机航拍+BIM"，实现地理信息识别，还原物理世界的空间位置信息；（2）视能：临港地区通过接入700多路摄像头和10多种视觉算法，实现机器视觉实时反映人车事件；（3）感能：临港地区通过设置10大类传感器、46种神经元，构建临港物联感知传感网络，实现设备及环境的感知识别；（4）数能：临港地区通过"交警+公安+票务+高德地图+政务"的系统对接，实现数据共享与交换；（5）算能：临港地区通过配置"GPU集群+云平台"，获得大规模计算、实时情境仿真和自动优化能力；（6）管能：临港地区通过设置7组"无人机+自动化机库"，实现自动化现场处置管理，提升管理效率。

以临港地区城市大脑建设为基础，临港地区建立起了一套全新的智慧城市精细化管理模式，可实现交通仿真推演、无人机自动巡查、建筑工地污染防控、海岸线巡逻预警、旅游趋势预测等。7架无人机每周飞行4次，实现海岸线自动巡飞，已完成对超过1万人次的游客人群的巡视和守护，保障了海昌公园和西岛音乐节活动，支持89个业务场景发现，累计识别事件1万起以上，准确率达90%以上。临港地区的智慧园区SaaS服务，支持招商、租赁、营收、税务等园区ERP管理云化，并与停车、访客、能耗、消防等智慧园区业务实现对接。

临港地区从2018年10月起就形成了云调度无人机自动巡查的城市管理模式，无人机能够在5分钟内出勤，日飞行里程到达100公里以上；如果智能窨井盖破损遗失，报警信息会快速发送到城区"12345"平台；对建筑工地周边的垃圾污染监测可以精确到形状、大小；全区一张图数字模型可推演出未来旅游趋势变化；等等。

3 徐汇区：智慧化城运平台打造"智慧网格2.0"

为全面推进城市治理体系及治理能力现代化，提升区政府城市治理水平，徐汇区"智慧网格2.0"项目坚持问题导向、需求导向、效果导向，充分利用人工智能、大数据、云计算等数字技术，力求建立"全域感知、全息智研、全程协同、全时响应"的现代化城市治理体系。

与此同时，徐汇区作为全国"互联网+政务服务"示范区及上海市"一网统管"先行区，在推进城市治理现代化过程中，促进部门间信息共享，推进部门间业务联动，打破信息孤岛，实现数据"按需采集"，推进城市"智能感知、智能分析、智能应用"，推进城市智慧化建设中，亟须解决以下几个业务重点问题：

一是智慧城市精细化管理顶层设计不足。从全区层面看，徐汇区各部门在城市治理工作中自成体系，协同联动性不足，欠缺统筹管理，尚未形成合力。中长期规划的缺失导致各部门、街镇的智慧城市应用建设缺乏连贯性，水平差异较大，发展不均衡。在推进城市网格管理的工作中，各街镇、部门间的业务流程、工作职责的边界不清晰，亟须推进业务流程再造，建立网格工作权责清单。

二是网格中心统一指挥协调缺乏力度。城市智慧网格管理工作涉及城市建管、公共安全、市场监管、民生服务等多个跨部门的领域，在日常的管理指挥协调过程中，涉及的部门及街镇职责交叉、边界不清，目前徐汇区网格中心、街镇网格中心的日常指挥协调能力难以适应工作要求。

三是部门之间数据共享不够。徐汇区现有的各部门的业务系统数据未完全完成对接，各地、各部门需要按照"谁的系统谁负责对接"的原则，完成自有业务系统与综合服务平台的对接，实现所有业务全部通过综合服务平台统一受理，除涉及安全的数据资源外，其他数据资源要实现100%共享，杜绝"二次录入"，真正做到"单点登录、一网统管"。

四是信息化建设水平有待提升。随着云计算、大数据、人工智能、物联网等数字技术的发展，以及管理手段的提升，徐汇区各部门的信息系统已无法适应新时期的发展要求，亟须更新换代。同时，各部门间系统对接、信息共享、数据共用程度不高，信息系统与业务应用脱节，融合度不高，数字技术对业务推进中的支撑作用未完全发挥。

为了解决上述问题，徐汇区智慧化城运平台进行了以下三方面的构建。

一是构建可视化大屏。徐汇区基于"一梁四柱"的体系架构，完成"大平安""大市场""大建管""大民生"四大城市治理领域的城市运行体征指标设计、闭环应用场景开发及3D城市建模；通过DataV共设计页面城市运行体征指标3208个，其中一级页面指标共计632个，二级页面指标共计1944个，三级页面指标共计632个。

二是建设数据共享交换平台。徐汇区向下对接数据治理平台、数据仓库，用于数据采集、转换、抽取及向"四柱"各个委办局的应用提供数据。徐汇区大数据中心通过共享交换平台累计归集数据3.8亿条，数据量近3PB，其中智慧网格化2.0（一期）共归集市大数据中心及全区30多个委办局增量数据1.7亿条，数据量达100多GB。

三是建设人工智能平台。徐汇区向下对接非结构化数仓、数据湖，实现直接抽取图片、文字、视频等相关数据，并利用阿里人工智能算法进行相关分析应用。例如，在"12345"热线分析上，徐汇区从弱势群体来电、精神异常人员来电、群体性事件、多次来电、重复来电、非理性来电、热点事件七个维度出发，开发预警指标，实现来电信息智能判别；在人工智能平台部署上，完成数据探索、标准中心、画像分析三个通用模型及"立体数字魔方"部署，可根据各部门具体业务需求完成相应算法匹配；在业务模型设计上，现已初步完成"企业外迁预警"智能分析模型的开发，并针对"特殊人员行为风险预警"进行模型适配，后续还将推进"民生政策应享未享人群智能发现""基于企业画像的智能监管"等模型的开发工作。

"智慧网格2.0"将徐汇区的一草一木、一人一事、一房一企化为数据流汇入城市大脑，形成基础数据库。相较于1.0版的智慧网格，2.0版的智慧网格对政府部门的工作要求和城市运行状态的感知能力都有不同程度的提升，城市运行管理更加高效；政府部门之间业务协同更多；基层办事人员数据输入更加便捷，工作压力大大减轻；老百姓对城市管理更加满意。

同时，徐汇区建立起可高效运营、持续发展的四大板块。"大平安"通过智能摄像头、边缘计算等设备和技术对重点路段、场所的人员和事件实时跟踪、预警，形成全区风险分色地图，实时掌握区域平安态势。"大市场"把餐饮企业按照餐饮服务经营主体经营风险的"高风险、中风险、一般风险"和经营反馈的"良好、一般、较差"两个维度交叉划分为九类，实时更新企业监管数据。"大建管"借助智能感知设备监控徐汇区城市体征，推动问题的智能发现、闭环处置。"大民生"围绕社区、家庭、个人三方面，做到对老人、困难人群的需求早感知、早解决。

04.
北京：通州"环境大脑"练就"北京蓝"

北京城市副中心在建设之初就秉承着"构建蓝绿交织、清新明亮、水城共融、多组团集约紧凑发展的生态城市布局"的理念，应用世界最先进的绿色建筑技术、可再生能源技术、节能环保标准等，把北京城市副中心建成绿色城市、森林城市、海绵城市、智慧城市的示范区。

1 生态之城的建设之困：如何实现绿色环保

在政府的推动下，北京城市副中心很多区域在有序规划下开始了施工。然而，如何在建设"生态之城"的过程中不产生环境污染，以最先进的理念、最高的标准、最好的质量完成建设和管理，成为摆在通州区政府面前的重要课题。

早在2014年，由于缺乏统一规划，通州区的环保信息化建设的生态环境感知能力较弱，数据融合共享不够，业务协同水平较低，虽然取得了一定成绩，但存在很多问题。

第一，空气污染问题突出。相较于北京其他城区，通州区前几年的空气污染问题严重，环保部门通报的信息显示，通州区2014年PM2.5年均浓度为105.9μg/m³，明显高于河北廊坊市区和三河市的水平。2016年12月，通州区的空气质量也曾达到严重污染水平。固定污染源、渣土车、超标车、施工工地、路面洒落的扬尘等污染源，给通州区的空气污染防治带来了极大挑战。

第二，环境感知能力分散。通州区主要依赖大气颗粒物自动在线监测系统、固定式机动车尾气遥感监控系统、餐饮业油烟在线监控系统和环保网格化综合监管平台几个分散系统的感知能力防治空气污染，缺乏整合视频监控及监测数据，尚不具备提供智能分析的能力。

第三，数据无法实时在线。不同时期基于专项环保业务建设的系统，其数据结构、适用标准均不统一，数据分散存储于不同的数据库，部门之间无法实现实时数据联动，无法满足环保综合业务的需求。通州区现有系统缺乏实时分析能力，对采集的数据和发生的问题无法即时研判和预警。

第四，缺乏移动系统平台和工具。在环保管理方面，通州区各部门业务中的管、督、罚缺乏统一的系统支撑，各部门还在通过纸质的公文和人工电话进行处理，无法实现联动，工作效率低。

2 城市大脑：实现全链路的感知、分析与处理

如何在北京城市副中心的建设过程中保障城市环境不受影响，成为颇受关注的问题之一。通州区决定引入城市大脑，通过全面感知、智能识别、流程创新推动全区在数字生态城市建设方面的突破和创新。

一是全面接入。通州区对155平方公里的核心区域完成了环境监测的智能化改造，打通了区城管、住建、环保等多部门的信息平台，接入1437路视频、1100个大气预警传感器，每10分钟就可以完成一次全区域的视频扫描。

二是智能感知。通州区引入智能视频分析，对施工工地未苫盖的部分进行研判和问题采集，在视频探头覆盖的区域内，针对工地未苫盖、渣土车未苫盖、道路遗撒等问题，基于视频智能算法，实现全天候自动识别和采集违规违法行为，提升空气污染防治的准确率和效率。

三是一口通办。对于识别出的各类环境问题，通州区在不增加政府人力的情况下，通过流程再造的方式，通过一口受理、统一分派来解决。此外，通州区还梳理出一套"从人工智能感知、到智能生成事件，到网格办统一受理，到各职能部门处理，到最后办结反馈"的创新流程，实现了数据流与业务流的完美融合。

四是高效协同。通州区利用数据资源中心形成的专题数据和智能分析服务，

开发出区级扬尘联合治理应用系统，实现扬尘隐患和事件的及时发现、综合研判、同步通告、联合处理、监督评估；同时，基于GIS一张图，实现全区扬尘治理数据可视化展示，并打通了环保、城管、住建等多个部门的信息平台，平均每10分钟就可以完成一次全区域视频扫描。

"通州生态环境综合管理平台"（见图10-2）是北京城市副中心数字生态城市建设迈出的第一步，也是至关重要的一步，是数字生态城市构建体系中的重要组成部分，也是智慧城市的示范性典型应用之一。在2019中国电子信息博览会上，该项目荣获"2018智慧城市十大样板工程"。

下一步，水务、防火、建筑施工、垃圾清理、排污降噪等也将被引入城市大脑，通州区将在交通、政务、医疗、教育等众多领域开展创新实践，将其作为未来数字城市的基础设施。

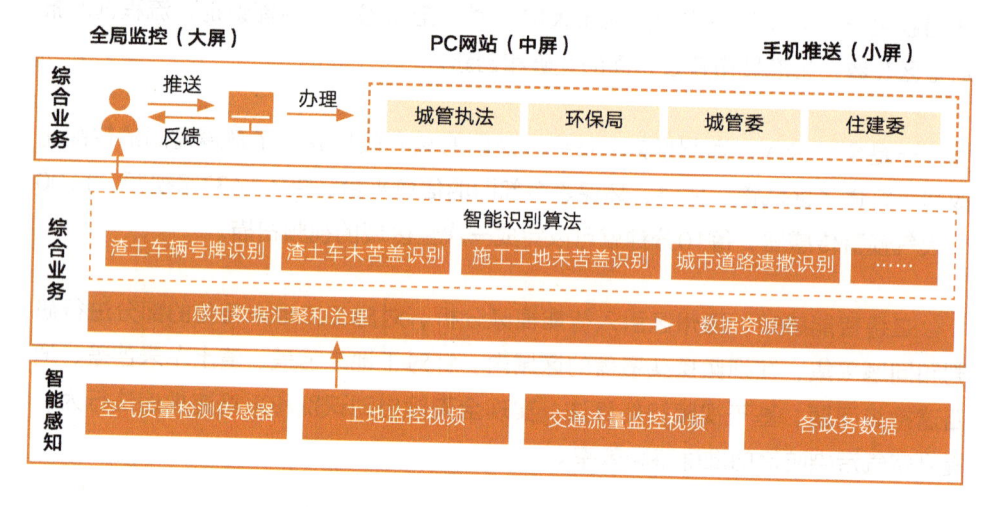

图10-2 通州生态环境综合管理平台

05.
海口：综合性城市大脑服务城市治理应用创新

2020年5月29日，IDC公布了2020年度亚太区智慧城市大奖，海口城市大脑从来自中国、新加坡、澳大利亚、新西兰、韩国等多个国家的215个城市项目中脱颖而出，成为"行政管理"类唯一获奖项目。IDC认为，"海口城市大脑能够实时处理城市情况，并为城市的公共安全、交通、医疗等领域提供服务"。

海口在规划海口城市大脑时，就将它定位为综合性城市大脑，以探索面向未来的智慧城市治理机制。2018年4月，海口同阿里云达成合作，建设以云计算、人工智能为支撑的城市大脑，以提高城市综合治理能力和公共服务水平。

1 信息化基础相对薄弱，既是挑战，更是机遇

时间回到2018年，在海口与阿里云就城市大脑达成合作的时候，因为有杭州的成功经验在前，海口市政府对海口城市大脑的期待很高。不同于杭州从交通领域试点，海口从一开始就将海口城市大脑定位为"全国第一个综合性城市大脑标杆"，市领导更是殷切期望海口城市大脑可以做到"全国第一、全国唯一"。

然而，彼时的海口，信息化建设起步较晚，信息系统建设小而散，数据量不足。例如，在政务服务方面，市政大厅有31个"专窗"，市民办理业务需要在不同的窗口之间来回跑；在医疗方面，线上挂号、线上缴费这些其他大城市习以为常的操作方式，在当时的海口仍没有实现，甚至有些医院都还没有电子病历；路面上智能摄像头和信号灯少、游客流量靠传统方式预估……海口城市信息化的底子薄、缺口大，需要一步步改善。

信息系统的相对落后代表着海口需要做的基础性工作更多，但同时也意味着历史包袱小、沉没成本低，进行全新规划设计和部署实施的阻力小，更利于实

现具有创新性的想法。最典型的例子就是政府部门的创新业务应用，该应用可以直接在城市大脑上新建，而不用过多考虑与原有应用系统的打通。在这样的背景下，海口具备了弯道超车、将海口城市大脑打造成"全国第一、全国唯一"的可能性。

2 "5+N"架构，构建具有强大生命力的城市大脑

2018年9月，海口与阿里云合作，正式启动海口城市大脑建设。历经近两年的实践体验和调整优化，海口城市大脑已建立了"5+N"的智慧城市治理架构，即一套智慧城市指标体系、一朵云、一中台、一入口和一个数字城市指挥中心，以及N个智能应用，如图10-3所示。

海口城市大脑"5+N"架构

一体系	一入口		一中心
智慧城市指标体系	社会公众：椰城市民云	政府办公：钉钉	数字城市指挥中心
	N个智能应用		
	智慧政务　智慧交通　智慧医疗　智慧旅游　城市治理　更多应用		
	一中台	数据中台　业务中台	
	一朵云	政务云	

图10-3　海口城市大脑"5+N"架构

海口城市大脑实现了数据归集规模全国第一，数据融合模型全国唯一。截至2020年6月，海口城市大脑共接入40家市级单位、29家省级单位、12家社会企业的数据，政务数据上云总量达7亿条，新建的交通、医疗、旅游等业务应用累计新增超过1625亿条，数据归集规模全国第一。在此基础上，海口城市大脑创造性地提出并建立了城市级主题域模型，对城市数据按照自然人、法人组织、公共服务、宏观经济、城市资产等十大主题域进行归纳建模。在城市层面，这样深层次

的数据融合和建模尚属首次，海口做到了全国唯一，这也为未来数据融合后的创新突破留下了巨大的可能。

海口城市大脑建立了市民走进海口城市大脑的超级入口——"椰城市民云"。2017年12月14日，"椰城市民云"携96项服务功能首次上线，立刻引起海口市民的高度关注，仅两天时间，其注册用户数就达到1.7万人。截至2020年7月，"椰城市民云"已经成长为一个可以提供472项服务事项、注册人数超过175万人的大平台，累计提供各类服务超过1亿次。在推动海南自贸港建设和保障民生的过程中，"椰城市民云"扮演着重要的角色，是海口市民、来岛游客、在琼企业接受海口城市大脑服务的统一入口。

此外，"椰城市民云"还提供"亮证通行"服务，利用数字化手段提升市民的生活感受。其App上线了约40项电子证件，其中多项证件已实现线下认证应用。例如，电子健康证可在全市范围替代纸质证件接受有关部门资质检查；电子驾驶证、电子行驶证已在全省范围实现线下"亮证"使用；电子献血证获得海南省血液中心认可，其效力在全省范围等同于纸质证件的效力。

3 海口城市大脑，推动实现五大城市生活场景应用创新

经过近两年时间的建设，海口城市大脑已构建出全市统一的云平台，通过数据融合实现了政务、交通、医疗、旅游、城市治理五大领域的多个智慧应用场景的创新，建立了较为完善的智慧城市治理机制，如图10-4所示。

一是在智慧政务方面，通过"数据多跑路"，实现"市民少跑腿"。以个人业务办理为例，海口对市民一生中常办的406项政府服务业务进行梳理，并使用"我出生了""我上学了""我工作了""我退休了"等10个场景进行分类引导，帮助市民快速了解相应业务的办理流程，实现个人业务"一生通办"。同样，海口城市大脑将91项企业业务以"设立登记""资质""税务"等7个场景的形式进行分类引导，实现企业业务"一生通办"。个人和企业通过"椰城市民

云",可以快速查阅每项业务需要的材料及办理流程。

在帮助个人和企业了解业务办理流程后,对于必须现场办理的业务,海口城市大脑把原有的31个"专窗"集中到一起,简化为19个"通窗",市民只需在任意一个窗口提交材料,就可避免多次跑腿。现在,审批大厅忙闲不均的排队现象基本消失。以网约车经营许可业务为例,其办理时长从15天减少到5天,提速3倍;材料从10份减少到5份;跑动次数从2次变为1次。

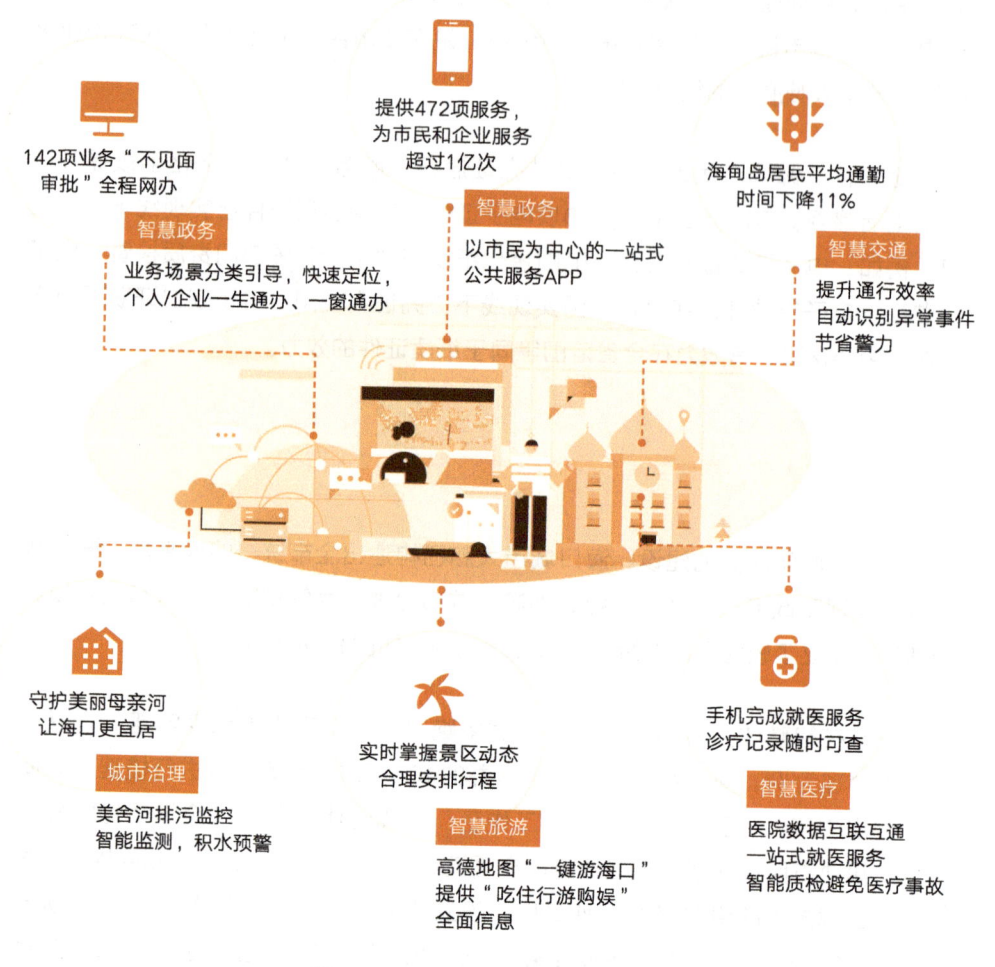

智慧政务
142项业务"不见面审批"全程网办
业务场景分类引导,快速定位,个人/企业一生通办、一窗通办

智慧政务
提供472项服务,为市民和企业服务超过1亿次
以市民为中心的一站式公共服务APP

智慧交通
海甸岛居民平均通勤时间下降11%
提升通行效率
自动识别异常事件
节省警力

城市治理
守护美丽母亲河
让海口更宜居
美舍河排污监控
智能监测,积水预警

智慧旅游
实时掌握景区动态
合理安排行程
高德地图"一键游海口"
提供"吃住行游购娱"
全面信息

智慧医疗
手机完成就医服务
诊疗记录随时可查
医院数据互联互通
一站式就医服务
智能质检避免医疗事故

图10-4 海口城市大脑成果概况

在此基础上，海口城市大脑力推"不见面"审批服务，并梳理了百余项业务，对于这些业务，市民可通过"椰城市民云"App等网上渠道直接申报办理，审批全程"不见面"。以不动产换证这一常见业务为例，以前市民申请换发不动产证，必须到政务大厅排队办理。如今，不动产换证审批从原来的3个工作日压缩至1个工作日，跑动次数从原来的2次以上精简至"零跑腿"，身份证、房产证、房地关联证等相关材料均无须提供，在市民完成"人脸识别"后，系统自动从后台调取相关数据，刷脸即可办事。与此同时，海口城市大脑通过线上缴费、证照免费寄递等贴心服务，让办事市民全程"一次都不用跑"。

二是在智慧交通方面，数字治"堵"改善城市交通状况。"治堵"是城市大脑最早的应用场景，通过对杭州城市交通4年时间的不断优化，阿里云城市大脑团队积累了丰富的经验。随着海口城市大脑的建设，海口市民迅速体验到城市交通优化带来的便捷。

海甸岛是海口的城中岛，岛上每天有大量市民需要出岛上班。以前，每个工作日的早晚高峰期，岛上的堵车情况都很严重。现在，海口城市大脑根据海甸岛的车流情况，经过数据资源分析和人工智能配置，在早晚高峰期每15分钟更新红绿灯调优方案，让拥堵路段及时畅通，让车辆在空闲路段快速通行。经过优化，海甸岛车辆的平均行驶速度提高了7%，行车耽误时间降低了11%。

海口还有一个特殊的交通需求，即每天有大量的车辆通过港口离开海南，一旦天气变化或其他原因导致离岛车辆积压，会给整个城市的正常运转带来巨大的压力，正如2018年春节假期的旅客大规模滞留事件。海口城市大脑利用数字治理的信息汲取和精准决策能力，通过实时跟踪，分析未来七天的预约出港车辆数、港口运力排班、琼州海峡天气状况等，对可能出现的车辆积压风险提前分级预警，并充分发挥数字治理的传播引导能力，向公众发布相关预警信息，引导大家调整出行计划。

此外，对于易于拥堵的区域，如部分学校、有文艺演出或体育赛事的场馆、极端天气时的积水点等，海口城市大脑能够对这些区域的信号灯进行智能调节，提升周边道路的通行能力；同时，海口与高德地图联合推出出行提示，通过路线智能设计实现诱导绕行，从而缓解拥堵，提升出行效率。海口城市大脑还依托人工智能信控辅助系统及信号双向互通，构建了自主申请信号优先安全通行的应急保障体系，确保110、119、120等特种车辆在出动时一路畅通，为海口市民的生命财产安全增添一份有力的保障。

三是在智慧医疗方面，海口城市大脑通过一站式就医服务提升市民就医感受。医疗资源紧张是现下城市的顽疾，人们常用"挂号难""看病难""缴费难"三个"难"来概括目前城市就医面临的问题。如何缓解甚至解决这些问题，海口进行了有效的探索并给出了自己的答案。

海口城市大脑整合了省市两级12家二甲医院的号源、床位、诊疗等数据，既为政府监管决策提供依据，又通过数据开放为市民提供便利。市民可以通过"椰城市民云"进行预约挂号、在线缴费、查阅诊疗记录等，如图10-5所示。患者在就医时，只要查询"椰城市民云"，就可以看到上一家医院的检查结果和处方，既避免重复检查，又能让医生全面了解患者的既往病史。

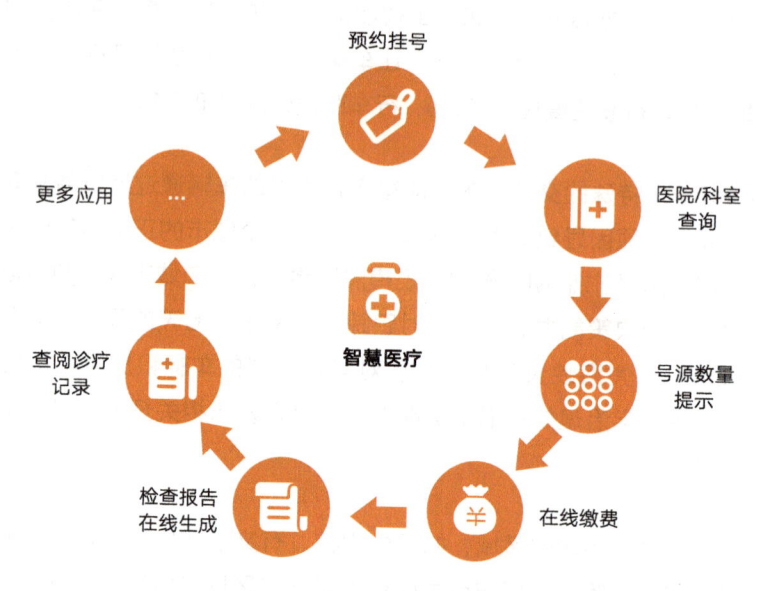

图10-5　海口智慧医疗服务

四是在智慧旅游方面，海口城市大脑实时掌握景区动态，实现海口旅游全程无忧。旅游业是海口的重要支柱产业，2019年，海口接待国内外游客达2820.39万人次，旅游总收入达320.61亿元。提升游客在海口的体验感受，让更多的人来海口旅游，是海口市政府一直以来重点思考的问题。海口城市大脑为这个问题的解决创造了有利条件。在旅游时，游客最不希望遇到的就是景区拥堵，"赏景变成看人"，体验非常差。以前，能否惬意游景区需要借助经验判断再加上几分运气。现在，海口城市大脑通过对景区动态的采集捕捉和智能分析，向游客实时推送当下及未来2小时内各景区的客流情况，帮助游客合理规划出行，为游客带来更好的旅游感受。

五是在城市治理方面，海口城市大脑实现规范跨部门协作，共同守护母亲河。美舍河是海口市区最长的城市内河，也被称为海口的母亲河。维护美舍河水质、防止非法排污、避免洪涝积水引发灾害是海口城市治理的重点。海口市政府利用海口城市大脑与物联网设备，对美舍河的水质、水位进行智能监测，有效守护美丽母亲河。海口市政府把"12345"、网格化管理与防污业务结合，实现了防污治理流程的闭环管理：海口城市大脑利用物联网设备对美舍河水质及河道周边环境进行实时监控，当回传到海口城市大脑的数据发生异常时，"12345"派遣网格员进行现场勘测，核实水体状况。在确定水质异常后，"12345"通过流程引擎进行任务派发，相关委办局联动治理。整个处置流程都是数字化的，可跟踪、可溯源、可考核，能够有效保护美舍河水质。海口城市大脑还利用天气预报、历史季节数据和物联网设备采集的实时水位信息进行综合分析，对可能发生的洪涝进行预警，并启动应急机制，协同市政、水务、交通、医疗等应急组织开展工作，避免因美舍河发生洪涝给市民带来生命财产损失。

06.
郑州：通过"人数城"融合建造"思考力"城市

2020年8月，中国经济信息社、中国信息协会和中国城市规划设计研究院联合发布《中国城市数字治理报告（2020）》，从数字基础设施、数字行政服务、数字公共服务、数字生活服务四个维度对2019年度GDP排名前100位的城市的数字治理水平进行研究分析，其中郑州数字治理指数排名全国第七（见图10-6），数字生活服务排名仅次于上海、北京、杭州，位列全国第四。相较于郑州GDP在全国第15（2019年）的排名，其数字治理水平有显著的领先优势。

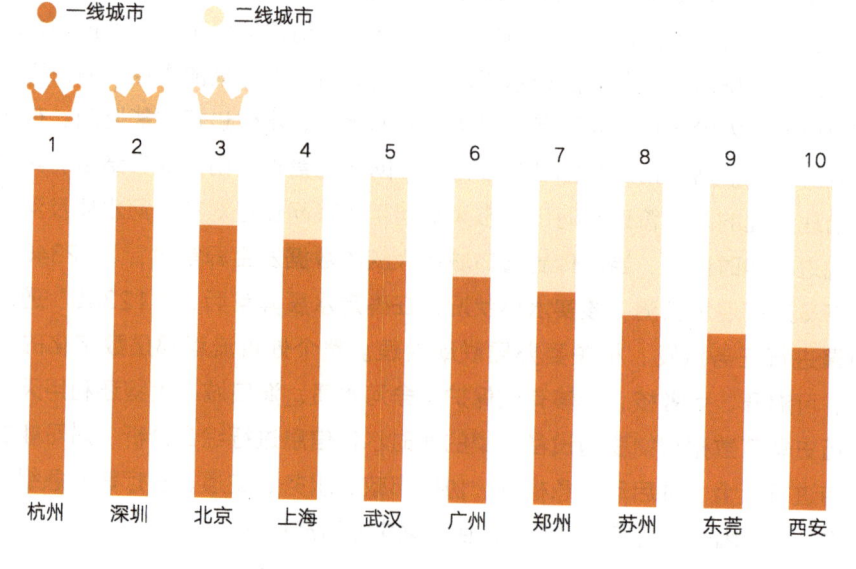

● 一线城市　　　○ 二线城市

| 1 | 2 | 3 | 4 | 5 | 6 | 7 | 8 | 9 | 10 |
| 杭州 | 深圳 | 北京 | 上海 | 武汉 | 广州 | 郑州 | 苏州 | 东莞 | 西安 |

图10-6　城市数字治理水平排名

这个优势得益于郑州前瞻性规划和有序推进。2018年8月，郑州发布《郑州市新型智慧城市建设三年行动计划工作推进方案》，明确提出要在未来3年把郑州建设成国家新型智慧城市标杆。经过打基础、显成效和求突破，郑州已基本实现了电子政务网络全覆盖，完成了一系列目标：构建一张网（电子政务外网）、发展一朵云（全市政务云）、建设一个中心（郑州国家级超算中心）、打造一个平台（市级数据共享交换平台）、汇总一张图（全市域地理空间图）、梳理一套目录（全市政务信息资源目录）、推动四个基础库（人口库、法人库、地理信息库、电子证照库）、建设四个主题库（办件信息库、材料信息库、项目库、民生服务库）。2020年1月，郑州发布了《郑州市加快数字经济发展实施方案（2020—2022年）》，为下一阶段的数字化进程注入新动力。

1 夯实底座，实现数据融通

2019年8月，郑州与阿里巴巴合作成立数字郑州科技有限公司，推动郑州城市大脑项目建设，助力郑州智慧城市建设"弯道超车"。一期项目历时10个月，以建设基础平台为主要目标，遵循"三融、五跨"的整体思路，通过跨层级、跨地域、跨系统、跨部门、跨业务的协同，着力实现业务融合、技术融合和数据融合。

郑州城市大脑建设项目是郑州打造新型智慧城市的高阶体系，综合利用大数据、云计算、区块链、人工智能、5G和物联网等数字技术，即时汇聚、调度和处理全量、全网城市数据资源，即时分析城市运行状态、调配城市公共资源、修正城市运行缺陷，利用城市数据资源优化城市公共资源。郑州城市大脑依托阿里"飞天云"的技术架构，建设由数百台服务器构成的全市政务云，支持十万级传感器接入，实现5000路视频实时解析，能够对各类数据进行全流程管控，以多平台（计算资源平台、物联网平台、视觉计算平台等）+双中台（数据中台、政务中台）的坚实底座，支撑各领域业务的智能服务。

与此同时，平台化的建设方式作为一种开放协同的生态模式，让郑州城市大脑与郑州已经建设的其他平台形成连接和融合。郑州充分利用现有数字资产和基础设施，融通现有大数据资源，减少了郑州城市大脑建设中重复建设造成的浪费。

推动整合和协同是数字政府建设中最为关键，也最为困难的环节。郑州改变了过去各个部门各弄各的机房、各建各的系统、各搭各的"数字烟囱"弊病，消除了信息壁垒、信息孤岛，让数据真正活起来、动起来、用起来，形成了具备多维敏捷感知、海量数据共享、全局实时洞察、持续迭代进化的城市智能中枢，为郑州城市数字化转型提供智慧支撑。

2 丰富应用场景，提升数字生活服务水平

基于坚实的数字底座，郑州着力构建城管、交通、医疗、环保、市场监管、政务服务、旅游、综治、应急、金融十个智慧体系，郑州城市大脑建设步伐开始加速：在100多天的时间里，郑州城市大脑完成400多个"一件事"的上线发布，建成集行政审批类政务服务、水电气暖类公共服务和查询预约类便民事项于一体、线上线下深度融合的"四端协同"的政务服务体系（见图10-7）。

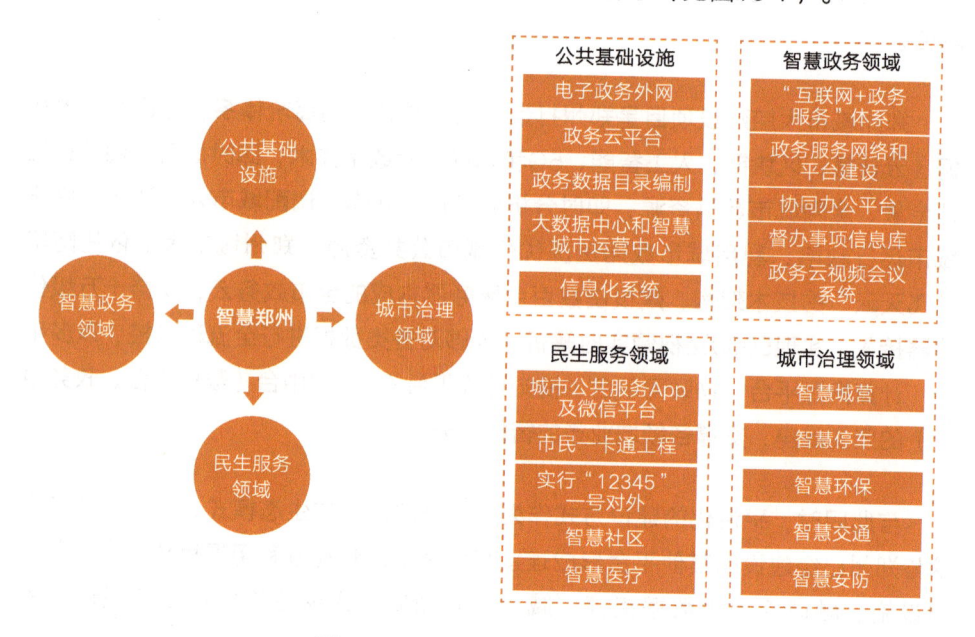

图10-7 郑州数字大脑应用领域

公共基础设施：电子政务外网、政务云平台、政务数据目录编制、大数据中心和智慧城市运营中心、信息化系统

智慧政务领域："互联网+政务服务"体系、政务服务网络和平台建设、协同办公平台、督办事项信息库、政务云视频会议系统

民生服务领域：城市公共服务App及微信平台、市民一卡通工程、实行"12345"一号对外、智慧社区、智慧医疗

城市治理领域：智慧城管、智慧停车、智慧环保、智慧交通、智慧安防

支撑这一套新型政务服务体系的除了扎实稳定的技术平台，还有郑州大力推

动的数据融通，以及快速推进的政务服务改革。为给群众提供贴心服务，让每个市民都感受到数字生活的巨大价值，郑州市政府着力推动移动政务服务，整合服务流程，建设政务服务PC端"网上办""郑好办""掌上办"及实体大厅"一窗办"，并为街道社区配置了综合自助一体机，实现"就近办"，最大限度拓宽了服务渠道，让市民和企业充分享受政策服务改革的红利和技术应用提升的服务体验。

2020年3月20日，一体化、全流程、一站式在线政务服务平台"郑好办"App上线，涵盖电子证照、热门办事等149项政务服务，基于统一的数据资源目录和数据交换标准，彻底打通各部门数据，市民办事所需的一系列材料在后台自行流转完成核验，市民只需要进行身份验证，系统即可自动识别申请人是否符合条件。由此，郑州市民开启了"零材料""掌上办""刷脸秒办"的新生活，如公积金提取、居住证办理、青年人才首次购房补贴、青年人才生活补贴、人社、水电气暖等个人和企业的高频办理事项，在市本级网上的可办率在98%以上。

以公积金提取"一件事"为例，原先需要市民提交的6类材料被全部免除，线下办理需要的4个审批环节也在线上实现"刷脸秒办"，原先需要跑一次的变为"一次不用跑"。整个办理过程做到了减材料100%、减环节75%、减跑动100%。

3 支持抗疫复产，重点突破数据打通

郑州城市大脑在建设时遇到疫情暴发，疫情防控和复工复产为城市应急和治理提出了新课题。面对疫情，郑州与阿里巴巴技术团队合作，在郑州城市大脑建设的数据基础平台之上，火速上线10套数字防疫系统，顺利实现了"硬核"防疫和复工复产的双线并进。

2020年1月22日，郑州市大数据管理局"临危受命"，在接到紧急搭建疫情防控一体化平台的工作任务后，积极协调国家、省、市22个部门提供数据，项目组放弃与家人团聚的机会，在封闭环境中快速搭建数据中台体系，以中枢平台建设承载数据共享机制，以计算平台发挥各类数据潜在价值，双管齐下帮助郑州快

速归集了42类约3400余万条有效数据，为快速识别和控制高危风险源，保障市民生活，快速复产复工构建起关键的数字基础设施。郑州在全国率先打造了一个覆盖交通、社区、企业、公共场所的立体化、数字化的疫情防控体系。

通过数据处理和模型分析，郑州火速上线了包括疫情摸排统计上报、疫情调度指挥、发热门诊登记、来郑人员健康登记、居民小区健康登记、企业员工健康登记、出行购物健康登记及智能外呼、钉钉复工复学等十余套数字防疫系统，形成了各部门数据打通的横向闭环和覆盖任务下发、排查人员落实、信息录入的纵向闭环，为群防群治、联防联治提供了科学、精准、有效的支撑。

在面对新冠疫情的巨大挑战和紧迫的时间压力下，郑州城市大脑建设的灵活敏捷性得到了充分体现，一边构建数据整合和管理能力，一边迭代数据应用场景，让"郑州样本"成为城市大脑建设的新路径，也为郑州城市大脑建设储备了丰富的"数据原料"。

4 数字技术赋能政府和市民形成共治格局

抗击疫情的挑战一波未平，防汛的任务一波又起。2020年以来，郑州全市累计平均降水量达403.6毫米，较历年同期均值（375.8毫米）增加27.8毫米，虽然降水只是略偏多，但夏季天气多变，出现强降水特别是局地强降水的概率很大，以2020年8月6~7日为例，郑州全市普降中到大雨，局部暴雨、大暴雨，全市平均降水量达50.7毫米，达到暴雨级别。

尽管城市道路建设在持续发展，但仍无法应对极端情况下暴雨的挑战，城市中心区路网比较复杂的道路仍会出现严重的积水现象，影响道路畅通和行车安全。因此，及时建设为市民和防汛部门提供积水预警信息的防汛平台的紧迫性凸显。2020年8月，全域数字防汛平台正式上线，该平台汇聚了来自气象、水利、城管、粮食和物资储备、河网、地质等多领域的数据，对全市51个易积水区域进行多维度分析，依托人工智能算法模拟重点区域积水内涝情况，在防汛预警监测大屏上展示全市降雨量、水库蓄水量和河水水位的实时变化。郑州市防汛指挥部和应急管理局利用全域数字防汛平台的实时监测功能，可较为准确地判断是否需要派出相应的救援队伍和抢险车辆，对积水内涝点进行排水，从而更好地保障居民出行安全和道路交通畅通。

由于城市防汛具有复杂性、突发性和不可预知性，郑州在全域数字防汛平台建设中，充分考虑全社会广泛参与，将鼓励市民通过"郑好办"App拍摄积水点图片并上报汛情，作为防汛工作中重要汛情数据的补充。同时，郑州重视畅通与市民的沟通渠道，第一时间将预警、疏散信息精准推送到委线区域和受灾区域市民的手机上，从而形成郑州市政府与市民在防汛工作中的良好互动。

在郑州城市大脑的支撑下，郑州的防汛工作成为城市中每个人都能够作为"神经元"参与的有机体。在大规模的人人协同格局下，郑州城市大脑不仅能够持续提升防汛工作的准确性、及时性，更能够不断激发创新活力，以积微速成、小步快跑的模式，强化市民与城市管理者之间的纽带，推动城市的发展、演变。

5 优化"人数城"融合，建造"思考力"城市

2020年6月，河南省发展改革委员会发布的《2020年河南省数字经济发展工作方案》（以下简称"方案"），将"新型智慧城市建设"放在了首位。方案提出，要在原有数字产业化、产业数字化的基础上增加城市数字化，通过"人数城"融合建造"思考力"城市。

从"郑好办"App到数字化防汛平台，再到高效率、体系化的数字抗疫，郑州城市大脑成为贯通多领域的智能平台，它不仅是郑州治理和服务的统一窗口，也是政府连接一千多万市民、形成多元共治体系的重要纽带。郑州市政府在众治、共治的数字治理新模式下，通过数据资源整合共享推动政治、经济、文化、社会、生态等领域的数字化建设应用，实现城市运行态势监测、公共资源配置、宏观决策指挥的数字化。

【第11章】
国内外数字治理的多元探索与实践

数字治理 DIGITAL GOVERNANCE

一般而言，中国的治理结构可以分为横向的"块块"和纵向的"条条"。数字治理在省域治理和城市治理中的应用，可以被看作横向的应用，是在"块块"中展现出的综合应用。同时，在各个垂直的专业领域，数字治理也展现出了强大的纵向整合能力、响应能力，可以在上下贯通的"条条"中大放异彩。在这一章，我们将进入专业的分工领域、火热的现实生活，看看数字技术如何解决专业领域的治理难题。新加坡作为一个城市国家，一直是世界公认的电子政务和数字治理领域的领先者，新加坡把数字技术深深融入治理过程，形成了"以公民为中心"的整体型政府、与社会共同创造价值的协作型政府，并将在未来打造线上的"虚拟新加坡"。此外，数字治理也在区域一体化、大型社区精准管理、水利治理、灾害应对、住房租赁等领域大放异彩，数字技术与专业场景结合起来，将发生化学反应，创新社会综合治理。

CHAPTER 11

01.

整体性治理：新加坡的整体性、预测性和协作性治理

新加坡在数字政府、数字治理领域中走在了世界前列。实际上，早在20世纪80年代，新加坡就走上了政府和企业的数字化之路。近年来，新加坡提出了"智慧国家2025"计划，秉持"大数据治国"的全新理念，旨在利用大数据、云计算、物联网、人工智能等数字技术，推动建立全国性数据连接、收集、分析操作系统，并通过对大数据的处理和分析，准确预测公民需求，优化公共服务供给。

在最新发布的《2020联合国电子政务调查报告》中，新加坡电子政务指数排在全球第十一位、亚洲第二位，并在多项核心指标上名列前茅。新加坡财政部和资讯通信发展管理局的电子政务感知调查显示，有79%的受访公众在过去一年访问过政府网站，其中超过90%的受访公众都使用了电子交易功能；97%的用户对政府网站的易用性和有用性感到满意，其中73%的用户感到非常满意。既能在外部得到联合国的肯定，也能在内部得到公众的认可，新加坡的数字政府、数字治理为什么能达到上下满意、皆大欢喜的效果？究竟有哪些特色和经验超出人们一般的知识范畴？接下来，我们将试着解剖新加坡数字治理这只"麻雀"，看看有哪些"干货"。

1 整体型政府：多个部门、一个政府，实现"以公民为中心"

新加坡在"智慧国家2025"计划中提出要建设以信息驱动的智能化国家，打造"以公民为中心"的整体型政府。与以往不同，"互联网+政务服务"更强调政府各个职能部门的整体性和一体化。这要求政府部门"一致对外"，即使用一个窗口和一个网站，而不像过去那样，各个部门各自为政。在数字治理中，公民通过一个窗口反应诉求并得到反馈，在这个过程中，公民认为他是在和一个政府打交道，并不关心究竟是哪个部门在为其服务。

新加坡在电子政务建设时特别强调整体型政府的理念，公民可以通过一个口令、一个域名、一个邮箱登录政府网站，并使用上千个在线服务功能。新加坡相继推出的Sing Pass、One Inbox、One Service、My Info等服务，这些服务通过数字技术把政府内部打通，以一个整体面向公众，让公众感受到整体政府带来的便利。比如，One Inbox让公众可以通过一个邮箱收到所有政府部门发送的邮件，避免了查询不同部门邮件的烦琐；通过One Service，公众能够通过一个手机应用程序报告各类社区事务，而不用再像以前那样，需要记住多个政府部门的电话号码。

整体型政府以解决实际问题、满足公众诉求为导向，真正做到了"以公民为中心"，从而避免了政府各个职能部门之间的相互扯皮。政府职能部门是按照专业进行分工的，但是现实中的治理难题和公众的利益诉求，可能都是复杂的，不单独属于某一个具体领域，这就需要国家治理必须能够实现有效的跨部门整合，形成整体型政府。以往，部门相互扯皮、各自为政是治理的痼疾。新加坡运用数字技术，真正打通了部门合作的流程，使整体型政府的理念可以落到实处，从而真正做到"以公民为中心"。

2 协作型政府：与社会和公民共同创造价值

新加坡致力于运用数字技术把政府、社会和公民的力量结合起来，打造多元共治的协作型政府，与公民更紧密地联系在一起，共同创造价值。为实现这个愿景，新加坡主要采取了三个战略举措：与公民共同创造更大的价值；紧密联系群众，鼓励公众参与；推动整个政府转型。

协作型政府有两层含义，一层是政府内部的协作，在整体型政府中已经实现；另一层则是政府外部的协作，即实现政府与企业（G2B）、政府与公民（G2C）之间的优势互补与合作治理。政府、企业和公民三方协作的一种合作形式是政府通过开放数据资源，让企业和公民有能力、有资源参与国家治理。比如，新加坡国家环境局开放其环境和空间数据库供其他公共机构使用，公民可通过官网访问75个数据库和8层地图资源；新加坡国家环境局还与公共事业委员会合作，共同分析环境数据，并通过手机App将数据与公民分享。

新加坡特别注重通过PPP等方式发挥互联网企业的作用。新加坡资讯通信发展管理局、智慧国家咨询与行政办公室同微软等大型互联网企业合作设立研发中心，研究推行新型数字服务的策略，以弥补政府部门在数字技术上的短板。除了同企业合作，新加坡还通过"共产"（co-production）和"共创"（cocreation）等激发公民的创造力，公民是政务服务的用户，用户最了解政务服务的短板在哪里、哪些环节是不必要的、哪些方面可以优化、哪些事项可以合并。新加坡通过民情联络组和"全国对话会"等形式，广泛听取民意和用户反馈，使公民对政务服务的每一次使用，都是下一次优化的开始。

3 数据安全与数字平等：保护个人隐私和跨越数字鸿沟

在数字治理中，数据安全和数字平等始终是重要内容。如果不能有效保护数据安全，那么数字治理就可能是沙滩上的大厦；如果不能确保数字平等，那么数字治理就可能变成少数精英的游戏。

新加坡在推动数字治理过程中，非常注重人隐私保护和信息安全。在数字治理过程中，企业、公民都不再被动接收信息，而要参与到整个数字治理的过程，特别是在进行个人信息交换、手续办理和电子支付时，人们都会留下大量的数据，企业、公民都会关注数字安全问题。为此，新加坡使用了Sing Pass双重认证系统，用户不仅需要一个口令，还要匹配手机或密码生成器，才能成功登录个人账户，这项技术树立了公民对信息安全的信心。新加坡还在《个人资料保护法令》中用法律形式保护公民的个人隐私。

数字治理的一大优势在于它的普惠性，这就要求政府跨越数字鸿沟、促进数字平等。新加坡是世界上互联网和移动终端普及率最高的国家之一，超过90%的居民都至少有一部可以上网的智能终端，但由于年龄、收入、语言等问题，数字鸿沟也客观存在。2005年，新加坡在全岛的公民联络所和公民俱乐部设立公民联络中心（Citizen Connect Centre，CCC），为公民提供免费的上网工具并配备工作人员，确保老年人、残障人士和低收入群体在使用政府网上服务时，能够得到帮助和指导。目前，公民联络中心已达26个。2017年，新加坡提出建设加强版的公民联络中心（CCC+），加大资源投入，使弱势群体能够通过学习，在政府网站获取服务。

4 新加坡数字治理展望：数字孪生城市呼之欲出

新加坡在《2025年资讯通信媒体发展蓝图》中提出要利用物联网传感技术打造数字化城市。这是新加坡数字治理的未来蓝图，即在数字世界再造一个"虚拟新加坡"。

新加坡数字治理的主要措施包括三个方面：一是计划打造一张全国性的传感网络。新加坡尝试并发布了物联网、传感器等领域的产品标准和设计准则，以确保产品、数据的安全性和数据分析的及时性。二是开展"超链接建筑"工程。通过该工程，新加坡让不同建筑之间实现数据连接与共享，汇集公民在社会生活中的各类活动数据，并将数据分析结果作为政策制定的重要参考。三是推进"虚拟新加坡"建设。新加坡利用遍布全国的物联网传感器，打造一个大型城市数据模型，在普通的3D数字地图基础上进行升级，形成一个细颗粒度、精准到每一个建筑物和角落的数字孪生城市。目前，"虚拟新加坡"建设已经粗具规模，并于2018年向全社会开放，在城市环境模拟仿真、城市服务分析、城市规划与管理决策、科学研究等领域产生了广泛应用。

物理世界城市与数字孪生城市正好形成了一个数字融合世界。新加坡利用数据、算力、算法与模型，对物理世界发生的一切行为进行描述、分析、诊断、决策，以最低的试错风险与试错成本指导物理世界城市的生产运营、社会治理。新加坡将以数字孪生城市着力点，继续推进"智慧国家2025"计划。

"他山之石，可以攻玉。"新加坡提出的"以公民为中心"的理念，与我国提出的"以人民为中心"的理念有相通之处。数字治理说到底是为了更好地为人民服务，这就要求政府有"用户意识""产品思维"，真正运用数字技术提供以前不能提供的优质、高效、便捷、精准的政务服务，让公民能用、爱用甚至爱不释手。新加坡在数字治理过程中注重与互联网企业合作，运用互联网企业的技术优势弥补政府在技术上的短板，这也值得借鉴。考虑到我国人口众多等现实国情，新加坡的经验在数字安全、隐私保护、数字平等等方面也对我国有很强的启发意义。数字孪生城市和数字融合世界，也将是我国数字治理和数字经济接下来的发展方向。

02.
区域一体化治理：地铁二维码互联互通助力长三角地区交通一体化

地铁是现今中国各大城市重要的交通方式，截至2020年年初，中国大陆已有38座城市开通了地铁。从支付手段来看，目前所有地铁线路都支持手机二维码支付，在智能手机和移动互联网普及的今天，这极大地方便了市民的日常出行。但是，由于乘客使用的App通常是由各城市地铁运营方自建开发的，当人们在异地乘坐地铁时，如果希望使用地铁二维码进出站，则需要下载当地的地铁App、注册账号并关联支付，这无疑降低了异地用户的乘车体验。

特别是随着中国经济的高速发展，城市间的交流越来越频繁，其中又以长三角城市群最为典型：各城市间联系紧密，人才流动多，经济产业联通密切，跨城出行需求多。上海地铁数据显示，在乘坐上海地铁的外地乘客中，江苏、浙江、安徽的乘客最多。随着人们在不同城市生活、工作成为趋势，长三角地区通过跨城扫码实现交通一体化成为市场刚需。

1 "沪杭甬"三城互联，城市间地铁扫码互通实现"零"的突破

地铁互联互通项目于2018年6月正式启动，2018年12月1日，第一张地铁二维码"通票"诞生，能够在上海、杭州、宁波三地使用，这是全国首个区域性地铁扫码互通的成功示范。

事实上，城市之间的地铁互联互通并不仅是共用一个地铁二维码那么简单。不同城市的地铁采用的闸机技术和刷码设备不尽相同，例如，上海地铁使用蓝牙技术，乘客能够实现在脱网环境下扫码进站；而在乘坐杭州地铁时，乘客必须在联网环境下才能扫码进站。除了闸机等硬件问题，在软件层面上，各城市的地铁二维码还需要统一。在统一地铁二维码后，还有App账户体系打通及跨区域结算

等问题需要解决。

硬件的兼容性问题通过应用阿里云Emas终端测试平台及与硬件厂商的联合技术攻关得到了解决。而地铁二维码不统一带来的支付问题，则通过支付宝快速兼容支付系统AlipayInside得到了解决。支付宝通过打通三地地铁的系统底层平台，为上海地铁App"Metro大都会"研发标准平台，解决了跨区域结算问题。采用这个平台发码的地铁，都可以使用AlipayInside输出的二维码规范，实现不同城市地铁二维码的兼容，以此打通不同城市地铁App的账户体系。

三城地铁的互联互通以AlipayInside为基层平台，以App为载体，以手机和闸机为终端与信号接收器。当杭州市民使用杭州地铁App在上海、宁波乘坐地铁时，或上海市民使用"Metro大都会"App前往宁波、杭州乘坐地铁时，可以直接在App内切换当地的地铁二维码，这是互联互通实现的根本形式。支付宝助力实现"沪杭甬"地铁互联互通，为城市轨道交通的互联互通提供了可复制的先进样本。

2 从三城到七地，长三角城市群地铁实现票务一体化

2019年5月22日，上海、杭州、宁波、温州、合肥、南京、苏州七个城市实现了地铁互联互通，长三角地区成为国内首个实现地铁互联互通的城市群。

从三城到七地，地铁互联互通不只是"通票"的扩容，背后更是以支付宝区块链为代表的数字技术的成功实践。"沪杭甬"三城地铁互联互通应用的点对点模式具有快速互通的优势，但伴随着接入城市的增多，城市之间点对点对接系统后台相互对账与资金清结算的成本与复杂度越来越高。

随着支付宝区块链的应用，城市之间的地铁票务结算也随着"嘀"的一声实时完成。区块链记载了所有的跨城交易且交易不可被篡改，因此，每个城市的地铁运营方都能从"链"上获取乘客乘车的区段、价格，实现自动秒级结算。区块链在地铁领域的首次应用，在保障各个城市地铁二维码票务体系整体性不受破坏

的同时，确保了信息的透明与共享，保障了数据资产权益，让各城市的地铁运营方建立信任、达成共识的成本大幅下降，这为实现更多城市地铁二维码的互联互通奠定了安全高效的技术基础。

在七城地铁互联互通中，除使用支付宝区块链的网状模式外，还有多项"黑科技"得到了应用。例如，支付宝首创的双离线二维码技术可以保证乘客在信号不佳的情况下也能乘车，实现最快0.3秒扫码过闸；而作为基础平台的AlipayInside也升级到了2.0版本，可通过打通异地账号体系解决地铁二维码异地兼容问题，将地铁二维码快速应用到更多城市的地铁互联互通中。

3 "朋友圈"再扩大，地铁互联互通从长三角地区走向全国

2019年8月，青岛、厦门加入地铁互联互通"朋友圈"，地铁互联互通从区域化正式迈向全国化。2019年12月，这个"朋友圈"阵营继续扩大，徐州、常州、兰州先后加入，全国地铁二维码一体化发展再进一步。

从2018年12月1日"沪杭甬"首次实现地铁互联互通到2019年11月底的一年时间里，长三角地区地铁互联互通累计服务近300万人次，纸质单程票购买率降低20%，节省乘客排队时间约50万小时，节约的时间可绕地球飞行1.2万次。

长三角地区居民率先体验了地铁互联互通的便捷，接下来，地铁互联互通还将不断扩展，在长三角一体化战略的基础上进一步走向全国，让更多的人不用每到一个城市就下载一个新的App，通过跨城出行"无感"衔接打破城市边界。

"把轨交服务拉长，将出行时间缩短，让出行体验更佳"，这就是地铁互联互通带来的普惠福利。同时，它也将成为新的活力引擎，为沿线城市的区域、经济、生活发展释放出新的动力，不仅能够实现互利共赢发展，加快人员、信息和资金流动，还能为服务全国改革发展大局做好铺垫，具有重大而深远的意义。

03.
大型社区治理探索：贵阳花果园社区的精准治理

1 曾经的"中国第一神盘"

贵阳花果园社区是亚洲最大的棚户区改造项目，占地面积约为10平方公里，总建筑面积达1840余万平方米，社区里高层建筑密布，人口峰值超百万人，聚集了3万余家工商注册户。从规模上看，花果园社区足以比肩一个中小型城市。

早在2017年，政府主管部门在对花果园社区进行综合治理的时候，就一针见血地提出了花果园社区存在的"四差"问题，即安全差、环境差、设施差、服务差。花果园社区的治理难度极大，主要面临以下难题。

一是人口庞杂难以盘清。花果园社区有常住人口43万人，流动人口超100万人。面对如此巨大体量的社区人口，传统的人工信息采集方法存在工作量巨大且效率低下的问题。一方面，大量的财力、人力用于社区人员的统计，费时费力；另一方面，通过人工方式采集的居民信息的真实性和实时性均难以保证——有时候刚采集完信息才几天，一些租户就搬走了。如何获取全面、真实、鲜活、可用的居民信息是花果园社区管理面临的首要难题。

二是安全隐患不易发现。花果国社区房屋密度大、人口数量多、商业功能多样、人员流动性强，对整个社区的环境、治安、秩序等都形成了极大挑战。而社区整体的智能化程度不高，大多数安全隐患只能依托传统的人工排查方式发现，缺乏时效性。这些都使花果园社区的管理难度呈几何级增长。

三是治理模式亟须升级。随着生活水平的提高，社区居民除了对安全有要求外，对便捷、品质、活力等多方面也有了更高的要求。与政府巨大的投入相比，社区居民的获得感偏低。传统的政府治理模式已经不能满足社区居民的需要，政府主管部门亟须探索更加精准、高效的治理模式，并利用数据智能和网络协同的手段强化管理和服务。

2 依托社区大脑提升花果园社区治理能力

知痛点方能寻良药，正是考虑到花果园社区"家底不清"且传统人工登记方法难以应对，政府主管部门希望通过数字技术厘清社区人口、房屋、企业等基础信息，并推动社区治理的科学化、精细化和智慧化。2019年，花果园社区大脑暨城市治理运营平台全面启动，政府主管部门通过大数据、物联网、云计算等技术，检查花果园社区各种管理情况，实现从政府到物业、从社区商户再到社区居民的全方位智慧化管理。

一是摸清家底，实时展现。利用前端物联网设备和视频人工智能分析，花果园社区大脑把原有的离线、本地、非实时数据升级为在线、全网、实时的全量数据，并在此基础上把这些数据归类为六个数据模块，这些数据均可在大屏上时实展现，真正做到一人一档、一户一档、一企一档，直观反映社区的真实"家底"，呈现花果园社区的实时运营状况。在进行人员信息采集时，花果园社区通过安装智能刷脸门禁系统，让居民主动到居委会提供个人信息以实现"刷脸开门"，保证了居委会信息采集的"零遗漏"和"零延时"，实现了"以房找人"及"查人知住"的双向互联，为下一步的精准服务、精准管理打下坚实基础。

二是梳理业务流程，实现高效协同。花果园社区大脑针对花果园社区的日常重点治理事件，如市容整顿、打击传销、治安防控等，建立了多部门协同处置、分析研判和调度指挥的业务自动化处理流程，明确了各部门在事件处理过程中的权责划分，推动社区基层部门的沟通协作问题的解决（见图11-1）。

图11-1 花果园社区大脑业务流程

具体说来，当某项指标出现异常时，花果园社区大脑会建立事件档案，借助多维数据和分析平台对事件原因进行分析，根据分析结果对现场执法力量进行指挥，同时协调相关部门协同处置，明确告知各部门人员在事件进程中的在办事项和待办事项是什么，并持续跟进直至事件完结。花果园社区通过数字化手段，变"九龙治水"为"统一作战"，实现了精细化治理。

三是以数字治理提升基层响应能力。从2019年5月花果园社区大脑启动建设至今，随着多个应用的依次落地，基层管理人员的工作方式发生了变化，他们的负担和压力明显降低；整体居住环境持续优化，社区居民的生活感受显著提升。花果园社区已经成为社区治理的样板间，是国内社区现代化治理的学习榜样和参考模板。

四是力保安全，构建平安社区。2020年2月19日，在花果园社区T区电瓶车停车场内，一名戴着头盔和口罩的可疑男子借助相关设备，在几分钟内便成功启动了一辆电瓶车，并驾车消失在黑夜中。虽然该男子在盗窃过程中遮挡了面部、精心设计了逃离线路，但办案民警借助大数据手段找出了线索，成功将他抓获，有效保障了社区居民的财产安全。截至2020年3月，花果园社区大脑共发现20余起传销组织的线索，协助警方破获多起传销案件，其中3起是打击传销团伙，1起是协助解救传销人员；花果园社区协助警方在现场查获20余名涉传人员，累计布控上千名涉传和在逃人员，确认2起案件的在逃人员情况，成功预警200余次。在花果园社区大脑的助力下，花果园社区有力打击了传销团伙的嚣张气焰，显著改善了社区的环境、形象，获得了政府有关部门的高度评价。

此外，针对儿童、老人走失等求助类警情，花果园社区及时将走失人员信息录入系统，结合摄像头捕捉到的影像，通过智能分析获得走失人员最近的行动轨迹、时间点和密切接触人员，协助民警以最快的时间寻回走失人员。而当社区里、电梯内的摄像头连续数日没有采集到独居老人等重点关照人群的影像时，花果园社区大脑还会提醒居委会工作人员登门查看情况，这项温馨的举措精准关照了特殊人群，获得了社区居民的高度评价。

五是防范风险，抗疫大显身手。在疫情防控期间，谁能迅速、精准地掌握辖区防疫管控情况，谁就赢得了战"疫"的主动权。为了保障社区居民的健康，大数据手段成了花果园社区最靠谱的捷径。为切实做到外防输入、内防扩散，花果园社区及时研判，紧急定制开发了智慧防疫产品——"花小格"App。这款智慧防疫App从提出构想到投入使用，仅用时两天。利用了"花小格"App录入信息，工作人员可以实时掌握社区居民和外来人员情况。同时，花果园社区还启用了重大疫情防控模块，利用智能门禁系统严格管理人员出入，实现人防、物防、技防的整合统一，切实做到精准防控。在复工复产后，花果园社区继续扎实推进花果园社区大脑暨城市治理运营平台项目的完善，疫情重点人员跟踪系统等已投入使用。花果园社区通过技术手段和管理运营，提升了疫情防控工作的效能，满足了疫情防控工作的常态化需要。

04.
水域治理：遥感人工智能助力河湖"清四乱"

我国是一个整体水资源匮乏较为严重的国家，淡水资源总量为28000亿立方米，占全球淡水资源的6%，仅次于巴西、俄罗斯和加拿大，居世界第4位，但人均淡水资源量只有2200立方米，仅为世界平均水平的1/4、美国的1/5，在世界上居第121位，是全球13个人均水资源最贫乏的国家之一。

与此同时，我国水污染严重，生态环境部发布的中国环境质量公告显示，我国已有59%的河段不适宜作为饮用水水源；与河流相比，湖泊、水库的污染更加严重，72%的湖泊和水库已不宜作为饮用水水源，43%的湖泊和水库失去了使用功能；全国有25%的地下水体遭到污染；平原地区约有54%的地下水不符合生活用水的水质标准。

因此，我国一直从国情和水情条件出发，大力推动水利建设，以适应经济飞速发展和社会快速变革的需求，从而满足三类不同的水利资源需求：以防灾减灾、饮水安全、灌溉用水等为主的安全性需求；以生产供水、水电、水运等为代表的经济性需求；以水系景观、水休闲娱乐、高品质用水为主的舒适性需求。除此以外，我国还推动兼顾安全性需求和舒适性需求的水环境保护和水生态修复。

总的来说，我国的水利行业面临着水资源匮乏、水污染严重、水需求多元的问题，但由于在过去很长一段时间内，我国的水利建设都围绕"三大任务"开展，即防治洪涝灾害，解决干旱缺水和治理、改善、保护水环境，在水利行业数字化领域的投入相对较少。随着水资源管理和水环境保护问题的日益突出，我国需要开发的水利数据资源越来越多，对信息的准确性和实时性要求越来越高，这就形成了水利行业发展与水利建设数字化之间的错位。

随着数字治理理念和数字水利建设的深入，以及云计算、物联网、人工智能、大数据等数字技术的发展，水利行业的数字化不仅能够为我国水利建设、水资源管理、水污染治理等工作提供全域信息，还能够为人口、资源、生态环境和社会经济的可持续发展，为流域内水量调度、水土流失监测、水质评价等提供决策支持。

数字水利为我国水利事业提供的决策支持，正是智慧型政府中形成的决策路径缩短、决策重心下移、智能辅助决策和决策端口前移的生动体现。我国水利行业通过建设决策案例知识库和决策知识图谱等智能化政府决策辅助系统，大大提高了决策的科学化水平。

河湖管理是水利"强监管"的重要内容，河湖管理对象的面积大、分布广、数量多，当前很多河湖积弊深重、问题交织，特别是"四乱"（乱占、乱采、乱堆、乱建）问题突出，"清四乱"工作常态化、规范化是河湖管理工作的重点之一。

为了解决河湖"四乱"问题，更好地进行河湖管理，自2016年起，政府部门在河湖管理保护中全面推行"河长制"。"河长制"是落实地方党政领导河湖管理保护主体责任的制度创新，各级党政主要负责人担任河长，河长是河流整治和管理保护的直接责任人，担负河流治理的主体责任。

河长的工作并不轻松，他们主要的工作手段仍然是人工巡查和人工提取影像目标信息。河流治理工作存在巡查效果差、人力耗费高、污染发现难以得到保证等问题，河长的体力、精力都受到了极大挑战。

利用遥感技术提升河湖"四乱"治理水平，一直以来都是水利行业关注的重点，但受限于遥感数据获取难度大、技术开发难度大、运行管理成本高等问题，遥感技术目前尚未形成广泛的应用，具体原因包括：

一是人力投入大。我国天然河道总长度超过43万公里，湖泊面积超过8万平方公里，面积超过100平方公里的河流大约有5万条。在清理"四乱"问题时，若采用人工巡查方式，则需要耗费巨大人力，若采用人工提取影像方式，也需要耗费较多人力。

二是监管盲区多，时效性差。智能视频摄像头、定位和卫星无人机遥感等新技术未得到广泛应用，河流监测仍以单点信息采集为主，存在测不到、测不准、测不全等问题，缺乏点、线、面协同感知；应急监测装备能力低、应急监测手段少，导致"四乱"产生的负面影响难以被及时消除。

三是数据资源要求高，技术应用难度大。河湖监管对遥感影像数据的更新速度、精度要求高，需要高空航拍、无人机航拍的辅助，信息获取成本高。从现状看，我国仍有相当规模的遥感应用还主要依靠以人工为主的目视解译和一些半自动化的解译方法，效率较低，其应用的广度和深度也受到了较大制约。

四是智能程度低。遥感影像的大数据化必须靠批量、高效的自动信息提取技术来推动，而对遥感影像中地物要素等信息的识别和提取，经历了监督分类、面向对象的信息提取等发展阶段，其智能程度仍然低，其效率和精度仍难以完全匹配快速智能提取的业务需求。

为了提高河湖"四乱"治理水平，加强河湖岸线的监管力度，水利部信息中心与阿里云合作，全国七大流域管理机构利用遥感技术，结合人工智能技术，实现了针对河湖"四乱"问题的常态化监测，对"四乱"问题及时发现、及时处置（见图11-2）。

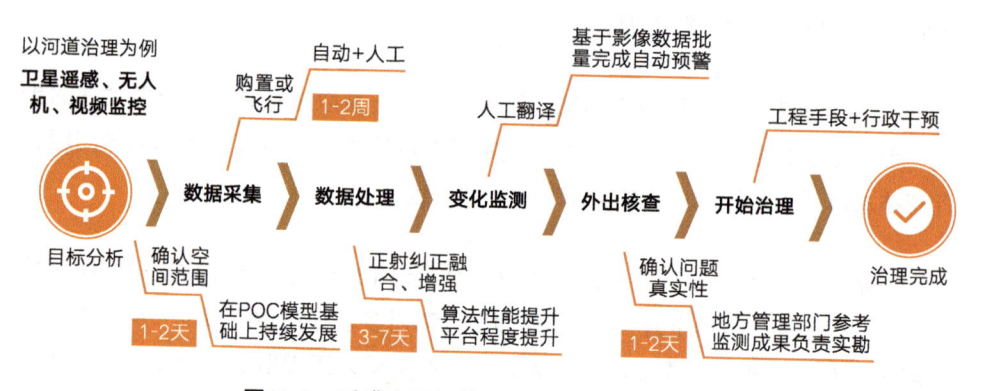

图11-2 遥感人工智能治理河湖"四乱"情况

水利部信息中心在遥感+人工智能建设中，为了充分利用遥感+人工智能技术，重点设计了6个方面的能力。

（1）水体自动识别：在获取水体信息后自动判断水体信息的分类，协助水资源调查、湿地保护监测、洪水灾害评估等。

（2）临河房屋自动识别：结合图像处理和模式识别算法，实现河湖管理范围内房屋信息的高精度快速提取。

（3）采砂场自动识别：利用影像的波谱特征和空间特征，从阴影、纹理、色调、形状及地貌等多方面信息进行综合解译，并与多种非遥感信息资料结合，对河道周边的采砂场进行自动识别。

（4）拦河坝自动识别：利用高分辨率的遥感数据调查水源地地表状况，识别拦河坝位置信息及其不同形态变化。

（5）大棚/网箱养殖自动识别：精准提取出影像中新增或变化的大棚/网箱信息，识别河湖管理范围内的违章建筑。

（6）光伏电厂自动识别：对遥感数据中的光伏电厂进行描述、解释、分类、推断，发现并准确标定其范围。

通过遥感+人工智能的建设，全国多处重点河湖的"四乱"治理初显成效。

第一，在河湖"四乱"治理方面，遥感+人工智能是具有监测范围大、监测周期短、获取资料及时等特点的全天候工作的高效信息比对手段，相比依靠人力的传统方式，遥感+人工智能通过数字技术把河长从简单、重复的工作中解放出来，有效帮助河长及各级管理部门"减负"。

第二，基于深度学习技术，遥感+人工智能对卫星影像中有效信息进行快速提取，极大提升了解译速度，在降低人工成本的同时，提高了对违规违建、河湖污染等现象的识别速度和准确率，可以实现更为精准、精细而多维的决策支持，大大提升了决策的准确性和及时性，推动治理端口前移，将传统的事后应急式治理变为预防式治理。

第三，经过机器学习训练，河湖岸线的监管模型的准确率达82.1%，能够为"四乱"问题的准确识别、准确定位提供技术支撑，在发现"四乱"问题等违规行为的同时，通知相应负责人及时处置相关问题，极大缩短了发现问题、分析问题和处理问题的决策过程和决策周期。

05.
气象防灾减灾：技术赋能的阳江城市应急防灾体系建设

阳江是广东省辖地级市，位于广东省西南部，紧邻珠三角地区，扼粤西要冲，总面积为7955.9平方千米，2019年的常住人口数为257.09万人，户籍人口为301.31万人。阳江位于亚热带季风气候区，海洋性气候明显，灾害性天气较多，尤其在夏秋两季，因对流强、热带气旋活动频繁、雨量集中，经常发生洪涝灾害。以台风为例，1953~2014年，对阳江有影响的台风共有211个，平均每年就有3.3个。以登陆地计算①，阳江以20.5次的台风登陆次数，排名广东省第一。每次台风过境都会给阳江带来一些经济损失。2018年9月，台风"山竹"正面登陆阳江，导致全市6个县（市、区）48个镇（街道）15.8196万人受灾，造成直接经济损失7.3537亿元，阳江下辖的阳春市的直接经济损失达4.7亿元。

除了多灾多难的自然条件，阳江传统的灾害预警系统的数据收集与发布方式单一，数据处理效率低下，应急管理单位分散孤立，导致政府有效利用公共资源的能力有限，政府的灾害处置与应对能力长期难以提升。

1 阳江模式：建设数字化灾害信息收集与预警发布系统

随着2012年广东省与国家气象局签署"关于加快气象现代化试点省建设合作备忘录"和2015年广东省出台《广东省气象信息化实施方案》，广东省开始建构省、市、县三级业务应用的"气象云"。阳江由于境内灾情复杂，在广东省各地市中率先成立了突发事件预警信息发布中心。从体制上进行灾害预警系统创新的阳江，已完成突发事件预警信息发布体系建设，初步建立了市、县两级"互联互通、分级负责、统一发布"的预警信息联动机制。

一是建设数字化灾害信息收集与预警发布系统。阳江的大数据灾害信息收集

---

① 计算方式：当台风登陆A地和B地交界处，则A地和B地各记录0.5次。

主要依靠专用传感器和多用途传感器进行数据抓取、挖掘与分析[2]。通过将GPS设备、视频监控设备、卫星遥感设备、电子显示屏、个人电脑、智能手机和数码相机等各种传感器接入互联网，阳江实现了对灾害大数据信息的实时获取与传输。阳江在各个区域建立了自动监测站点和专业探测网，加上水利、电力和海洋等相关部门观测站点的共建共享，大数据收集设施日趋完善。此外，突发事件预警信息发布中心还整合了各部门现有的基层信息员、气象信息员、地震信息员、海洋信息员、灾害信息员、群测群防员等队伍资源，利用地理技术、气象卫星技术和空间技术等进行应急处理，初步形成了多向互动数据空间与无缝隙遥感大数据的整合机制。

在灾害信息的公布上，除传统媒体渠道外，阳江还通过社交媒体向公众发送灾害预警信息。阳江开通了"阳江天气"官方博客、微博、微信和"天气管家"App等。通过社交媒体获取相关信息，人们不仅能随时随地了解灾害信息及个性化解决方案，还增强了自身的安全意识。

二是打造大数据驱动的预警平台。在传统预警管理中，不同应急部门都有自己的信息平台，部门之间的数据共享效率及处理效率很低，整合难度很大。而且，由于不同部门的预警标准不统一，同一灾害的预警信息有时存在很大差异，导致人们难以适从，造成灾害预警信息的科学性和社会认同较低。阳江建立了大数据灾害预警协同机制，市政府自上而下主导，通过整合相关部门的巨量数据，建立了大数据灾害预警系统，实现了灾害预警信息共建共享。大数据灾害预警系统由三大平台和六大系统构成，三大平台是指监测"警源"的后台（大数据库）、预测"警兆"的中台（运行枢纽）及预报"警度"的前台（发布平台）；六大系统分为前期预警系统、中期预警系统、后期预警系统，以及信息收集系统、预警分析系统和预警执行系统。其中，三期预警系统又分为横向与纵向两部分，横向部分是由后台、中台和前台组成的一体化预警体系，纵向部分是由大数据监测流、大数据预测流和大数据预报流构成的预警系统，这两部分是相互交叉、开放共享的。

---

[1] 资料来源：周利敏，童星.灾害响应2.0：大数据时代的灾害治理——基于"阳江经验"的个案研究[J].中国软科学，2019(10):1-13.

三是设置统一协调的管理机构。阳江的突发事件预警信息发布中心采用"五区六岗"的机构管理方式。五区是指指挥区、联动区、审核区、发布区和传播区，六岗是指值班主任岗、考务岗、审核岗、发布监控岗、评估岗和通管岗。"五区六岗"的设置使阳江的突发事件预警信息发布中心形成了"应急一张网"和"应急一张图"，可以直接指挥灾害现场的救援活动，实现跨时空情境下相关部门及人员的沟通，对灾害隐患点、变化状态、预警点和逃生路线等进行三维动态监控，帮助决策者进行灾害应对。

2 阳江模式的实践价值

阳江突发事件预警信息发布中心展现了大数据灾害预警可能的图景，为我们提供了许多宝贵经验，是灾害应急系统建设的重要实践。阳江模式首先表明了利用大数据驱动灾害应急治理的创新不仅是一种前沿理念，也是一种现实可能。大数据参与灾害应急治理不仅有利于政府合理配置防灾减灾救灾资源、优化救援过程及实现协同应对，也有利于政府和群众之间的沟通，让人们有机会获得相关信息。

其次，阳江模式体现了建设合理统一的大数据处理平台的重要价值。随着GPS设备、视频监控设备、卫星遥感、电子显示屏、个人电脑、智能手机和数码相机等传感器的普及，政府、受灾群众和普通群众之间的沟通经过大数据中心的处理后，形成了扁平化的信息流动方式。一方面，通过对不同类型传感器提供的巨量数据进行监测和分析，政府可以最为有效的方式制定应急策略，并将相关信息传达到普通公民；另一方面，普通公民也可以作为信息的采集者和传送者，将与灾害有关的信息和线索发送给政府，为政府的决策提供方便。而这一切能成为可能，都有赖于能够分析巨量数据的大数据处理平台。

再次，阳江模式强调了手机大数据在灾害治理中的重要作用。尤其在欠发达地区，通过短信发布灾害预警信息的能力就更为重要。手机作为信息接收与反馈工具，一方面将政府的灾害预警信息直接发送给群众，另一方面群众也会直接产生信息，不仅可以向政府提供灾害事件的现场资讯，同时还能对受灾群众进行定位并预测其未来的行动轨迹。手机已经成为灾害治理的重要数据来源，它改变了灾害治理的现行思维模式与治理实践。

最后，阳江模式表明了建设协同一致的灾害应急处理部门的重要意义。精确灾害预警与应对的前提是确保数据的传输多分析。阳江采用的"五区六岗"的管理方式，整合了不同部门和不同专业的灾害预警业务，解决了传统灾害预警系统中业务分割、管理模糊和信息重叠冲突的问题，解决了偏远地区群众因基础设施稀缺及资源配置困难等无法及时有效获取信息的问题，确保了灾害预警信息审核的严谨性，提高了灾害预警信息发布的时效性，实现了高密度人口地区伤亡事件与偏远地区最小破坏事件的信息全覆盖。在2013年"尤特"、2014年"威马逊"、2016年"彩虹"和2017年"南玛都"等台风过境时，阳江通过大数据灾害预警协同机制，及时将灾害预警信息传递给群众和各个政府部门，为实现"大灾无大难""人员零伤亡"提供了重要信息与行动保障。

06.
住房租赁阳光化：浦发集团探索"政府+企业+数字化"模式

住房租赁市场的问题已经从单纯的商业领域规范性问题，变成备受关注的社会问题。对于任何一个租房者来说，想要顺利租到一套称心如意的房子并不容易，住房租赁市场的"套路"往往让人防不胜防。在租房过程中，人们最常遇到的骗局是"租户钓鱼"：租户在网上看中一套心仪的房子，等到现场一看，房子完全变了样，"图不对房"甚至已经成为招揽租户的一种常见手段。

除此以外，房地产经纪机构、住房租赁企业和网络信息平台发布虚假房源信息、恶意克扣押金租金、违规使用住房租金贷款、强制驱逐承租人等违法违规行为屡见不鲜，住房租赁市场的乱象不仅极为突出，更在近年来引发了大量社会纠纷甚至恶性事件。

为了整顿、规范住房租赁市场秩序，2019年12月，住房和城乡建设部、国家发展和改革委员会、公安部、市场监管总局、银保监会、网信办联合发布《关于整顿规范住房租赁市场秩序的意见》，指出租赁住房是解决进城务工人员、新就业大学生等新市民住房问题的重要途径，但近年来住房租赁市场秩序混乱造成的影响已经非常严重，不仅"侵害租房群众合法权益"，更"影响社会和谐稳定"。

因此，六部委联合提出包括严格登记备案管理、真实发布房源信息、落实网络平台责任、动态监管房源发布等14条整治、优化住房租赁市场的意见，并明确指出，直辖市、省会城市、计划单列市及其他租赁需求旺盛的城市应当于2020年年底前建设完成住房租赁管理服务平台。

按照该文件的要求，住房租赁管理服务平台应当具备机构备案和开业报告发布、房源核验、信息发布、网签备案等功能；建立房地产经纪机构、住房租赁企业及从业人员和租赁房源的数据库，加强市场监测；逐步实现住房租赁管理服平台与综合治理等系统对接。

从上述针对住房租赁管理服务平台的意见中不难看出，在满足住房资源保障有效、住房租赁制度健全、住房租赁监管有力、住房租赁市场结构合理等传统治理要求的基础上，利用数字技术，通过数字化平台构建、网络数据资源共享、住房租赁运营智慧化等方式为住房租赁市场的整顿、规范进行全方位数字赋能，形成住房租赁市场的数字治理，已经得到了住房和城乡建设部等六部委的支持和认可。

更重要的是，针对市场环境复杂、市场问题积弊已久的情况，要加速整顿、规范住房租赁市场，政府部门要运用先进的技术快速弥补原有治理方式的短板和服务空白，大大提高治理效率，尽快为租户提供更好的住房租赁体验，真正做到实现国家治理的精准滴灌、广泛普惠。

为了响应国家战略，培育和发展住房租赁市场，实现对住房租赁市场的动态化跟踪、精细化管理、集中化管控，并以此为基础营造更具吸引力的人才宜居环境，浦东新区政府委托浦发集团建设了浦东新区住房租赁公共服务平台，在浦东新区范围内，将市、区、国有企业房源纳入平台，规范浦东新区国有企业房源租赁市场，贯彻落实政府对住房租赁市场的行政监管职能。该平台在2019年3月上线，是融合了整个浦东新区国有企业租赁房源，结合了数字化城市的发展趋势的一套扩展性强、可平台化、可生态化的住房租赁智慧云平台，从房源信息在线发布、租户网上看房，到在线签署租房合同，再到物业管理、保障居住安全和生活便利，全程实现远程智能化出租管理，推动租住服务数字化转型。这是在数字治理的大趋势下建设住房租赁管理服务平台的典型参考。

1 治理模式创新：国内首个"政府+企业"智能化住房租赁服务平台

浦东新区住房租赁公共服务平台的建设目标是围绕租赁管理、生活服务、社区商业等民生内容，通过为传统租赁市场赋能，实现政府和企业对住房租赁市场的动态化跟踪、精细化管理、集中化管控，进而实现产业智能化升级，构建一套扩展性强、可平台化、可生态化的住房租赁智慧云平台，建成全国首个"政府实时监管+企业安全高效运营+智能社区服务"的住房租赁智能化管理标杆。

该平台采用"1+X+1"的建设模式，即一站式业务受理平台+浦东新区多个国有住房租赁运营单位+统一数据管理中心。该平台又分为四大平台和三大系统。

（1）政府一站式业务受理平台包括政府租赁住房监管平台、人才安居服务平台；

（2）多个国有住房租赁运营单位包括智能化租赁住房运营管理平台、租赁房源筹措管理系统、智能生活服务平台；

（3）统一数据管理中心包括城市住房租赁监测系统、住房租赁服务共享系统。

在建设和运营模式上，该平台并未一味地强调政府端的监管和治理，把住房租赁管理服务平台变成单纯的监管平台，而是将政府监管、企业运营、租户服务有机结合，形成了国内首个"政府+企业"智能化住房租赁服务平台。

在该平台中，政府端提供房源筹措和信息审核、供应管理、网签备案、信息档案管理、政策法规、监管巡查、租金监测、行政服务等监管信息；企业端提供房源发布、租户信息审核、签约交易管理、租后服务、日常办公等运营服务；租户端提供个人信息录入、房源查找—预定—签约、房租—押金在线交易评价、报事报修、行政服务入口等。

在平台建设方面，浦发集团引入了基于阿里云智能人居PaaS平台。浦东新区住房租赁公共服务平台把云计算、大数据、物联网、人工智能等技术充分应用到平台建设中，并采用诞生于互联网行业的中台思路，打造"One ID（统一身份）、One Data（统一数据）、One Service（统一服务）"的服务体系，实现了租户账号管理、租赁空间设备管理、全生态服务管理，为租户、运营企业、管理机构带来更安全、高效和智能的体验。

2 跨越传统资源约束：数字化住房租赁平台"让数据多跑路，百姓少跑腿"

以数据共享为核心不断提升跨地区、跨部门、跨层级的业务协同能力，推动面向市场主体和群众的政务服务事项公开、政务服务数据开放共享是推进全国一体化在线政务服务平台建设，更好为企业和群众提供全流程一体化在线服务的关键，良好的住房租赁市场数据共享与开放是浦东新区住房租赁公共服务平台建设的基础。

在大数据的支持下，该平台通过对接市级平台、辖区街道获取浦东新区租赁住房数据。截至上线时，该平台已经纳入全区加入政府监管的房源5.5万套（间），总面积约为380万平方米，覆盖了浦东新区所有公租房、国有企业建设的人才公寓及部分房地产经济机构代理的市场房源，浦东新区在"十三五"期间集中新建的社会租赁房源也将分批纳入其中，届时房源数量将达到15万套（间）。

各类租赁房源的汇聚形成了房源大数据集，该平台支持不同需求人群通过网页端、移动端等进行互动，支持租户随时随地在线找房选房，将房源大数据真正服务于浦东新区的住房租赁人群。

与此同时，政府端围绕住房租赁市场的监管和服务，通过大数据进行宏观分析和实时决策，同时面向相关委办局、各街镇开放，在租赁房源双备案、社区综合治理等方面形成业务联动。企业端在向租户提供各类租房服务的过程中，将相关数据实时同步到该平台，以便进行实时分析。

考虑到对住房租赁人群的公平公正，并确保房源能够被有效分配，浦东新区住房租赁公共服务平台实现了与公安部联网的实名认证，并且融合了阿里云先进的人工智能人脸识别技术，可以实现个人身份信息线上即时认证。以一个租户的实际租房经历为例，租户可以通过该平台在线查看房源信息，在选中心仪房屋后通过"刷脸"认证申请入住，并进行一站式电子签约。

以实名认证为基础，租户可通过该平台进行租赁合同网签预约，上海地区首创的网签线上化实现了租房只要"跑一次"，为租户后续办理租赁备案、居住证明创造便利条件，真正实现"让数据多跑路，百姓少跑腿"。

该平台通过满足租户需求、统筹房源资源、实名认证、在线签约等功能，形成了基于数据流动的数字化工作流，打通了住房租赁市场中的所有链路，以数字治理的方式实现了大范围的数字协同。基于这种动态、数字化的工作流，浦东新区对所有房源实行统一、动态的数字化管理，定期对房源的总量变化、出租情况、租金等各个方面的指标进行综合统计分析，确保房源信息真实、透明、安全。但该平台融合人脸识别技术的目的并不仅是通过"刷脸"完成选房和签约。通过与阿里云的人工智能+物联网技术的融合，浦东新区住房租赁公共服务平台围绕租赁和社区服务系列场景打造了"人脸通"等多种应用服务，将该平台的应用场景从传统住房租赁市场的租赁场景延伸到安居便民的民生场景，利用数字技术实现了从传统治理到数字治理+数字服务的跨越。

3 数字化延伸传统治理边界：从租赁管理到安居便民，住房租赁平台"按需升级"

数字治理具有回应社会需求、吸纳社会众智、将传统的治理体系向治理+服务的体系延伸的能力，政府依靠数字技术和数据资源洞察民生动态和民情动态，提升回应民生的时效性和精准性，提高政府服务供给能力和政策响应能力。

特别是在民生回应方面，随着住房租赁市场向服务市场演进，住房租赁管理平台的作用和价值将从租赁匹配和流程优化，朝着住房安全、社区服务、房屋管理等方向延伸。与此同时，住房租赁管理平台结合人工智能、大数据、物联网等数字技术，能够基于租户的精准画像，提供精细化的主动服务，并结合租户的实时反馈，进一步迭代优化。

因此，浦东新区住房租赁公共服务平台在建设中，秉承以人为本的理念，结合智慧社区建设，围绕"住户安居"初步形成了包括"人脸通"在内的衍生服务。该平台基于阿里云的边缘计算、人脸识别等人工智能技术，试点建成了人才公寓智慧社区示范项目，实现了租户与访客的智能识别，为租户提供安全居住服务；提供在线实时缴费、报修和租后智能社区物业服务，以及"刷脸"自助购物、在线预约健身房、智能家居等便民生活服务；通过动态化数字管理，建立了住房租赁企业信用体系，对住房租赁企业的经营及安全管控进行监测，实现了租户的稳定居住。

随着该平台从供需匹配、租赁管理到安居便民的延伸，其服务能力不断丰富、完善，住房租赁、智能物业、智慧社区等越来越多的创新型便民服务将延伸到居民家门口，该平台将以智能化、高科技的方式丰富社区服务的内涵和品质。

浦东新区住房租赁公共服务平台在安居便民上的创新是住房租赁管理平台的重要创新。该平台利用数字技术，因地制宜地将传统以整顿、规范住房租赁市场为主要内容的平台发展成服务租户民生需求、提高租赁社区服务水平、改善住房租赁体验的智慧平台。

与此同时，该平台借助数字技术创造的价值，提升了相关社区租赁房屋的价值，在实现政府、企业、租户和房屋所有人四方的安心居住、安心租赁的基础上，创造了四方都可获取的经济价值，为住房租赁管理改革提供了稳健的经济基础，是一种可延续性的创新模式，为提升浦东新区社会治理的能力和水平提供了重要参考模板。

浦东新区作为全国规范住房租赁市场先行先试的桥头堡，以先进的大数据、人工智能和物联网技术为加持，率先落地统一的智能化住房租赁管理平台，围绕保障性租赁住房和人才安居住房运营服务，建立起了居住体验和服务体验更好的人居智能化标准，推动住房租赁市场良好、有序发展，探索住房租赁管理及服务数字化转型的新模式，是城市精细化、智慧化治理在住房租赁领域的一次有益实践，为全面推进租赁住房体系建设进行了有效探索，以实际行动打造了住房租赁领域"美丽生活"样板。

结　语　　数字治理用"智治"实现"善治"

结语：数字治理用"智治"实现"善治"

千百年来，人类都在追求良政善治。在西方文明中，柏拉图写下《理想国》，论述了柏拉图心中理想的国家应该如何构建和治理；在东方文明中，中国古人很早就提出"大道之行也，天下为公"的治理理想。今天，进入现代世界，"善治"依然是各国的共同追求，也是评判各国制度优劣的重要标尺。数字技术的发展推动构建数字治理生态，为人类开辟了一条用"智治"实现"善治"的新路径。

治理，简而言之，就是"管理好众人之事"。随着整个社会数字化进程的加快，"管理好众人之事"的语境也在发生数字化的变化。数字技术为国家治理增加了"数据智能之维"，让国家可以从数字世界的维度寻找解决现实世界问题的办法，不仅为国家治理的方式和手段进行"数字赋能"，而且提供了一种数字时代实现"善治"的全新治理范式。

与过去相比，数字治理将发生在一个近乎透明、万物互联、云上智能的语境中。这就好比一张照片，在低像素时，人们看到的只是模糊的影像，而在超高像素时，人们则可以观察到每一个细节。以前的治理只能基于社会"模糊的影像"及有限的数据分析，而数字治理则可以对社会进行精准到每一个人、每一个角落的观察；以前对交通情况、空气污染、防灾减灾等只能进行有限的分类，在粗颗粒度、大时间尺度上进行治理，现在，数字治理借助大数据、云计算和算法分析，对很多问题可以进行实时预测和响应。

数字治理先是深入每一个细节、每一个毛孔，让人们形成细颗粒度的清晰认知，然后又把来自各个角落的数据整合在一起，通过大数据分析实现治理目标。这样一个由小而大的治理过程，与中国传统文化与哲学有着相通之处。《中庸》有言："致广大而尽精微"，《道德经》提出"道生万物"的理念，指出"天下大事必作于细"。对社会进行非常细颗粒度和精准的观察，就是"尽精微"；把这些细小的东西综合起来，运用大数据的算法分析以实现更宏大的目标就是"致广大"。这样一个颗粒度缩放与扩展的过程，实际上完成了"致广大而尽精微"的辩证过程，人们通过数字技术辨识"万物"，从而更接近于"道"，由"尽精微"而"致广大"。

数字治理与中国传统文化的相通，更体现在它展现出的包容性世界观，即把"精微"与"广大"、"万物"与"道"作为一个整体来对待，把具体而微的个体与抽象的整体有机联系在一起。这表现为颗粒度缩放与扩展的过程，这个过程也是数字治理生态的意义所在。它通过数字技术精准识别微观的个体，每个人都不会被忽视，每个人都将被发现、被识别、被尊重，微观的个体将会变大；同时，数字技术还能把这个世界变小，通过万物互联、万物上云、尤物皆数，把一个宏观的物理世界装到数字世界的口袋里，宏观的世界将会变小。通过构建数字治理生态，每一个微观个体都与宏观世界紧密相连，这将创造出一个普惠、包容、可持续、充满可能性的数字时代，我们将通过"智治"的桥梁抵达"善治"的彼岸。

由其"尽精微"而言，用"智治"实现"善治"，体现为三个方面的新特点。

精准。"智治"的基础在于精准。从历史上看，人类治理能力的提升一直体现为从模糊到精准的跃进。但只有在数字时代，随着人类采集、储存、转移、处理数据的能力大幅提高，治理的精准性才得到了质的提升。我们可以从时间、空间两个维度来理解这种精准性。就时间而言，面对"人不能两次踏进同一条河流"的时间流逝，数字治理可以精准到最小的时间单位，也可以最大限度减少时间差，实现实时分析、及时响应；就空间而言，数字治理可以精准触达每一个可能的细节。

信任。一个国家达到"善治"，需要政府与社会、公民之间具有非常高的信任度。在一个万物互联的时代，人们眼之所见的日常用品都可以成为信息发布者，数字世界可以近乎消除现实社会中所有的信息不对称问题。在透明的环境里，信任最容易被培育出来，政府与企业、政府与公众，以及企业与公众、公众与公众之间的信任，都将得到前所未有的增强。

普惠。数字治理生态"尽精微"的要义就在于不弃微末、泽及草木。数字技术具有精准性，可以识别每一个具体的个人，并尊重其特点与个性。"苔花如米小，也学牡丹开"那样一种卑微的个体的坚强，在数字世界将不再卑微。因为任何一个企业、一个村庄、一个人，都可以被看到，不会被粗线条地淹没于哪一个大类，它们的个性将得到充分的尊重和释放。这正是普惠的价值所在。

由其"致广大"而言，用"智治"实现"善治"，体现为三个方面的新特点。

智能。数据智能是数字治理生态的内在要素，由数据而智能，由智能而智治。如前所述，数字技术为国家治理进行全方位的"数字赋能"，使国家治理具备超大范围协同、精准滴灌、双向触达、超时空预判、公众参与、多元共治、智能决策等新的数字化能力。未来，国家治理将会越来越智能化、智慧化。作为继农业社会、工业社会、信息社会之后的一种更为高级的社会形态，智慧社会将悄然而至。

包容。数字治理生态将形成一个具有巨大包容性的数字时代。海纳百川，有容乃大；兼收并蓄，是为包容。运用数字技术，我们可以精准识别千千万万个各不相同的个体，这就是一种兼收并蓄；同时通过集中式存储、处理与运算，我们可以发现数据背后的洞见，这是更高层次的包容。包容还体现在数字技术的运用更能实现"开辟式创新"，"数字赋能"可以催生新产业、新业态、新模式，甚至催生新需求，形成一种包容式、开拓式的创新和增长。

可持续。数字治理生态一旦形成，就具有自我生长的能力。数字治理如同中枢，可以把政府、市场、社会和个体联系起来，通过数字化方式形成有机互动、协同演化的格局。这在客观上会促进数字政府、数字经济、数字产业、数字社会形成一个整体，并不断形成交叉与正反馈，推动数字经济、智慧社会不断发展，使数字时代具有一种可持续的自我生长能力。

推动构建数字治理生态，用"智治"实现"善治"，中国具有领先全球的潜力。中国具有超大规模的市场优势，网民规模全球第一，数量超过9亿人，大型消费互联网平台具有强大的市场需求支撑；中国还拥有海量数据资源优势，数据挖掘和数据开发潜力巨大，发展数字经济优势独特；中国正在推进以5G、数据中心为核心的新型基础设施建设，进一步推动网络互联的移动化、泛在化和信息处理的高速化、智能化。这些都为中国建设城市大脑、数字政府，推动数字治理提供了技术、数据和资源基础。尤为重要的是，中国的领导人强调"加快数字中国建设"，中国具有强大的国家能力和动员能力。中国还有一批以阿里巴巴为代表的全球领先的互联网企业，能够为数字政府、数字治理提供领先的技术支撑。

数字治理对中国的未来还具有决定性的战略意义。中国自改革开放以来，经历了40多年的快速发展，享受了发达国家"技术扩散"的红利。"后发优势"在哲学上意味着后发者不需要面对先发者必须面对的不确定性，而只需要模仿先发者的足迹，这是一个有着明确目标的过程。但随着国际环境的变化，发达国家的科技保护趋势越来越强烈，而中国在很多科技领域已经迅速与发达国家缩小差距，尤其在数字经济领域，中国更与美国并驾齐驱，这使未来的中国不可能再一味依靠技术模仿了。中国必须要走出"从1到N"的模仿，尝试创造"从0到1"的原创性创新。但创新不会从天而降，创新需要合适的土壤，治理扮演着重要角色。治理做不好，创新走不远。中国推进数字治理的战略意义就在于此：运用数字治理培厚数字经济的创新土壤，让中国在未来可以实现自主开放的科技创新，为高质量发展提供可持续的支撑。

时代大势，浩浩荡荡。我们现在就站在数字时代的大门口，推开大门就可以握住整个数字时代。而打开这扇门的钥匙，正是数字治理。我们期待中国率先构建数字治理生态，为人类打开数字时代的大门，那将是一个信任、普惠、智能、包容的世界。其中，每一个微观的个体都能充分释放可能性，共同构成一个生机勃勃、可持续的宏观世界。

致　谢

　　本书编撰由阿里巴巴与清华大学联合团队完成。首先要感谢清华大学数据治理研究中心孟天广教授团队在理论构建、案例提炼和文稿撰写等方面给予的大力支持。同时，也要感谢为本书提供专业意见的专家，他们来自清华大学、北京大学、人民日报、浙江大学、中国电子信息产业发展研究院、中国政策研究会、中国信息通信研究院等多家科研机构和国家高端智库。本书的多次内部讨论得到了阿里研究院院长高红冰、副院长安筱鹏、集团法律资深专家李倩等多位专家支持。最后，感谢工信部电子工业出版社总编辑刘九如、电子工业出版责任编辑董亚峰为本书出版、编撰、宣发提供的专业支持。

反侵权盗版声明

　　电子工业出版社依法对本作品享有专有出版权。任何未经权利人书面许可，复制、销售或通过信息网络传播本作品的行为；歪曲、篡改、剽窃本作品的行为，均违反《中华人民共和国著作权法》，其行为人应承担相应的民事责任和行政责任，构成犯罪的，将被依法追究刑事责任。

　　为了维护市场秩序，保护权利人的合法权益，我社将依法查处和打击侵权盗版的单位和个人。欢迎社会各界人士积极举报侵权盗版行为，本社将奖励举报有功人员，并保证举报人的信息不被泄露。

举报电话：（010）88254396；（010）88258888

传　　真：（010）88254397

E-mail：dbqq@phei.com.cn

通信地址：北京市万寿路 173 信箱
　　　　　电子工业出版社总编办公室

邮　　编：100036